一体化课程体系改革实验教材

SHICHANG YINGXIAO SHIXUN

市场营销实训

主编　华书刚

郑州大学出版社
郑州

图书在版编目(CIP)数据

市场营销实训/华书刚主编. —郑州:郑州大学出版社,2016.11
一体化课程体系改革实验教材
ISBN 978-7-5645-3103-4

Ⅰ.①市… Ⅱ.①华… Ⅲ.①市场营销学-教材
Ⅳ.①F713.50

中国版本图书馆 CIP 数据核字(2016)第 131649 号

郑州大学出版社出版发行
郑州市大学路 40 号　　邮政编码:450052
出版人:张功员　　发行部电话:0371-66966070
全国新华书店经销
河南文华印务有限公司印制
开本:787 mm×1 092 mm　1/16
印张:11
字数:267 千字
版次:2016 年 11 月第 1 版　　印次:2016 年 11 月第 1 次印刷

书号:ISBN 978-7-5645-3103-4　　定价:27.00 元

作者名单

主　　编　华书刚

副 主 编　胡玉英　刘　慧

参编人员　（按姓氏笔画排序）

王　镇　王金玉　马　静

前　言

《市场营销实训》这本书是河南省职业教育特色院校建设项目的成果之一。经过近两年的编写、修订，这本专业基础课教材终于成型了，她凝结着编委们的心血和汗水。市场营销实训是市场营销及经管类专业的专业基础课，本书的施教对象是刚刚进入中专、大专院校从事营销专业学习的初年级学生。

我们在编写《市场营销实训》校本教材时，强化以下 4 个方面：

1. 突出基本概念、基本知识和基本策略

按照本课程的培养对象和教学目标，本着必需够用的原则，针对中等职业学校学生的基础，以市场营销基本知识的介绍为主线，较系统地阐述市场营销基本知识和基本策略，并注重介绍国内市场营销的新成果和营销实践的新经验。

2. 注重综合素质和操作技能的培养

坚持以人为本，以提高学生综合素质为基础，以培养学生的市场营销操作能力为主导，确立本教材的体系和内容。每章前面有学习目标，后有思考与训练，每节中都有实例，极大地满足了学生自学、教师组织课堂教学及实训的需要。

3. 突出实践性教学

市场营销活动是一种实践性很强的活动。本书力求通过实例讲解、案例讨论、实务训练、完成有关实务操作内容的训练等方式，培养学生分析问题和解决问题的能力，激发学生学习的主动性、积极性。

4. 吸收现代市场营销的一些新理论和新成果

近年来，国内外企业在激烈的市场竞争实践中创造出许多市场营销的新经验、新方法，形成了一些比较新的思想。这些在本教材中也有所体现。

对于中职市场营销专业而言，主要是培养一线销售人员的工作沟通能力，提高他们的心智技能，从而促使其创造性地开展工作。学生作业强化模拟训练或综合实训，每个实训都选用典型的工作任务，并配以具体训练方法，将过去的“说”的实训变成“做”的实训。所有的实训均以学生为主体，训练方法注重实践，让学生自己动手完成实训作业，并对学生的知识、技能、素质进行全面考核与综合评价。

本书由郑州商贸技师学院华书刚担任主编,郑州商贸技师学院胡玉英、刘慧担任副主编。本书编写具体分工如下:华书刚编写第一、二章;胡玉英编写第三、四章;刘慧编写第五章;王镇编写第六章;王金玉编写第七、八章;马静编写第九章;华书刚对全书进行了审定。

本书也是一本校企合作教材。在本教材的编写过程中,我们得到了社会各界的大力支持,也借鉴和参考了大量的文献资料,在此一并表示衷心的感谢!由于编者水平有限,书中难免有不当和错误之处,望各位批评指正,不胜感谢!

编者

2016 年 6 月

目录

第一章

市场营销概述

学习目标

1. 了解和掌握市场、市场营销的含义。
2. 理解市场营销与销售、推销的区别。
3. 掌握营销理念的形成与发展。
4. 了解市场营销在中国的传播与发展。

第一节　市　场

企业的一切营销活动都是在特定的市场环境下发生的，并且都受到市场的制约和影响。因此，研究市场营销活动前，首先要了解什么是市场。

一、市场的含义

在市场经济条件下，社会分工和商品生产是商品交换产生和存在的前提。由于社会分工，不同的生产者分别从事不同产品的生产，并为满足自身及他人的需要而相互交换产品，从而使他们各自的产品相互变成商品，出现了商品的供与求，产生了以相互交换作为商品的劳务产品的市场。可见，市场是一个经济范畴，哪里有社会分工和商品生产，哪里就有市场，哪里就有市场运行的机制。

(1)市场是商品买卖、交换的场所。这是一种最为古老也是最基本的理解，通常被认为是一种狭义的解释。这种认识把市场理解为特定的空间，在这特定的空间中，人们进行着商品的交换活动。“日中为市，致天下之民，聚天下之货，交易而退，各得其所。”在这里，买卖双方一手交钱、一手交货，钱货两清，各得其所。日中为市的“市”，农贸市场、家具市场中的“市场”，就是指商品买卖、交换的场所。

(2)市场是买主、卖主力量的结合，是商品供求双方的力量相互作用的总和。这一含义是从商品供求关系的角度提出的，例如“买方市场”“卖方市场”。这些概念反映了交易力量的不同状况。在买方市场中，商品供给量大于需求量，商品价格趋于下降，顾客支配着销售关系，整个市场对买方有利。在卖方市场，商品的需求量大于供给量，卖方支配着销售关系，商品价格往往高于正常水平，整个市场对卖方有利。显然，判断市场供求力的相对强度和变化趋势,对于企业进行营销决策是十分重要的。

(3)市场是人口、购买力与购买欲望的集合。确切地说,市场是指具有特定需要和欲望,而且愿意并能够通过交换来满足这种需要或欲望的全部潜在顾客。具体而言,市场包括三个主要因素:人口、购买力和购买欲望。用公式表示为:

市场=人口+购买力+购买欲望

这是现代市场营销中关于市场的最基本、最核心的解释。在现代市场营销活动中,分析某种产品的市场时,主要从这个市场含义的角度进行理解。分析某种商品或劳务市场是否形成及容量大小,主要从三个方面加以分析:一是人口,人口与市场容量的大小一般成正比;二是购买力,要有货币,即取得这种产品的能力;三是有购买欲望,必须想要这种产品或劳务。这就是通常所说的构成市场的三个要素。三者相互制约,缺一不可。如果人口很多,收入很低,则市场有限;相反,如果一个国家或地区的居民收入很高,但人口很少,市场同样有限,如瑞士、瑞典市场;只有人口较多、居民收入又高的国家,才是有潜力的市场。但是,如果产品不适合人们的需要,不能引起人的购买欲望,仍然不能成为现实的市场。所以,现实的市场是人口、购买力和购买欲望三者的统一。当我们说“北京市是一个水果大市场”的时候,这里的“水果大市场”指的就是这种含义的市场。

实例 1-1

日本泡泡糖市场年销售额约为 740 亿日元,其中松井公司垄断了大部分市场,其他企业再想挤进泡泡糖市场非常不容易。但大岛公司对此却并不畏惧,成立了市场开发班子,专门研究松井公司产品的短处,寻找市场的缝隙。经过周密调查分析,终于发现松井公司的四点不足:

第一,以成年人为对象的泡泡糖市场正在扩大,而松井公司却仍旧把重点放在儿童泡泡糖市场上。

第二,松井公司的产品主要是果味型泡泡糖,而现在消费者的需求正在多样化。

第三,松井公司多年来一直生产单一的条状泡泡糖,缺乏新型式样。

第四,松井公司产品价格是 110 日元,顾客购买时需要多掏 10 日元的硬币,感到不便。

通过分析,大岛公司决定以成人泡泡糖市场为目标市场,并制订了相应的市场营销策略,不久便推出功能型泡泡糖四大产品:司机用泡泡糖,使用了高浓度薄荷和天然牛黄,以强烈的刺激消除司机的困倦;交际用泡泡糖,可清洁口腔,祛除口臭;体育用泡泡糖,内含多种维生素,有助于消除疲劳;轻松性泡泡糖,通过添加叶绿素,可以改变人的不良情绪。大岛公司精心设计了产品的包装和造型,价格定为 50 日元和 100 日元两种,避免了找零钱的麻烦。功能型泡泡糖问世后,像飓风一样席卷全日本,不仅挤进了由松井公司独霸的泡泡糖市场,而且市场份额从零猛升至 25%,当年销售额达 175 亿日元。

根据市场的含义,企业的营销活动必须围绕市场展开:

第一,认识社会需要什么(包括现在和将来),提出市场分析和发现市场机会的任务。

第二,根据社会分工和自己的专业特长来选择为之服务的市场,使自己有能力在特定的范围内满足消费者需要。

第三,制订和实施一整套的经营计划和手段来满足这些需求,以实现企业的经营目标。

二、市场的特征

1. 市场形成的条件

市场形成的条件是买方和卖方、可供交易的产品和劳务、买卖双方都能接受的交易价格、畅通的信息及其他条件。只有这些条件同时具备,交易行为才能发生,市场才能成为现实的市场。

2. 市场活动的基本内容

市场活动的基本内容是商品或劳务的买卖。一方面要求商品的出卖者提供适销对路的商品,确定适宜的价格和提供良好的售后服务;另一方面,还必须具备消费者、购买力和购买欲望这三个要素的结合,只有这三个要素结合,才能形成买卖行为。

3. 市场变化发展的动力

企业为了获得最大利润,生产者、经营者需要不断地分析研究市场,设计新的市场方案、市场战略和策略,努力扩大生产,增加销售,想方设法击败竞争对手,从而推动市场不断向前发展。因此,企业追求利润最大化,是推动市场不断变化发展的强大动力。

4. 市场调节的机制

调节市场的机制是各种客观经济规律对企业经营活动的方向与强度的影响和作用方式。市场经济主要通过价格规律、供求规律、竞争规律、风险收益规律等对市场主体的生产经营进行调节。

三、市场的分类

市场分类的标准和方法很多,目前主要有以下几种分类方法:

(1)按市场主体划分,可分为消费者市场、生产者市场、转卖者市场、政府市场等。

(2)按交易对象划分,可分为商品市场(包括消费品市场、生产资料市场、服务市场)、技术市场、人才市场、金融市场等。

(3)按营销环节划分,可分为批发市场、零售市场等。

(4)按购买者划分,可分为妇女市场、儿童市场、青少年市场、中年人市场、老年人市场等。

(5)按市场的时间标准划分,可分为现货交易市场、期货交易市场等。

(6)按区域划分,可分为地区市场、全国市场、国际市场等。

(7)按市场竞争程度划分,可分为完全竞争市场、完全垄断市场、不完全竞争市场等。

第二节　市场营销

一、市场营销的含义

在我国传统文化中,没有市场营销这个名词,“市场营销”译自英文“marketing”。在我国,一是把它看作一种经济活动,把市场、经营和销售结合起来,译为“市场营销”;二是把它作为一门科学，译为“市场营销学”。除此之外，还有译为市场营运、市场行销或市场学等。现在已取得基本一致的看法，统一译为“市场营销”或“市场营销学”。

对于市场营销的概念曾经有过多种不同的表述。一种有代表性的认识，是把营销等同于销售或推销，许多企业管理人员认为市场营销工作就是把企业的产品推销出去。我们认为这种观点是偏狭的。一个简单的事实是：如果企业不能生产出适销对路的产品，无论怎样努力地推销，也绝不可能收效于长久。而现代营销学认为，企业的一切经济活动都必须以目标顾客的需要为转移，企业只能生产那些适销对路、卖得出去的东西，因而市场营销是比推销更广泛的一个概念，它包括市场调研、产品开发、定价、分销、促销、信息反馈、售后服务等一系列活动过程。所以，推销只是市场营销活动的一个组成部分，是企业市场营销人员的职能之一。销售或推销局限于流通领域，市场营销活动是在产品生产过程结束后才开始的。事实上，企业为了占领市场、扩大销售，不仅要进行引导产品或劳务从生产者流向消费者或用户这一段的经济活动，还要进行一系列的产前活动，如市场调查、预测，了解顾客的需要，进行产品开发、设计等，以及售后活动，如售后服务、收集反馈信息等。可见，市场营销的范围既包括企业在流通领域内进行的活动，还包括生产过程前的产前活动和流通结束后的售后服务活动。

综上所述，所谓市场营销，就是在变化的市场环境中，为满足消费需求、实现营销目标所进行的整体商务活动过程。它包括市场调研、选择目标市场、产品开发、价格制定、渠道选择、产品促销、产品储存和运输、产品销售、售后服务等一系列与市场有关的企业经营活动。

实例 1-2

一家鞋业公司派它的财务职员到一个非洲国家去了解鞋的销路。一个星期后，这个职员打电话回来说：“这里的人不穿鞋，因此，公司的鞋在这里没有市场 。”

公司总经理又派最好的营销人员到这个国家，对此地进行了仔细的市场调查。一个星期以后，营销人员打回电话说：“这里的人不穿鞋，我们可以改变他们的观念，这是一个巨大的市场。”

总经理为弄清情况，再次派他的营销副总去解决这个问题。两个星期后，营销副总打电话告知：“这里的人不穿鞋子，然而他们有脚疾，穿鞋对脚会有好处。无论如何，我们必须重新设计我们的鞋子，因为他们的脚比较小。我们必须在教育他们懂得穿鞋有益方面花费一笔钱。我们在开始之前必须得到首领的合作。这里的人没有什么钱，但是他们生产有我们从未尝过的最甜的菠萝，因而我们的一切费用包括推销菠萝给一家欧洲超级市场的费用都将得到补偿。总的算起来，我们还可赚得垫付款20%的利润。我认为，我们应该毫不犹豫地去干。”

读罢案例，让我们来思考、分析一下：第一，公司派财务人员去某非洲国家上，财务人员说没有市场，而后去的营销人员具有强烈的市场营销专业意识，认为只要改变消费观念，激发购买欲望，就会是一个大市场。第二，既然激发购买欲望的方向已经确定，那么从何做起呢？营销副总两个星期后调查发现穿鞋对脚疾会有好处，确定了培育市场的切入口。第三,公司选择和使用怎样的营销策略来开发这个潜在的非洲国家的大市场呢?公司要重新设计较小的鞋子,教育他们懂得穿鞋有益,得到首领的推广合作等。第四,如何组织商品的销售?首先垫付货款收购菠萝,组织物流,销售给欧洲连锁超级市场,然后非洲国家的人再用卖菠萝的钱买公司销售的鞋子,最后总共赚得垫付款20%的利润,实现公司的盈利目标。

综上所述,寻找或创造市场,制订市场营销策略,实现企业利润目标是市场经济中企业最重要的市场营销活动,也是市场营销研究的核心。

二、市场营销的产生和发展过程

市场营销于19世纪末20世纪初产生于当时市场经济发达的美国。纵观它的发展历程,可以看出人们对市场营销活动规律的认识是逐渐深化的,它的发展大致经历了四个阶段。

1. 形成阶段(19世纪末至20世纪20年代)

19世纪末20世纪初,继英国的革命后,一些主要的资本主义国家也相继完成了工业革命,资本主义市场经济迅速发展,产品供应迅速增加,市场开始出现商品过剩。经营者为了扩大销售而绞尽脑汁,迫切地需要科学的销售方法和技巧引领,以刺激需求。为适应这种经营实践活动的需求,一些经济学家开始对如同"魔鬼"一般的市场进行研究。1902年,美国一些大学正式设置市场营销课程。1912年第一本以"Marketing"命名的教科书问世于美国的哈佛大学。这本书的问世,被称为市场营销学作为一门独立学科出现的里程碑。但是,这一时期的市场营销学还缺乏明确的理论体系,研究的内容主要侧重于实体分配和推销方法,其实质只是"推销"和"广告"的内容,而且研究仅限于大学,还没有引起社会足够的重视。

2. 应用阶段(20世纪20年代至40年代末)

1929—1933年,资本主义国家爆发了空前的经济危机。在危机期间,商品积压,商店关门,工厂停产,工人失业。在这种情况下,企业为了争夺市场,解决产品的销售问题,开始大规模地研究市场营销活动。于是,市场营销学的研究从大学的讲坛走向社会,理论开始与实践相结合。这不仅促进了企业的经营,也促进了市场营销学的发展。不过这个时期研究的重点仍然局限于商品推销和广告宣传,还没有超出商品流通领域,只是规模和范围更大、更广了。

3. 变革阶段(20世纪50年代至70年代)

第二次世界大战后,美国在战争中急剧膨胀的军事工业迅速转向民用,第三次科技革命不断深入,劳动生产率大幅度提高,社会产品急剧增加。这一切都导致供求之间的矛盾更加突出。在这种情况下,市场营销活动发生了重大变革,即从过去侧重于以推销为主转变为以消费者的需求为中心。西方称这一基本观念为"销售革命",并把它与资本主义的工业革命相提并论。

这一变革要求企业把市场在生产过程中的位置颠倒过来。旧的市场营销理论把市场看作生产过程的终点,营销职能只是把已经生产出来的产品推销出去;而新的市场营销理论则强调开发潜在需求,把市场作为生产过程的起点,营销职能必须先调查、分析消费者的需求和欲望,据此组织生产和销售。市场营销活动开始突破流通领域,参与生产经济管理,使对市场营销的研究进入了一个新阶段,并得到经济理论界和企业界的广泛重视。

4. 现代化阶段(20 世纪 70 年代至今)

随着科学技术的进步、社会政治经济形势的变化和企业营销实践的发展,近几十年,市场营销的基本理论、学科体系、传播领域等都有了重大发展。引进了现代科学技术理论的新成果,运用信息论、控制论、运筹学等方法,提出市场营销模型等,将电子计算机运用于市场营销学;提出了一些新的概念,如"大市场营销",创立市场营销战略理论;创立了国际市场营销学、社会市场营销学等;20 世纪 90 年代,又出现了定制营销、网络营销、知识营销、关系营销、直复营销、绿色营销等新概念。这些都极大地丰富了市场营销的理论与实践。总之,随着市场经济的发展和企业营销实践的变化,市场营销的内容在不断充实,概念时有更新,体系日益成熟。它已不仅是企业经营实践一般经验的概括和总结,而且发展成为一门建立在经济科学、行为科学、现代管理理论基础之上的应用科学,是一门系统地研究市场营销活动规律与策略手段的科学。

三、市场营销的研究对象和主要内容

1. 市场营销的研究对象

市场营销所研究的对象并不包括所有的市场问题(诸如市场体制、市场机制、市场调控等),它只是从微观的角度来研究市场营销活动过程及运行规律。这里所说的营销活动,是指卖方为满足消费者需求,把产品和劳务从生产领域转移到消费者领域这一全过程的全部经营活动,如定价、实体分配、渠道选择、促销等。市场营销活动运行规律是指上述活动之间存在的固有的、本质的必然联系,只有揭示其规律性,才能更好地指导市场营销活动。所以,概括起来说,市场营销的研究对象,就是站在卖方的角度,研究在"买方市场"条件下,企业如何提供适销对路的产品,以满足消费者需求的营销活动过程、营销策略及营销运行规律。

2. 市场营销的研究内容

从结构体系上讲,市场营销主要包括三大块,即营销原理、营销实务和营销管理,其具体的研究内容主要包括以下几个方面:

(1)市场营销的基础理论、基本概念。市场营销的基础理论、基本概念主要包括市场营销及其相关概念、市场营销观念及其演变等。

(2)环境与市场分析。环境与市场分析是市场营销活动的基础性工作,主要涉及影响市场营销的微观环境和宏观环境、各分类市场分析、市场调研与预测、市场细分、选择目标市场和市场定位等。

(3)市场营销策略。市场营销策略是市场营销学的核心内容,主要包括产品策略(product)、价格策略(price)、分销策略(place)、促销策略(promotion),即 4P 策略。这是市场营销学的四大支柱。

(4)营销管理与控制。市场营销管理与控制属于高层市场营销活动,主要包括制订正确的营销计划,建立合理的营销组织、控制体系,采取有效的计划、组织、控制措施和方法等。

第三节　市场营销观念

企业的市场营销活动是在特定的经营观念或营销管理哲学指导下进行的。所谓经营观念，就是企业在开展市场营销的过程中，在处理企业、顾客和社会三者利益方面所持的态度、思想和意识，即企业进行营销管理时的指导思想和行为准则，亦即企业以什么为中心来开展营销活动。一种经营观念一旦形成，就会成为全社会在一定时期经营活动的行为准则。企业营销指导思想是否符合形势，与企业营销能否成功甚至企业的兴衰成败关系极大。

一、市场营销观念的发展

市场营销观念在一定的经济基础上产生，并随着社会经济的发展及市场形势的变化不断变化。根据历史的演变，市场营销观念大体上可分为生产观念、产品观念、推销观念、市场营销观念四个阶段，如表 1–1 所示。

表 1–1　市场营销观念演变史

阶段	观点	特点	备注
生产观念（20 世纪 20 年代以前）	消费者喜欢价格低廉而且随处可买的产品	以产定销，以量取胜	不考虑消费者的需要和社会利益，具体表现为“我们生产什么就卖什么”
产品观念（20 世纪 20 年代以前）	消费者喜欢高质量、多功能和具有某种特色的产品	以产定销，以量取胜	企业在营销管理中缺乏远见，只看到自己的产品质量好，看不到市场的变化，具体表现为“酒香不怕巷子深”“皇帝的女儿不愁嫁”
推销观念（1920—1945 年）	在销售过程中，如果顺其自然的话，消费者一般不会购买某企业太多的产品	以推销、促销活动刺激消费	一味强调把自己生产出来的产品推销出去，而不是生产能够出售的新产品，因此这一观念强调的仍然是产品而不是顾客需求，具体表现为“我们卖什么，人们就买什么”
市场营销观念（20 世纪 50 年代至今）	要实现企业目标，关键是确定目标市场需求，并且比竞争者更有效地满足消费者的需求	以市场为中心，以顾客为导向，协调市场营销，强调赢利	强调顾客的需要和企业的利润，忽视了社会的长远利益。关于此观念有许多生动说法，如“找出需求并满足之”“顾客就是上帝”“制造能够销售出去的东西，而不是销售制造出来的东西”等

实例 1-3

欧洲某国家有一个钢琴专业制造商,钢琴品质很好,可市场销路一直不好,公司为此非常苦恼。于是公司寻找市场营销策划公司为其设计产品广告,希望迅速打开市场。营销公司到钢琴公司考察一番后,设计了这样的广告词:“请买我的钢琴吧,它是世界上最好的设计师设计生产的。”可是消费者没有反应,市场上产品卖不动,不得已又换了一家广告公司。广告公司为厂家设计了这样的广告词:“请买我的钢琴吧,它是世界上最好的木材制成的。”但是市场仍然没有反应。最后不得不又选择了第三家广告公司,该公司经过大量的钢琴市场消费者调查研究,发现欧洲家庭买钢琴不是为了孩子学门艺术或者出名,而是希望经过钢琴音乐艺术的熏陶,让孩子具有高贵的气质、典雅的风度。找准了这一点,广告公司为钢琴制造商设计了这样的广告词:“请买我的钢琴吧,它能让你的玛丽(女儿)成为贵夫人的。”广告播出后,市场反应极好,钢琴销路大开。第一个广告词强调钢琴的生产设计,属于生产观念。第二个广告词强调产品的原材料的质地,属于产品观念。第三个广告词是以消费者的需求为中心,强调产品为消费者带来的核心利益和好处,属于市场营销观念。

二、现代市场营销观念

20 世纪 70 年代以来,对于市场营销观念又有许多新的提法,如“人类观念”“理智消费观念”“生态主宰观念”等,其中影响较大的是“社会性营销观念”“绿色营销观念”等,统称为现代市场营销观念,如表 1-2 所示。

表 1-2 现代市场营销观念

观念	观点	特点
社会性市场营销观念	企业的任务是确定目标市场的需要和利益,并且在保持或增进消费者的社会福利的情况下,比竞争者更有效、更有利地使目标市场满意	兼顾三方面的利益,即企业利润、消费者需要的满足和社会利益
绿色市场营销观念	强调企业在进行市场营销活动时,要努力把经济效益与环境效益结合起来,尽量保持人与环境的和谐,不断改善人类的生存环境	达到了经济效益、社会效益、环境效益三者的统一

绿色产品始于绿色设计。绿色设计要求产品生产过程中采用清洁技术、无污染技术,降低资源消耗,减少环境污染;在消费过程中,有利于消费者身心健康,减少对环境的污染和破坏。

传统产品设计开发只考虑顾客需求,不考虑环保要求。随着绿色消费浪潮的兴起,传统的产品设计不能满足顾客的绿色需求。绿色设计是产品绿色化的基础,它能使产品成为名副其实的绿色产品,并进而决定产品的命运。例如,20 世纪 80 年代后期,柯达公司的工程师曾开发了一种价格低廉、拍完即可扔掉的照相机，这引起了环保主义者的不满，严重损害了该公司的公众形象。为了弥补，柯达公司推行绿色设计，将拍完即可扔的照相机改为可回收的照相机，并将可重复使用的部件拆卸下来。这种照相机后来成为柯达公司销售量增长最快、利润最高的产品。可见，没有产品的绿色设计，企业就难以生产出绿色产品，产品绿色化就难以实施。

思考与训练

一、思考题

1. 市场的含义、特点是什么？
2. 如何理解市场营销的含义？
3. 市场营销在中国的发展经过了哪几个阶段？
4. 详述市场营销观念演变的历史过程。

二、训练题

案例分析

美国皮尔斯堡面粉公司于1869年成立，20世纪20年代以前，这家公司提出“本公司旨在制造面粉”的口号。因为在那个时代人们的消费水平较低，面粉公司认为无须做大量宣传，只需要保持面粉质量，大批量生产，降低成本和售价，销售量就自然大增，利润也会继而增加，不必讲究市场需求特点和推销方法。1930年前后，美国皮尔斯堡公司发现，在推销公司产品的中间商中，有的已经开始从其他的厂家进货，本公司的销量也随之不断减少。公司为了扭转这种局面，第一次在公司内部成立商情调研部门，并选派了大量的推销员，力图扭转局面、扩大销量，同时他们更改口号为“本公司旨在推销面粉”，更加重视推销技巧，不惜采用各种手段，进行大量的广告宣传，甚至使用硬性兜售的方法推销面粉。然而，种种强力推销方式并未满足顾客不断变化的新需求，特别是人们生活水平的提高使得这一问题日益严重。面粉公司经过市场调查，了解战后美国人民的生活方式已发生了变化，家庭妇女采购食品时，日益需求多种多样的半成品或成品，如各式饼干、点心、面包等，来代替购买面粉回家做饭。针对市场需求的变化，这家公司开始生产和推销各种成品或半成品的食品，随后销量迅速上升。

1958年这家公司又进一步成立了皮尔斯堡研发公司，着重研究今后3～30年的市场消费趋势，不断设计制造新产品，培训新的销售人员，着眼于如何长期占领市场。

(1)结合案例，分析、研讨美国皮尔斯堡面粉公司经营观念的演变过程。

(2)组织学生研讨：在21世纪的今天，你认为美国皮尔斯堡面粉公司应该树立什么样的营销观念？

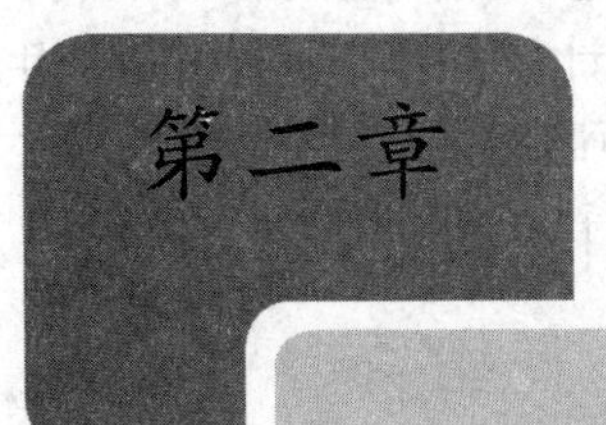

第二章 市场营销环境分析

学习目标

1. 理解市场营销环境的含义与分类。
2. 了解市场营销环境分析的意义。
3. 掌握市场营销微观环境和宏观环境分析的具体内容。
4. 了解 SWOT 分析法的使用。

第一节　市场营销环境概述

任何事物的存在和发展都离不开特定环境的影响。企业市场营销活动也不例外,它也是在一定的社会环境、自然环境条件下进行的,市场营销环境的动态变化直接影响企业的营销活动。从本质上看,市场营销活动就是企业努力使自己可控制的内部因素同外界不可控制的环境因素相适应的过程。因此,认识与分析营销环境成为营销管理的重要内容,也是实现营销目标的根本途径。

一、市场营销环境的含义、分类

市场营销环境是影响企业市场营销活动的内外部因素和条件的总和。内部因素包括人力、物力、财力和信息等因素,外部因素包括竞争、经济、政治、法律、科学技术和社会文化等因素。各种内外部因素在不同环境下的组合所形成的力量是企业生存和发展的条件,更直接影响企业的营销活动。

市场营销环境分为微观环境和宏观环境。

1. 微观环境

微观环境因素包括企业本身、供应商、营销中介、顾客、竞争者和公众。这些因素与企业市场营销活动有着十分密切的联系,并对企业产生直接的影响。如企业在选择供应商时,需要了解供应商的数目、规模及其分布,并着重分析本企业对其所提供产品的依赖程度以及对企业的供货占其全部产品的比例等;企业在分析竞争者时,应着重分析竞争者的数目、规模和能力,竞争者对竞争产品的依赖程度,竞争者的营销策略等。

2. 宏观环境

宏观环境因素包括人口环境、经济环境、政治法律环境、自然环境、科学技术环境、社会文化环境等。这些因素不仅会直接影响企业的营销活动，而且还直接对企业营销环境中的微观环境因素产生影响，进而影响企业的市场营销活动，对其产生限制和促进作用。例如，科技环境除直接影响到企业技术装备水平、产品更新换代速度外，还会通过消费者或竞争者对企业的营销活动产生影响。再如，人们的价值观和信念等会影响消费者的消费态度、兴趣爱好，从而形成对某些或某类产品的好恶，由此增加或减少消费者对某些产品的选择机会。

总之，企业所面对的微观环境和宏观环境并不是固定不变的，而是处于经常变动之中。环境的变化，或者给企业带来可以利用的市场机会，或者给企业带来一定的环境威胁。检测和把握环境诸力量的变化，善于从中发现并抓住有利于企业发展的机会，避开或减轻由环境带来的威胁，是企业营销管理的头等问题。所以，企业必须重视对市场环境的研究，重视对环境变化趋势的监视和预警，适时、适度地调整市场营销策略和市场营销组合，适应环境的变化，使自身获得生存和发展。

二、市场营销环境分析的意义

现代企业是社会的经济细胞，是一个开放的系统，它的活动必然与社会的其他系统、与它所处的市场环境的各个方面有着千丝万缕的联系。对于企业来说，只有与环境的变化相适应、相协调，才能顺利地开展营销活动，并实现其预期的各项目标。因此，企业要经常对市场营销环境进行分析，把握环境变化的规律和趋势，积极采取相应的措施，主动适应环境变化，这对于加强与改善企业竞争能力、提高企业经营的利益、避免经营风险具有重要意义。

生物学家的研究发现，在成群的蚂蚁中，大部分蚂蚁都很勤劳，寻找、搬运食物争先恐后，但是，也有少数蚂蚁却东张西望不干活。当食物来源断绝或蚁窝被破坏时，那些勤快的蚂蚁一筹莫展。这时，“懒蚂蚁”就会“挺身而出”，带领众伙伴向它早已侦察到的新的食物源转移。在激烈竞争的市场上，相对而言，蚁群中的“懒蚂蚁”更重要，也就是说在工作中注意观察市场、研究市场、把握市场的人更重要，因为它们承担着寻找新的市场机会的重任。这就是所谓的“懒蚂蚁效应”。

(1)研究和分析市场营销环境，能使企业对具体环境中潜在的机会和风险有一个清醒认识。只有充分认识环境，才能更好地适应和改造环境，创造和利用有利的因素，避免不利因素，使之更有利于企业经营。这不仅仅是要求企业应随着不同市场的不同变化而相应地改变或调整自己的市场开发策略，更为重要的是其本身的市场开发策略也要随着“特定”的市场和“特定”的环境而改变。

实例 2-1

美国可口可乐公司挤占中国市场之初，并没有采用大规模的强势行销，而是在研究和分析了中国的市场环境和市场条件后，将市场营销策略分为几步来实施。

第一步，他们首先采用盈利很低的委托代售方式，委托北京友谊商店和一些涉外宾馆代销。代销者没有任何风险,还可以无本求利,适当赚取一些外汇,因而销售的兴趣很大。

第二步,在中国消费者初步接受了可口可乐以后,他们采取了一个更为顺应中国市场环境的方式,向中国免费赠送价值300万元的可口可乐生产设备,这时,面对着日益增大的需求,中国不得不进口可口可乐原浆。可口可乐公司以有限的设备赠送,刺激了进口原浆的极大需求,原浆进口量每年高达1万多吨。

第三步,在时机成熟时,他们又与中国合资开办工厂,终于开拓了需求潜力十分惊人的中国大陆市场。现在,可口可乐系列产品已经走进了千家万户。

(2)研究和分析企业的市场营销环境,了解和掌握市场营销环境的发展变化趋势,使企业能充分利用自身的优势,抓住环境机会,做出相应的决策,在市场竞争中立于不败之地。

实例2-2

1998年初,即欧元成为11个成员国(除希腊之外的所有现欧元区国家,希腊是后来加入的)统一货币的前一年,河南洛阳铜加工厂根据市场营销环境的变化,预测到铜金属的需求量将在近两年内有所增加,因此,企业开始不断从网上收集相关信息。后来,他们发现欧盟正在向全球招标制造欧元硬币的金属材料,于是在随后的一个月之内生产了50吨样品,并将样品送往国外接受检测,而此时全世界其他中标的供应商却连样品都尚未交付。经过德国制币厂的严格测试,这批样品各项技术指标均符合国际标准,于是当月就与该厂签订了500吨供货合同。河南洛阳铜加工厂不仅凭借精湛的技术和工艺,更凭借着对市场信息的敏感反应,先下手为强,击败了来自美国、德国、韩国等国的11家公司,最终成为欧币的金属供应商。随着2002年1月1日欧元的正式流通,洛阳铜加工厂也迎来了更为广阔的空间。

(3)分析和研究市场营销环境是企业市场营销决策科学化的前提。由于营销环境中大部分因素都是企业不可控制的因素,它们不同程度地影响企业的发展方向和具体行为,有的因素还直接影响着企业的组织结构和内部管理。

实例2-3

1996年,惠普公司将寄予厚望的5L激光打印机推向中国市场,并相信能挣得不菲的利润。但我国用户普遍反映,5L的打印质量水平下降,在中国的销售很有难度,可5L在其他国家销售得非常成功。经过专家调查测试,发现原因在于中国特殊的纸张制造工艺——采用草制打印纸张并大量添加滑石粉,造成了打印纸张的特殊性。惠普公司无条件回收已卖出的5L激光打印机,并针对我国纸张问题进行测试研究,生产了一种适合我国用户的HP6L激光打印机,在短短的4年中,这种机型在我国销售量突破百万台。

(4)市场营销环境,无论是微观环境还是宏观环境,对于企业来说,都是十分重要的。

企业的市场营销环境分析要做到经常化、系统化、科学化和制度化。

三、市场营销环境的特点

影响和制约企业营销活动的内外部环境因素很多，十分复杂，不同的因素对营销活动各方面的影响也不同，即使相同的环境因素对不同的企业所产生的影响也是不同的。为了有效地研究和分析市场营销环境，企业必须把握市场营销环境变化的规律性，了解它的特点。

市场营销环境的特点主要表现在以下几个方面。

1. 多变性

营销环境是一个动态的概念，随着社会经济和技术的发展，任何环境因素都不是一成不变的，营销环境始终处于一种多变的状态之中。例如，顾客的消费需求特点在变，宏观产业结构在调整，企业必须在市场环境中随时寻找市场机会和密切监视可能受到的威胁。

实例 2-4

美国西部淘金热潮退去之时，雷·克洛出生了。在中学毕业该上大学之时，他赶上1931年的美国经济衰退到低谷，因为没有学费来源而失去读大学的机会。后来，他投资房地产，就在生意刚刚打开局面之时，爆发了第二次世界大战，房价急速下跌，使他血本无归。到了56岁的时候，他来到了加利福尼亚的圣伯纳迪诺城，发现牛肉馅饼和炸薯条的生意非常红火，就决定去学做这种食品。后来，他打工的那家餐馆准备转让，他就买了过来。到2004年，雷·克洛已经在全世界开了5637家分店，年利润达6.7亿美元。他开的店名叫麦当劳。

2. 相关性

市场营销环境是一个系统，在这个系统中，各个影响因素是相互依存、相互作用和相互制约的。任何一个环境因素的变化，都会带动其他因素的变化，形成新的市场营销环境，如2005年的“禽流感”就影响了整个中国乃至全世界的经济发展。

3. 可转换性

市场营销环境既能制约企业的发展，又能为企业的发展提供机会。市场营销环境因素是动态发展的因素，它对企业的影响不是固定的、一成不变的，因此企业在适应市场营销环境的同时，还可以创造和开拓对自己有利的环境。企业要善于发现经营机会，果断地抓住和利用机会，因势利导，改善自己的条件，调整营销策略，对营销环境施加一定的影响，积极促使某些环境因素向有利于企业营销的方向转化。

实例 2-5

在世界上受到各国元首、总统接见次数最多的企业家是美国的哈默。这位富有传奇色彩的人物去过很多国家，一生中先后经营过石油、粮食、制药、酒业等许多行业的多种产品，并且从未有过失败的经历。他的成功应归功于他父亲临终前的告诫：“一是别人都干什么,你想想不干行不行;别人都不干什么,你想想干行不行。二是事事给自己留条后路,经营什么,都不忘办餐馆和农场,因为无论发生什么危机,人都是要吃饭的。”

哈默的父亲在经营药厂时,为了把生产的药卖出去,就给在这一地区的所有医院、诊所的大夫免费送小药包,目的是使其愿意购买。这种免费策略没有奏效,大夫们随意丢放小药包,既不试用,更不想订货。哈默在接手药厂后,决定改送大药包,因为大夫在收到大药包之后,都不会随意丢放,反而会觉得值得一试,试用后效果不错,接着就会订购哈默的药。这一招效果很好,很快,药厂的规模就从 10 多人扩大到了 1500 人。

4. 客观性

市场营销环境对企业营销活动的影响是不以企业的意志为转移的。当环境发生变化时,环境对企业产生的影响迫使企业迅速主动调整营销战略,变不利因素为有利因素,从而在不断变化的营销环境中立于不败之地。

5. 不可控制性

相对于企业内部管理机能,如企业自身的人、财、物等资源的分配使用,营销环境一般是企业外部的影响力量,是企业无法控制的。例如,无论是微观环境中的消费者需求特点,还是宏观环境中的人口数量,都不可能由企业来决定。

由于市场营销环境对企业营销活动的影响具有上述特点,所以企业就必须采取相应的对策。

第二节　市场营销微观环境

微观环境是指与企业紧密相关的供应商、营销中间商、顾客、竞争对手、社会公众以及企业内部影响管理决策的各个部门等,它们与企业具有一定的经济联系,直接作用于企业营销活动的各类因素和力量,因而又被称为直接环境。

一、企业的供应商

企业的供应商是指向企业及其竞争对手提供生产与经营所必需的原材料、零部件、能源、资金、劳动力等的企业和个人。供应商对企业营销活动和企业竞争力具有实质性的影响,其提供的各种资源的数量和质量,直接决定着企业的产品数量、质量、成本、价格和利润。在全球经济一体化的进程中,跨国公司的业务遍及世界各地的许多国家,其生产所需的各种资源已经完全打破了地域和国家的界限,产品制造的社会化和市场发展的国际化,更进一步拓展了市场空间,促进了各种资源的交流和共享,对供应商的选择余地也大大增加。尽管如此,企业营销活动的开展,也必须建立在与供应商互惠互利的长期合作关系的基础上。在企业都把供应商当作对手的情况下,沃尔玛却把供应商当作伙伴而不是敌人。借着 CPFR 方案的实施,也就是合作(collaborate)、计划(plan)、预估(forecast)、补货(replenish),沃尔玛获得及时的库存,把零售商、供应商和积货成本都减轻了。单靠供应链的效率,沃尔玛的销售成本就比大多数对手少了 5 ~ 10 个百分点。

二、营销中介

营销中介是指那些为企业提供产品销售、推广、运输及仓储服务的营利性机构和组织。具体包括中间商、储运公司、营销服务机构和金融机构。

中间商是协助企业寻找顾客或直接与顾客进行交易的商业企业和个人。中间商又分为两类:一类是代理中间商,指为企业介绍客户或与客户磋商交易合同,但并不拥有商品所有权的商业企业和个人,如经纪人、代理人等;另一类是经销中间商,指购买产品,拥有产品持有权,并将产品再销售的商业企业和个人,如批发商、零售商等。

储运公司是协助企业储存产品和把产品从原产地运往销售地的专业组织。具体包括从事铁路、汽车、航空、轮船运输的公司。

营销服务机构是指那些为企业选择恰当的市场,并帮助企业向选定的市场销售产品的市场调研公司、广告公司、传播媒介以及各类市场营销咨询公司。它们帮助生产者推出和促销企业的产品到恰当的市场。

金融机构包括银行、信用公司、保险公司、其他协助融资或保障货物购买和承担销售风险的公司。

企业应加强与营销中介之间的关系,树立良好的企业形象。

三、消费者

企业应当仔细研究其消费者市场。按照消费者的需求和购买目的不同,可将企业的目标市场分为以下五个方面。

消费者市场,即为满足个人和家庭需要而购买商品和服务的市场。

生产者市场,即为赚取利润或达到其他目的而购买商品和服务从而生产其他产品和服务的市场。

中间商市场,即为利润而购买商品和服务以转售的市场,通常也称转卖者市场。

政府集团市场,即提供公共服务或将产品与服务转给个人而购买商品和服务的政府和非营利组织,如机关、团体、军队、学校等。

国际市场,即为国际提供商品和服务的市场,包括国外的消费者、生产者、中间商和政府机构。

每个市场都有各自的特点,销售人根据需要对此进行仔细研究。

四、竞争对手

任何企业都不大可能单独服务于某一顾客市场,完全垄断的情况在现实中不容易见到。而且,即使是高度垄断的市场,只要存在着需求的替代品的可能性,就可能出现潜在的竞争对手。企业的竞争对手是指向企业所提供商品和服务的市场提供同种商品和服务的单位,并对企业构成威胁。企业在市场营销活动中,所处的是不同的竞争环境,面临的是不同的竞争对手。

实例 2-6

“梦幻”是如何与“宝洁”进行产品竞争的

“梦幻”喷射清洁剂，在强大的“宝洁”日用品面前勇于出击，占领了喷射型清洗剂市场，其方便的喷口大受欢迎。但随后的几个月，宝洁公司反击，准备大量上市带喷射装置的清洁剂。而梦幻公司抓住时机迅速推出5000毫升装和3000毫升装的喷射清洗剂，消费者购买后可使用一年而不必再买。梦幻公司的这一追击，使宝洁公司不得不放弃喷射清洗剂市场。

我们把宝洁的产品策略分为两个阶段进行分析：

1. 宝洁公司计划反击前，梦幻公司取得成功的原因

(1) 率先以方便的喷口，获得了消费者的欢迎。

(2) 自信，不畏强敌，敢于出击。

在这个阶段，梦幻公司抓住市场空隙，勇于创新，很好地运用了“人无我有，人有我优”的产品策略。

2. 宝洁实施反击计划后，梦幻取得成功的原因

(1) 知己知彼，及时准确地了解到竞争对手的信息。

(2) 抓住了大公司市场决策反应慢的缺点，充分发挥了自己小、快、活的优点。

(3) 又率先推出3000毫升、5000毫升装的清洁剂，使第一次购买的客户的二次需求推迟至一年之后，这样宝洁公司产品的上市计划几乎完全受阻。

这个阶段，梦幻公司善于观察环境的变化，针对宝洁公司具有强大实力的现状，主动采取了避其锋芒策略，围绕“人优我新，人新我变”的竞争思想进行产品创新，最后取得了成功。

五、社会公众

社会公众是指对实现企业营销目标有实际或潜在利益关系和影响力的一切团体和个人。企业周围的社会公众主要有金融机构、媒体公众、政府公众、公众团体组织、当地公众、一般公众和企业内部公众等。

金融机构，是指帮助企业融通资金的金融组织，包括银行、投资公司、保险公司、信贷投资公司、证券交易所等。

媒体公众，是指帮助企业集宣传企业文化、塑造良好形象、顺畅沟通信息为一体的各种大众传播媒体，包括电视、广播、报刊、网络、图书、音像制品等。

政府公众，是指负责管理企业经营业务的相关政府职能机构，包括工商机构、税务机构、物价机构、卫生检疫机构、政策机构、公检法机构等。

公众团体组织，一般指影响企业营销业务、保障消费者权益、维护社会利益的各种相关群众团体和民间组织，包括环保组织、消费者权益保护协会、学术团体、少数民族组织、华侨组织、商会等。

当地公众，是指企业所在地的企事业单位、社会组织和当地的居民等。

一般公众，是指社会大众。他们大多目前还没有成为企业的顾客，但很有可能是潜在的影响者、潜在购买者、未来的投资者等。

企业内部公众，包括企业内部所有的员工，从董事长、各层次的管理者到各类技术人员、操作人员等。

一个公司在制订针对顾客的营销计划的同时，也应制订其针对主要公众因素的营销计划。设想公司希望从某个特定的公众那里得到特别的回应，如信任、赞扬、时间或金钱的帮助，公司就需要针对这个公众因素制订一个具有吸引力的计划以实现其目标。

六、企业内部部门

企业的内部部门是指企业市场营销部门以外的其他职能部门和各个管理层次。企业本身是处于市场营销环境的中心，企业市场营销部门在做市场营销决策时，既要考虑企业外部的环境力量，也要考虑企业内部的环境力量。任何一个企业的市场营销工作，不仅取决于企业市场营销机构自身的努力，同时还取决于企业领导层以及各个职能部门相互协调的密切程度。对企业来讲，企业内部的财务、研究开发、采购、生产部门的活动情况，最高决策部门的任务、目标和战略等对企业市场营销都有影响。

由于企业市场营销工作离不开企业各职能部门的合作与支持，如财务部门要给予资金支持来执行市场营销计划，研究开发部门要不断研究开发出新产品，采购部门要努力获得生产所需要的原材料、劳动力和其他生产要素，生产部门要给予充足的生产能力和人力来完成生产目标等。企业内部各职能部门之间的分工是否合理，配合是否默契、和谐和有序都会影响企业市场营销计划的制订和实施。因此，市场营销部门要与企业内部其他部门密切合作，在执行市场营销计划时，与企业其他部门协商，取得它们的支持，才能完成企业的市场营销任务。

第三节　市场营销宏观环境

宏观环境因素包括人口环境、经济环境、政治法律环境、自然环境、科学技术环境和社会文化环境等。这些环境因素直接影响企业营销的微观环境因素和具体的营销活动。

一、政治法律环境

企业的市场营销决策在很大程度上受政治法律环境的影响。法律是充分体现政治统治的强有力的形式，政府部门利用立法及各种法规表现自己的意志，对企业的行为予以控制。政治法律环境由法律、政府机构和在社会上对各种组织及个人影响和制约的压力集团构成。

实例 2-7

我国葡萄酒业之所以能够迅速发展，得益于国家关于“限制高度酒的发展，鼓励发酵酒和低度酒的发展，支持水果酒和非粮食饮料酒的发展”的扶持政策。以税收为例，白酒行业的税利比率达到13∶1,而对于葡萄酒征收的税则较少。正是国家的这种宏观政策使我国葡萄酒业得以迅速增长。据业内人士分析,随着人们保健意识的不断增强和我国与国际市场的进一步接轨,我国葡萄酒的市场前景不可限量。

无独有偶,美国大企业家哈默1931年从苏联回到美国时,正是富克兰林·罗斯福逐步走近白宫总统宝座的时候。罗斯福提出解决美国经济危机的"新政",但因"新政"尚未得势,故很多人持怀疑态度。而哈默深入研究了当时美国的国内形势,分析结果认定罗斯福会掌握美国政权,"新政"定会成功。一旦罗斯福新政得势,1920年公布的禁酒令就会废除。为了解决全国对啤酒和威士忌酒的需求,那时市场将需要空前数量的酒桶,特别是需要用经过处理的白橡木制成的酒桶,而当时市场上却没有酒桶供应商。哈默在苏联住了多年,十分清楚苏联人有制作酒桶用的木板可供出口。于是,他毅然决定向苏联订购了几船木板,并在纽约码头附近设立一间临时性的酒桶加工厂,后来又在新泽西州的米尔敦建造了一个现代化的酒桶加工厂,名叫哈默酒桶厂。

当哈默的酒桶从生产线上滚滚而出的时候,正好是罗斯福初掌总统大权和废除禁酒令的时候,人们对啤酒和威士忌酒的需求急剧上升,各酒厂生产量也随之直线上升。哈默的酒桶成为抢手货,获得了可观的盈利。

不论在何种社会制度下,企业的市场营销活动都会与政治、法律环境有一定关系,法律或是保护企业的权益,或是制约企业经营中的各种行为。所以,企业决策者在做出本企业的每项决策时,除了抓好本企业的工作,根据市场的变化情况决定经营方向外,还要认真研究那些与市场变化和本企业经营相关的国家法令政策,研究这些法令和政策的变化情况及其对市场变化及本企业经营带来的影响。如果一个企业决策者在这方面具有先见之明,那么,企业经营成功也就是理所当然的了。

二、经济环境

市场规模的大小是由社会购买力决定的,而社会购买力的大小取决于经济发展水平以及由此决定的国民平均收入水平。若经济发展快,人均收入高,社会购买力就大,营销成功的机会就多。

实例2-8

据《中国经营报》2003年5月26日《热点》栏目载:当时SARS对我国农产品的影响已经初步显现,禽肉出口受阻,养殖业受到重创,而在多米诺骨牌效应下,豆粕、玉米等饲料原料和大豆也受到波及。在肉类消费受"非典"影响下降、养殖业遭受重创的同时,养殖业对国内饲料的消费也相应减少,这直接导致饲料企业的生产下滑。

与社会购买力相关的因素有:

(1)供求状况:供不应求,意味着购买力旺盛;供大于求,意味着购买力强度不够,弹性不足。

(2)通货膨胀:通货膨胀意味着货币实际购买力下降,导致营销环境恶化,将冲击营销策略的执行。

(3)储蓄:社会购买力与居民储蓄成反比关系。

(4)消费者收入:消费者收入是消费者购买能力的源泉,包括个人工资、奖金、津贴、股息、租金和红利等一切货币收入。恩格尔定律揭示:一个家庭收入越少,用于购买食物的支出在总支出中的比例就越大,而用于自我发展和完善方面的比例就会减少。

三、人口环境

企业在进入市场时,首先关心的是该地区的市场规模。市场规模是由具有购买欲望和购买能力的人口数量构成的。

1. 人口总量及其增长速度

人口总量是决定市场规模潜量的一个基本要素。随着科学技术进步、生产力发展和人民生活条件的改善,世界人口平均寿命延长,死亡率下降,全球人口尤其是发展中国家的人口持续增长。

我国人口现有 13 亿多,占世界人口的 1/5。改革开放的政策使得我国的经济有了长足的发展,人民的收入不断提高,被世界各国视为最大的潜在市场。

人口的增长对企业有很大的影响,它意味着人们对安全需求的增长,就购买力来说,也意味着市场机会的增加。所以,营销商们时刻关注着国内外市场上人口的变化与发展,可以通过跟踪调查年龄与家庭结构、地理上的人口变化、教育程度和人口的多样性,来准确地判断市场潜力。

2. 人口分布

市场营销者不仅要考虑市场规模,也要考虑人口的地理分布状况。因为生活在不同区域的人,具有不同的需求特点和消费习惯。我国幅员辽阔,人口分布呈现南北、东西分布不均的现状,再加上我国是个多民族的国家,共有 56 个民族,不同地域、不同民族的消费者的消费习惯差异很大。所以,企业在选择目标市场时必须考虑这些问题。

随着城镇化进程的推进,农村人口必然向各级城市转移,导致各级城市人口的大量增加和农村人口的迅速减少,由此必将产生城市市场和农村市场需求结构的巨大变化。

3. 人口的性别与年龄

营销人员在营销过程中还必须注意人口的年龄和性别。首先,人口性别构成与市场需求关系密切。男性和女性在生理、心理和社会角色上的差异决定了他们不同的消费内容和特点。一些产品有明显的性别属性,只为男性或女性专用。而男女不同的性别心理和社会角色对消费行为有直接影响。其次,人口年龄结构也是企业分析市场环境的主要内容之一,不同年龄层次的消费者因为生理和心理特征、人生经历、收入水平和经济负担状况不同,有着不同的消费需要、兴趣爱好和消费模式。

4. 家庭结构

家庭结构是指家庭由哪些成员组成。一般来说,家庭结构因家庭生命周期阶段的不同而存在较大的差异,如表 2-1 所示。

与家庭结构密切相关的是家庭成员人数的多少。家庭平均成员的多少决定着一个国家家庭单位的数量,即家庭户数的多少。

家庭是社会的细胞,也是某些商品的基本消费单位,如住房、成套家具、电视机、厨房用品等商品的消费数量就和家庭单位的数量密切相关。一个国家或地区家庭单位的多少,影响着许多消费品的市场需求量。

最近几年,我国的家庭构成出现了一些变化:三口之家成为家庭形式的主流;职业妇女增多;单亲家庭的数量呈上升趋势;独身者成为一种生活方式;孩子的出生对家庭的影响很大,使父母双方把更多的精力投入家庭,消费结构也因此会产生较大的变化。

表 2-1　家庭生命周期阶段的分类

家庭生命周期的阶段	典型需要以及相应的产品
单身阶段	社交需要、娱乐需要,新消费观念的带头人
新婚阶段	住房需要,各种家具、电器等耐用品消费
满巢Ⅰ期	家庭用品购买的高峰期,购买较多的儿童用品
满巢Ⅱ期	注重档次较高的商品及子女的教育投资,文化娱乐消费增加
满巢Ⅲ期	更新耐用消费品,注重储蓄,购买冷静、理智
空巢阶段	健康需要,娱乐及服务性消费支出增加
孤独阶段	情感、健康需要,安全保障

四、科学技术环境

科学技术的发展程度影响着人类社会历史进程和社会经济的各个方面,也直接影响着企业的劳动效率、经营管理水平和经济效益的高低,影响着企业的营销活动。企业的市场营销活动,无论是开发新产品,还是生产适销对路的产品,都离不开科学技术的应用。

首先,科学技术的发展影响企业的生产;其次,信息技术产业的发展影响企业的销售;最后,科学技术的发展影响企业的市场营销组合。

五、社会文化环境

社会文化环境是指一个社会的民族特征、风俗习惯、价值观、教育水平、社会结构等的总和。社会文化是人类的创造物,反过来又对人类活动产生影响。社会文化塑造了人们行为的准则,给予每个社会以特殊的风格。

1. 教育水平

教育水平是指消费者接受教育的程度,一般用每万人中受过高中教育、大专教育、本科教育的人数来表示。一个国家、一个地区的教育水平与经济发展水平往往是一致的。不同的文化修养形成了不同的审美观,导致购买商品时不同的选择原则和方式。一般来讲,教育水平高的地区,消费者对商品的鉴别力强,容易接受广告的宣传,容易接受新产品,购买的理性程度高。因此,教育水平高低不仅影响着消费结构,还影响着企业市场营销组合策略的选取以及销售推广方式方法的差别。

2. 宗教信仰

不同宗教信仰有不同的文化倾向和戒律,对于教徒的婚丧嫁娶、饮食衣着、必要的宗教仪式、节日庆典、禁忌等方面有严格的规定,这些规定对教徒有很大的约束力。宗教信仰影响着人们认识事物的方式、行为准则和价值观念,影响着人们的消费行为,带来特殊的市场需求,如穆斯林和犹太人对猪肉、烈性酒的禁忌,印度人对牛肉的禁忌,猪肉和酒的销售要排除穆斯林和犹太人生活的国家和地区,牛肉的销售不应考虑印度市场。企业的市场营销者应该了解宗教规定,生产符合宗教活动规范的商品,在广告宣传上也应该注意不能触犯宗教信仰方面的禁忌,不能伤害教民情感。

实例 2-9

1984 年,一个比利时的地毯商人,根据阿拉伯国家穆斯林跪在地毯上做朝拜时,必须面向麦加城方向的特点,特意设计了一种带指针的地毯。这种地毯中间嵌有一个永远指向麦加城方向的指针,于是,教徒只要铺上了地毯,就能知道麦加城的方向所在。这种地毯上市后,受到了穆斯林的广泛欢迎,成了供不应求的热门货。该商人成功地把自己的产品打进了阿拉伯市场。

3. 风俗习惯

风俗习惯是代代相传因袭下来的,它是社会上多数人共同遵守的行为规范和行为模式。一个社会、一个民族的婚丧嫁娶、饮食起居、劳动分工、社团活动等都与人们的文化素养和传统习惯分不开,对其消费嗜好、消费方式起着决定性的作用。风俗习惯有地域性特征,不同的风俗习惯使消费者对商品的品种、样式、规格、包装和质量等有不同的要求。如不同国家对图案和颜色的使用就有不同,中东地区严禁带六角型的包装,英国忌用大象、山羊作为商品装潢图案,日本人喜欢红色,而红色在瑞典、法国都是不吉祥的征兆。企业在市场营销活动中必须了解和注意消费者的习惯偏好,才能在营销中获胜。

实例 2-10

在我国的出口商品中,龙形图案由于显示民族特点,具有东方特色,很受外商的欢迎。但是在采用龙形图案中也有学问,也要注意进口国消费者的习俗与爱好。例如龙形图案地毯一直是我国出口的热门货,在秋天的广交会上,龙毯仍是外商争购对象,但同样是龙毯却有一部分一直卖不出去。

原因在哪里? 经了解,外商说:“在国外,尤其是华侨中,流行着一种说法,认为龙分吉祥龙和凶龙两种,其区别在于龙爪不同,吉龙生五爪,生三爪、四爪的是凶龙。凶龙入宅,合家不安,谁会花钱买个凶龙回家?”经查看,果然,未卖出的龙毯绝大部分是三爪、四爪的龙形图案。

这说明国际市场营销中对进口社会文化环境因素的了解与掌握要细、要准,不能满足于一般。

与此相联系,商品包装的颜色、标记等也要注意各国社会文化环境。例如红色在我国代表喜庆,而在有一些国家则代表死亡;黑色在西欧是丧服颜色,而在日本却被认为是优雅和高贵。巴西人忌棕黄色,比利时人忌蓝色,日本人忌绿色,而土耳其人却以彩色为凶兆。就标记形状来说,捷克斯洛伐克认为三角形是“有毒”的标记,土耳其则用绿色三角形表示“免费样品”,而带有六角星的包装向中东国家出口洽谈时是要碰壁的,因为六角星是以色列的标记。

4. 民族传统

中华民族勤劳节俭的传统在消费者行为中表现为重视储蓄和积累,在选择商品时重实用。重人情、讲礼仪的民族传统使消费者肯在感情投资上花钱,礼品消费在生活消费中占的比例比较大。大统一的整体观念和求同意识使人们在消费行为中很少标新立异,愿意随大流。重视传宗接代的传统观念使家长愿意在孩子身上多投资、多花钱。民族节日使消费行为具有周期性特点。每年中秋节、国庆节、元旦、春节都会形成一个购物高峰期。企业营销人员应该特别重视人们消费的这些特点,充分利用购物高峰期做好市场营销工作。

5. 价值观念

价值观念是社会文化的核心部分,它是人们普遍奉行的行为准则和评价标准。它表现在人们行为的取向和对事物的评价、态度中,产生出一种具有普遍指导意义的行为模式。在消费者行为中,它表现为消费者奉行的消费原则和消费倾向,选择的消费模式和商品,以及评价和衡量商品价值的标准。价值观念是深层次的东西,但它在人们的具体行为中体现出来。价值观念有时代差异,也有代际差异。青年人和老年人的消费观念就有不同。消费价值观念也有地域和文化背景的差异。西方国家的消费者把分期付款的消费看作是正常的事,而我国人民的价值观念中是坚决反对寅吃卯粮的。研究价值观念对消费者行为的影响,有助于我们了解消费者需求的变化,有针对性地搞好市场营销工作。

六、自然地理环境

一个国家、一个地区的自然地理环境包括该地的自然资源、地形地貌和气候条件,这些因素都会不同程度地影响企业的营销活动。因此,企业应该根据不同的自然地理环境来设计、生产和销售产品。对市场营销者来说,应该注意自然环境发展变化的趋势,并从中发现企业的市场营销机会和威胁。

1. 自然资源

一个地区的自然资源是指自然界提供给该地各种形式的财富,如矿产资源、森林资源、土地资源、水利资源等。自然资源是进行商品生产和实现经济繁荣的基础,同人类社会的经济活动息息相关,如开采石油进行能源和石油化工产品生产,挖掘矿石进行金属冶炼,开发森林进行木材加工等。自然资源的分布具有地理的偶然性,分布并不均匀,有的地区就很可能缺乏自己所需要的某种自然资源。因此,企业到某地投资或从事营销活动就必然要了解该地区的自然资源情况。一个地区的自然资源状况往往是吸引外地企业前来投资建厂的重要因素。

此外,了解一个地区的自然资源状况,有助于判断该地未来经济发展前景。因为,资源的分布、质量和可利用程度影响着这个地区的经济和购买力。如沙特阿拉伯,由于发现了丰富的石油资源,短短几年内,就从一个荒凉落后的小国,一跃而成为世界瞩目的经济上的富裕国,其经济能力、国民生活水平和购买力因石油的开采、生产而得以大幅度快速提高。

2. 气候与地形

一个地区的地形地貌和气候条件，是在该地开展市场营销所必须考虑的地理环境因素，这些地理特征对市场营销具有一系列的影响。如气候与地形地貌特点，都会影响产品和设备的性能和使用。在沿海地区运转良好的设备，到了内陆地区就有可能发生性能的急剧变化。有些国家地域辽阔，南北跨度大，各种地形地貌复杂，气候多变，企业必须根据各地的自然条件生产与之相适应的产品，才能适应市场的需要。如我国东北平原与华南丘陵地带、东北寒冷干燥的天气与南方的酷热湿润气候，都会对产品提出不同的环境适应性要求。如果从经营成本上考虑，地势平坦的地区，公路和铁路的运费都比较低；反之，如果山多、道路不平，运费就高。可见，气候、地形地貌不仅直接影响到经营、运输、通信、分销等活动，而且还会影响到一个地区的经济文化和人口分布等状况。因此，企业开展营销活动，必须考虑当地的气候和地形地貌，使其营销策略能适应当地的地理环境。

目前，国内外普遍存在着自然资源日益短缺、能源成本趋于提高、环境污染日益严重等问题，各国政府对自然资源的管理也不断加强。因此，从事研究和开发的企业在开发新的替代材料方面有着非常好的机会。政府和公众对环境污染的紧密关注，为敏锐的企业创造了市场营销的机会，给废品回收创造了很大的市场，也促使企业寻找在不破坏环境的前提下制造和包装产品的方法，如塑料包装改为纸袋包装。能源的短缺使能源成本提高，使人们积极地寻求替代能源，企业在寻求使用太阳能、核能、风能及其他形式能源的方式和方法，在这方面，我们已经取得了很大的进展。

第四节　SWOT 分析法

市场营销环境的变化，既可以给企业带来市场机会，也可以给企业构成威胁，企业必须做好市场的分析与抉择，才能趋利避害。一般来说，SWOT 分析法是企业分析市场营销环境，进行营销决策的主要方法。

SWOT 分析法是由英文 strengts（优势）、weaknesses（劣势）、opportunities（机会）、threats（威胁）四个单词的首字母缩写组合而成，其中优势和劣势属于内部因素，而机会和威胁属于外部因素。

进行 SWOT 分析，一般经过以下步骤：

第一，进行企业外部环境分析，列出企业外部环境存在的发展机会（O）和威胁（P）。

第二，进行企业内部环境分析，列出企业目前所具有的优势（S）和劣势（W）。

第三，绘制 SWOT 矩阵，优势、劣势与机会、威胁相组合，形成 SO、ST、WO、WT 策略。

第四，对 SO、ST、WO、WT 策略进行甄别和选择，确定企业目前应该采取的具体战略与策略。

一、外部环境分析

外部环境分析就是依据企业的目标，对企业的生产经营活动发生联系或可能对企业的生产经营活动产生影响的外部宏观环境因素进行系统的分析与评价，从中判别出企业面临的机会与威胁。

1. 机会

环境机会的实质是指市场存在着尚未满足或未完全满足的需求,它可能来源于宏观环境或微观环境。随着消费者需求的不断变化和产品寿命周期的缩短,旧产品不断被淘汰,必须开发新产品来满足消费者的需求,因此市场上出现了许多的机会,一旦发现环境机会,就要抓住不放。环境机会对不同企业的影响也是不同的,同一个环境机会对这一些企业而言可能成为有利的机会,而对另一些企业可能造成威胁。环境机会能否成为企业的机会,要看此环境机会是否与企业目标、资源及任务相一致,企业利用此环境机会能否为其带来比其他竞争者更大的利益。

环境机会是企业所要开拓、占领的潜在市场。一般来说,环境机会的形成主要来自于市场供应总量不平衡、市场供求时间不平衡和市场供应广度不平衡等。有效地捕捉和利用环境机会,是企业营销成功和发展的前提。企业只有密切注视营销环境变化带来的环境机会,适时做出适当评价,并结合企业自身的资源和能力,及时将环境机会转化为企业机会,才能开拓市场,扩大销售,提高企业产品的市场占有率。

2. 威胁

环境威胁是指外部环境变化趋势中对本企业的生存与发展不利的、消极的、负面的因素。企业若不能回避或恰当地处理威胁,威胁就会动摇或侵蚀企业的市场地位,损伤企业的竞争优势,这种环境威胁体现在:一是环境因素直接威胁着企业的营销活动,如政府颁布的环境保护法,它对造成环境污染的企业来说就构成了巨大威胁;二是企业的目标、任务及资源同环境机会相矛盾,如人们对自行车的需求转变为对摩托车的需求,自行车生产企业的目标市场与资源同这一环境机会相矛盾,自行车生产企业要将环境机会变成自己的企业机会,需淘汰原来的产品,更换全部设备,培训、学习新的生产技术,这对自行车生产企业而言无疑是一种威胁。

二、内部环境分析

在进行了企业外部环境的分析之后,还需要对企业内部的资源条件进行分析。在机会出现之后,只有拥有适当资源条件的企业才有可能取得成功。正是这些资源条件形成了一个企业的优势与劣势。

1. 优势

优势是指一个企业较之其竞争对手在某些方面所具有的不可匹敌、不可模仿的独特能力。一个企业的优势,不仅指能做什么,更重要的是指企业能在哪些方面比竞争对手做得更好。

2. 劣势

劣势是指企业较之竞争对手在某些地方的缺点和不足。如一个企业可能较之竞争对手在企业规模、产品品种、市场占有率、资金、产品质量等多个方面存在劣势。

三、进行 SWOT 组合,确定企业的具体战略与策略

1. 优势—机会(SO)组合策略

这是最理想的组合,任何企业都希望凭借自身的优势和资源来最大限度地利用外部

环境所提供的发展机会。

2. 优势—威胁(ST)组合策略

在这种情况下,企业应巧妙地利用自身的优势来对付外部环境中的威胁,其目的是发挥优势,减少威胁。对企业来说,合适的策略应当是慎重而有限度地利用企业自身优势。

3. 劣势—机会(WO)组合策略

企业已经看到外部环境所提供的发展机会,但企业同时又存在着限制利用这些机会的劣势,在这种情况下,企业应通过外在的方式来弥补企业的劣势,以最大限度地利用外部环境的机会。如果企业不采取任何行动,便将机会让给了竞争对手。

4. 劣势—威胁(WT)组合策略

企业应尽量避免处于这种状况。企业一旦处于这种状况,在制订战略与策略时就要降低威胁和劣势对企业的影响。

对于每一种外部环境和企业内部条件的组合,都应认真分析,并选用相应的营销策略。高明的营销者总是严密地监视和及时预测相关环境的发展变化,善于分析、评价和鉴别由于环境变化造成的机会与威胁,以便采取相应的态度和行为。

思考与训练

一、思考题

1. 为什么要对市场营销环境进行分析?
2. 市场营销环境的特点主要表现在哪些方面?
3. 社会文化环境包括哪些?
4. SWOT 分析法的步骤和过程有哪些?
5. 为什么说科学技术环境对企业市场营销有着重要影响?

二、训练题

1. 假设你在应聘,试用 SWOT 分析法对自身进行分析评价,写成分析材料,并在班内宣读、展示。

2 讨论商家每逢重大节假日争相策划一系列的让利促销活动的动因及影响因素,形成讨论文稿。

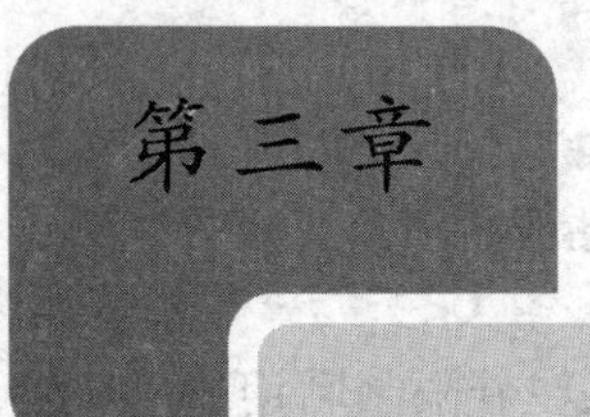

第三章 消费者行为分析

学习目标

1. 理解消费者需要的概念及特征。
2. 了解消费者需要的种类。
3. 消费者购买动机的含义、特征及分类。
4. 掌握消费者购买动机的分析。
5. 掌握影响消费者购买行为的因素。

消费者行为分析主要是针对消费品市场上的消费者的购买行为而言的。消费品市场是为满足生活需要而购买商品和劳务的所有个人和家庭。对消费品市场进行分析研究，其核心就是分析消费者的购买行为。消费者行为分析是企业制订市场营销计划和实施企业一切营销活动的出发点。

第一节 消费者需要

需求是营销之母。现代企业营销活动包括市场调研、选择目标市场、产品开发、价格制定、渠道选择、产品分销、物流、售后服务等一系列复杂的活动。这些活动都围绕着消费需求展开，需求的满足是市场营销活动的核心，因此企业营销部门必须根据消费者需求的状况和种类实施有效的营销。

一、消费者需要的含义及特征

1. 消费者需要的含义

消费者需要是指消费者在一定的社会经济条件下，为了自身的生存与发展而对商品或服务产生的需求和欲望。消费者需要通常以对商品的意向、愿望、兴趣、理想等形式表现出来。当某种主观需要形成后，在其他相关因素的刺激下，就会引起购买动机，从而产生购买行为的一种内驱力。

消费者的生理状况、社会情景和认识程度促使需求的产生。

生理状况原因主要表现为生理需要，即消费者由于自身机体存在着某种欠缺而未获得满足，如饥饿的产生，依赖于胃的收缩、味觉、血液含糖程度、激素状态以及神经活动等。

大脑和神经系统与某种欲望的产生密切相关。

社会情景原因表现为外因刺激产生的需求,即社会环境因素容易产生或增加需要的强度。在社会情景中产生需要的最强有力者是目标对象,如爱国主义英雄事迹使人产生追求崇高理想的需要等。

消费者对客观世界的认识和评价也是需要产生的重要原因。思想,特别是想象和幻想,可以使人不断地产生某些愿望。幻想的产生,有时并非直接由外在的刺激所引起,但一旦形成,需要也随之产生。

2. 消费者需要的特征

消费者由于不同的主观原因和客观因素,对商品、服务有不同的需要,而且这些需要由于时代发展、物质文化生活水平的提高而日益多样化,但消费者需要仍有如下共同特征。

(1)需要的多样性。由于消费者的收入水平、文化程度、职业、性别、年龄、民族和生活习惯不同,自然会有不同的爱好和兴趣,对消费品的需要也是千差万别的。这种不拘一格的需要,就是消费者需要的多样性。

(2)需要的发展性。随着生产力的发展和消费者个人收入的提高,人们对商品和服务的需要也不断地发展。如过去未曾消费过的高档商品进入了消费领域;过去消费少的高档耐用品现在大量消费;过去消费讲求价廉、实惠,现在追求美观、舒适等。

(3)需要的伸缩性。消费者购买商品,在数量、品级等方面均会随购买水平的变化而变化,随商品价格的高低而转移。其中,基本的日常消费品需要的伸缩性比较小,而高中档商品、耐用消费品、穿着用品和装饰品等选择性强,消费需要的伸缩性就比较大。

(4)需要的层次性。人们的需要是有层次的,各个层次之间虽然难以截然划分,但是大体上还是有次序的。一般来说,总是先满足最基本的生活需要,然后再满足社会交往需要和精神生活需要。也就是说,消费者需要是逐层上升的,首先是满足低层次的需要,然后再满足较高层次的需要。随着生产的发展和消费水平的提高,以及社会活动范围的扩大,人们消费需要的层次必然逐渐向上移动,由低层到高层倾斜,购买的商品越来越多地为了满足社会性、精神性要求。

(5)需要的时代性。消费者需要常常受到时代精神、风尚、环境等的影响。时代不同,消费者需要和爱好也会不同。例如,随着文化水平的提高,我国人民对文化用品的需要日益增多。这就是消费者需要的时代性。

(6)需要的可诱导性。消费者需要是可以引导和调节的。这就是说,通过企业营销活动的努力,人们的消费需要可以发生变化和转移。潜在的欲望可以变为明显的行动,未来的需要可以变成现实的消费。

(7)需要的联系性和替代性。消费者需要在有些商品上具有关联性,消费者往往顺带购买。如出售皮鞋时,可能附带售出鞋油、鞋带、鞋刷等。所以经营有联系的商品,不仅会给消费者带来方便,而且能扩大商品销售额。有些商品有替代性,即某种商品销售增加,另一种商品销售量减少。如食品中的肉、蛋、鱼、鸡、鸭等,其中某一类销售多了,其他就可能会减少;洗衣粉销量上升,肥皂销量下降等。

二、消费者需要的分类

消费者需要的划分是相对的,各种需要之间存在着相互影响、相互渗透、相互联系的关系,企业开展营销活动、提供商品和服务,要考虑到消费者需要的多样性和联系性,有针对性地满足消费者需要。消费者需要的内容非常丰富,可以从不同的角度对其进行分类。

1. 按照需要产生的原因不同,可以分为生理性需要和社会性需要

生理性需要也叫自然需要,是消费者为了维持和发展个体生命而产生的对客观事物的需求和欲望,如对呼吸、饮食、睡眠、休息、运动、御寒、配偶等的需要。这种需要是人类所共有的。

社会性需要是消费者为了参加社会活动,进行社会交往而产生的对客观事物的需求和欲望,如人对劳动、友谊、爱情、归属、社会地位、成就、威望等的需要。社会性需要是人类特有的高级需要,是在人的社会实践中形成和发展起来的,并受政治、经济、文化、地域、民族等社会条件的制约。

2. 按照需要的实质内容不同,可以分为物质需要和精神需要

物质需要是消费者在物质生活和社会交往中对社会物质产品的需求和欲望,如对食品、饮料、服装、住房,以及礼品、首饰、家用电器、高档家具的需要。根据消费档次不同,它又可分为基本生存型、发展型、享受型等几种。随着社会经济发展水平和消费者个人消费能力的提高,物质需要的档次也随之提高。

精神需要是指消费者对精神生活和精神产品的需求和欲望,如对科学、技术、文化、教育、艺术、知识、道德、审美、健身等的需要,是人们掌握知识、追求真理、探索自然和社会发展规律的动力。

3. 按照需要的层次不同,可以分为生存需要、享受需要和发展需要

生存需要是指消费者为了维持生存而产生的对基本生活物品的欲望和要求,如对粮食、空气、水、衣服、房屋等的需要。这是人类最基本的需要。如果这些基本需要得不到起码的满足,就会造成严重的问题。

享受需要是消费者为增添生活情趣、实现感官和精神愉悦而产生的欲望和要求,如对文化娱乐、体育健身、旅游、社交活动等的需要。随着社会的进步和生产力的发展,享受需要会变得愈来愈重要。

发展需要是指消费者为发展智力和体力,提高个人才能,实现人生价值而对所有消费品的欲望和要求,如对教育、书籍、电脑、滋补品等的需要。随着现代科学技术的发展,人的发展需要将显得更加突出重要。

消费需求层次的理论很多,其中以马斯洛的需求层次理论最具有代表性。马斯洛将消费需求划分为五个层次:生理需求(饥饿、口渴、寒冷)、安全需求(安全、保障)、社会需求(爱与归属感)、受尊需求(自尊、赏识、地位)和自我实现需求(自我发展与实现)。如图 3–1 所示。

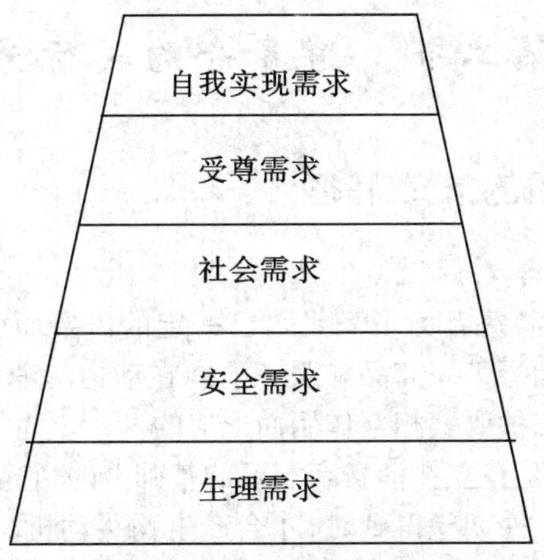

图 3-1　马斯洛需求层次理论

马斯洛认为,没有满足的需求是人们行为的原动力。而且人必须在低一级需求得到满足之后,才会产生较高一级的需求。企业应研究消费需求层次发展变化的规律,预测和分析当前消费需求的主导需求层次及未来的发展趋势,不失时机地引导和推动消费需求的转化,以便更好地制订营销策略,满足不同层次的消费需求,取得营销的成功。

4. 按照需要满足的对象不同,可以分为社会公共需要和个人需要

社会公共需要是指满足社会公众或社会集团要求的需要。

个人需要是指满足消费者个人需求的需要。

5. 按照需要的实现程度不同,可以分为现实需要和潜在需要

现实需要,也叫显现需要,是指消费者具有明确的消费意识和足够的消费能力,已经或者即将实现的消费要求和欲望。

潜在需要是指消费者的消费意识和消费能力目前尚未完全具备,但已列入消费计划的要求和欲望。

现实需要与潜在需要因人而异,因具体的消费品而异。例如,购买电脑一类的科技产品,对有些消费者是现实消费,而对有些消费者还是一种潜在的愿望。

实例 3-1

20 世纪 60 年代,日本人最先发明了方便面,于是想把方便面打入香港市场。可香港人的饮食习惯是吃米,不吃面,方便面在香港销售效果一直不好。但日本公司没有放弃,想尽了办法,其中有一招最为见效:他们把方便面送给幼儿园的儿童免费试吃,因为儿童年龄小,还没有形成吃米不吃面的饮食习惯。当小孩第一次吃到香脆、好吃的方便面时,非常喜欢,认为方便面就是最好吃的食品,形成了饮食心理依赖。到了 20 世纪七八十年代,孩子们都进入青年时代,他们就成了消费方便面的主力军,变成了方便面的现实需要者。

第二节 消费者购买行为

一、消费者购买动机的含义、特征

1. 消费者购买动机的含义

消费者购买动机是指消费者为了满足自己一定的需要而引起购买行为的愿望或意念，它是能够引起消费者购买某一商品和服务的内在动力。消费者购买动机是由需要驱使、刺激强化和目标诱导三种要素相互作用而形成的。

消费者的购买动机也是建立在消费者需要的基础上的，它受到消费者需要的制约，只有在消费者有了某种需要，并期望得到时，才会产生购买动机。有了购买动机，就要寻找满足需要的目标，并且在找到目标之后进行满足需要的购买行为活动。当购买行为产生之后，需要和动机得到满足，生理的或心理的紧张状态得以消除，消费者个体重新恢复平衡，新的需要又将会产生。所以，消费者内在需要是产生购买动机的根本原因和动力。强调消费者需要和购买动机的密切联系，并不是说需要和动机可以直接等同，它们之间的区别也是客观存在的。消费者有时即使有某种需要，也未必能激发出动机。

消费者购买动机的形成从根本上来说源于对消费者的刺激，但并不是说所有的动机都一定是由外部刺激产生的，只有当刺激和消费者个体需要相互结合的时候，才能产生消费者的购买动机。所以，需要和刺激是购买动机产生的两个必要条件。

由于外部环境的刺激可以引起消费者的需要和购买动机，企业在开展市场营销活动时就要注意怎样才能不失时机地给消费者更多的刺激。一般来说，刺激越多，诱因越强，消费者购买商品便越有可能。例如企业可以通过各种广告进行大力宣传，或者举办各种类型的展销会、联谊会等，这些都是卓有成效的强化刺激的方式。而且产品的优良品质、美观造型、精致包装、实惠价格，以及热情、周到、主动的服务、耐心等更是诱发消费者购买动机不可忽视的因素。

企业制订和实施营销策略时，要注意在刺激的外部环境中设置明确的目标商品，增强对消费者购买动机形成的诱导作用。例如，在陈列于柜台的一组商品中放上一个新颖别致、外观奇特的商品，产生一种鹤立鸡群的效果，引起消费者的注意，这个商品所起的作用就是目标诱导。企业市场营销的各个因素都可以通过设置一定的目标来诱导消费者，形成和强化消费者的购买动机，促进购买行为的发生。

2. 消费者购买动机的特征

购买动机有迫切性、内隐性、多变性、模糊性、矛盾性的特征。

(1)迫切性，是由消费者的高强度需求引起的。如有些消费者对骑自行车本身不感兴趣，可搬到新家后，上班远了，乘车又不方便，就会产生迫切需要一辆自行车的想法。

(2)内隐性，是指消费者出于某种原因而不愿让别人知道自己真正的购买动机的心理特点。某公司职员小刘暗恋一位女同事，有一次他无意中听那位女同事说，戴眼镜的男子显得有学问。其实他并不近视，但也买了眼镜经常戴着。别人问他为什么戴眼镜，他说是为了遮太阳、防风沙，真实原因没有说明。这种情况实际上展现出了购买动机的内隐性。

(3)多变性,是指在消费者的诸多消费需求中,往往只有一种占主导地位的消费需求,同时还有许多辅助的需求。当外部条件一定时,占主导地位的消费需求将会产生主导动机,辅助性的需求将会引起辅助性动机,主导性的动机能引起优先购买行为。一旦消费者的优先购买行为实现,优势消费需求得到满足,或者消费者在购买过程中出现新的刺激,那么,原来的辅助性购买动机便可能转化为主导性的购买动机。

实例 3-2

张女士终于攒够了购买汽车的钱,兴冲冲地来到一家经营汽车的大公司,她看中了这里出售的海蓝色"奥迪"牌小轿车。尽管价格贵一点,但她喜欢这种车的颜色和式样,而且"奥迪"这个牌子的名称也叫她喜欢。不巧,男售货员正要去吃午饭,他对她说,如果她愿意等待30来分钟的话,那么,他一定乐意立即赶回来为她服务。张女士同意等一会儿,总不能不让人吃饭呀,就是再加上30分钟也没关系,要紧的是她特意挑选今天这个日子来买车,无论如何都必须把车开回去。她走出这家大公司,看见街对面也是一家出售汽车的公司,便信步走了过去。

售货员是个活泼的年轻人,他一见她进来,立即彬彬有礼地问:"我能为您效劳吗?"她微微一笑,告诉他自己只是来看看,消磨一下时间。年轻的售货员很乐意地陪她在销售大厅参观,并自我介绍说他叫李晓。

李晓陪着张女士聊天,很快两人便谈得很投机。张女士告诉他,自己来买车,可惜这里没有她想要的车,只好等那家公司的售货员回来了。李晓很奇怪她为什么一定要今天买到车,她说:"今天是我的生日,我特意挑选今天这个日子来买车。"李晓笑着向张女士祝贺,并和身旁一个同伴低声耳语了几句。不一会儿,这个同伴捧着几枝鲜艳的红玫瑰进来,李晓接过来送给张女士:"祝你生日快乐!"

张女士的眼睛亮了,她非常感谢李晓的好意。他们越谈越高兴,什么海蓝色"奥迪",什么30分钟,她都想不起来了。

突然,张女士看见大厅一侧有一辆银灰色的轿车,色泽是那样的柔和诱人。她问李晓那是辆什么牌子的轿车。李晓热心地告诉了她,并仔细地介绍了这辆车的特点,尤其是价钱比较便宜。张女士觉得自己就是想要买这种车。

结果,张女士驾驶了一辆自己原先根本没有想到的车回家了。车上插着几枝鲜艳的红玫瑰,她的生日充满了欢乐。

这个案例表明消费者的购买动机是复杂的、多变的。

(4)模糊性。有关的研究表明,引起消费者购买活动的动机有几百种,其中最普遍的是多种动机的组合作用。有些是消费者意识到的动机,有些则处于潜意识或无意识状态,往往表现在一些消费者连自己也不清楚为什么购买了某种商品,这主要是由消费者购买动机的复杂性、多层次和多变性等造成的。

(5)矛盾性,是指当消费者同时存在两种以上消费需求,而且两种需求互相抵触,不可兼得时,内心就会出现矛盾。这时人们常常采用"两利相权取其重,两害相权取其轻"的原则来解决需求的矛盾。当消费者面临两个同时具有吸引力的需求商品或服务,而又必须选择其中一个时,就会产生购买遗憾的感觉。

二、消费者购买动机的类型

一般情况下,购买动机大致可以分为三种类型。

1. 理智动机

理智动机是指消费者经过对各种不同的需要、不同商品满足需要的效果和价格进行认真思考以后产生的动机,具有客观性、周密性、控制性的特点,表现出求实、求廉动机。

(1)求实动机,表现在追求商品的使用价值,注重商品的内在质量和效用,讲究实惠实用和使用方便,不过分强调外观、花色、款式等。

(2)求廉动机,表现在追求物美价廉,追求廉价,喜欢选购折价、优惠价、处理价商品,不大计较产品的外观质量,如花色、款式及包装等。

2. 感情动机

购买需求是否得到满足,直接影响到消费者对商品或营销者的态度,并伴随有消费者的情绪体验。这些不同的情绪体验,在不同的顾客身上,会表现出不同的购买动机,具有稳定性的特点,如求新、好胜、求名、求美动机。

(1)求新动机,表现为追求时尚、新颖、时髦、奇特,不大注重商品的价格。如某消费者本来已经有了一双质量优良耐穿的皮鞋,看到现在厂商推出一种款式新颖别致的皮鞋非常时髦,就去购买了一双。

(2)好胜动机,表现为争强好胜,不注重使用价值。如有些人看见邻居和亲戚买了电冰箱,为了不甘落后,不顾是否有实际需要,千方百计地买了回来,结果有可能由于用处不大,而成为无用的装饰品。

(3)求名动机,表现为显示自己的地位和威望,显名炫耀,追求名牌产品,注重产品产地及声誉,舍得花时间、精力选购。如有的消费者购买小轿车是为了“炫耀自我”或将其看作是“地位的象征”,购买特殊产品是为了显示与众不同来达到“表现自我”的目的。

(4)求美动机,追求商品的欣赏价值或艺术价值,注重商品造型、色彩、包装等外在美,讲究对人体的美化和对环境的改善。如人们买化妆品、美容美发、买漂亮衣服都是为了追求美的感受。

实例 3-3

美国麦尔制鞋公司经过市场调查,发现在美国市场人们购买鞋子是为了更能体现和寄托自我情绪和情感。于是,该公司设计人员便发挥想象力,设计出了不同情感色彩的鞋子,以引起情感共鸣,激发人们购买的欲望,如“男性感”“女性感”“优雅感”“野性感”“轻盈感”“年轻感”等,充分满足消费者的情感需求,创造了巨额利润。

3. 惠顾动机

惠顾动机是指基于感情和理智的经验,对特定的商店、厂牌或商品产生特殊的信任和偏好,消费者重复地、习惯地前往购买的一种行为动机,具有经常性、习惯性的特点,表现出偏爱、求信动机。

(1)偏爱动机,表现在为满足个人特殊偏好,对某一类型的特殊商品经常地和持续地进行购买。

(2)求信动机,表现在追求某一商店或某种商品的信誉,购买行为由潜意识支配。

三、消费者购买行为

1. 消费者购买行为的含义

消费者购买行为是指消费者在购买动机的支配下,选择与购买商品或者劳务的活动过程。具体地说,消费者购买行为就是指消费者个人或家庭为了满足自己物质和精神生活的需要,在某种动机的驱使和支配下,用货币换取商品或劳务的实际活动。没有动机,就不会产生行为。研究消费者动机,解决的是消费者为何购买的问题;研究消费者购买行为,则是明确消费者类型、购买特点和购买过程,目的在于揭示消费者购买行为的规律。消费者购买行为的形成过程是十分复杂的,受诸多社会条件因素的影响。一方面,人的行为有相似之处,有一些共同的需要动机,尤其是生理性需求动机;另一方面,消费者处于复杂的社会环境之中,其经济情况、生活水平、文化程度、社会地位、消费习惯、地理环境以及个性心理特征等又存在着诸多差异,使得不同消费者的购买行为又有着很大的差异。

影响和决定消费者购买行为的因素对企业来说是无法控制的,但企业可以通过对各种影响因素的分析,了解购买行为所发生的原因,研究消费者的购买行为规律,掌握消费者未来可能发生的购买意向和购买行为,运用系统和权变的观点,遵循顾客让渡价值理论和顾客满意度理论,制订适当的营销策略,影响消费者的购买行为,使其向有利于企业的方向发展。

2. 消费者购买行为的类型

(1)从消费者购买目标的选定程度划分。

1)全确定型。此类购买行为,是指消费者在购买商品前已有明确的购买目标,对商品名称、商标、型号、规格、样式、颜色乃至价格的幅度都有明确的要求。采取这种购买行为的消费者进入商店后,一般都有目的地选择,并主动地提出需购商品,以及对商品的各项要求,可以毫不迟疑地买下商品,其购买目标在购买行为与语言表达等方面都能鲜明地反映出来。

2)半确定型。此类购买行为,是指消费者在购买商品前已有大致的购买目标,但具体要求还不甚明确,最后的购买决定是经过选择比较而完成的。例如,洗衣机是某消费者计划购买的商品,但购买什么牌子、型号、规格、式样等尚未确定。持这样购买行为的消费者,在进入商店后,一般不能明确、清晰地提出所需商品的各项要求,实现购买目标需要经过较长时间的比较、评定才能完成。

3)不确定型。具有这类购买行为的消费者在购买商品时没有明确的或者坚定的购买目标,其进入商店后主要是参观,一般是漫无目标地观看商品,或随便了解一些商品销售情况,碰到感兴趣与合适的商品也会购买,否则便不买商品离去。

(2)从消费者的购买态度与要求划分。

1)习惯型。消费者对某种商品的态度,常取决于对商品的信念。信念可以建立在知识的基础上,也可以建立在信任的基础上。例如,保护身体安全的信念、值得信赖的信念都能加深对某种商品的印象,形成一种习惯性态度,使消费者在需要时不假思索地去购买,这就形成了购买行为的习惯性。具有此类行为的消费者,往往根据过去的购买经验和使用习惯进行购买活动,很少受到时尚风气的影响。

2)理智型。此类消费者的购买行为以理智为主,感情色彩较少。其往往根据自己的经验和对商品知识的了解,在采取购买行动前,注意收集商品有关信息,了解市场行情,经过周密的分析和思考,做到对商品的特性心中有数。在购买过程中,理智型消费者的主观性较强,不愿别人介入,受广告宣传以及售货员的影响甚少,往往是自己对商品做一番细致的检查、比较,反复权衡各种利弊因素后才做购买决策,在做决定时一般也不太爱动声色。

3)经济型。具有这种购买行为的消费者在选购商品时多从经济角度考虑,对商品的价格非常敏感。例如,有的从价格的高昂确定商品的优质,选购高档商品;有的从价格的低廉评定商品的低质,选购廉价商品。当然,价格选择的原因,在很大程度上与其经济条件和心理需要有关。

4)冲动型。具有此类购买行为的消费者,个性心理反应敏捷,客观刺激容易引起心理的指向性,其心理反应与心理过程的速度较快。这种个性特征反映到实际中便呈冲动型。此类行为以直观感觉为主,新产品、时尚产品对其吸引力比较大。他们一般对所接触到的第一件合适的商品就想买下,而不愿做反复选择比较,因而能快速地做出购买决定。

5)感情型。这种购买行为兴奋性较强,情感体验深刻,想象力与联想力特别丰富,审美感比较灵敏。因此,在购买商品时容易受感情影响,也容易受销售宣传的诱导,往往以商品品质是否符合其感情的需要来确定是否购买。

6)疑虑型。这种购买行为具有内倾性的心理特征,持这种购买行为的消费者善于观察细小事物,行动谨慎、迟缓,体验深而疑心大,选购商品从不冒失仓促地做出决定,听取商品介绍和检查商品时,往往小心谨慎、顾虑重重,挑选商品动作缓慢,费时较多,还可能因犹豫不决而中断。购买时常常“三思而后行”,购买后还会疑心是否会受骗上当。

(3)从消费者对购买行为的情感反应划分。

1)沉着型。这种购买行为的出现是由于消费者购买过程平静而灵活性低,反应比较缓慢而沉着,因此环境变化刺激对他们影响不大。持这种行为的消费者在购买活动中往往沉默寡言,情感不外露,举动不明显,购买态度持重,不愿谈与商品无关的话题,也不爱听幽默性或玩笑式的语句。

2)温顺型。有些人由于神经过程比较脆弱,在生理上不能忍受或大或小的神经紧张,对外界的刺激很少在表面上表现出来,但内心体验较持久。这种心理特征表现在购买行为上,一般称为温顺型。此类行为的消费者在选购商品时往往遵从介绍做出决定,很少亲自重复检查商品的品质。这类购买行为对商品本身并不过多考虑,而更注重服务态度与服务质量。

3)健谈型。有些人由于神经过程平衡而灵活性高,能很快地适应新的环境,但情感易变,兴趣也很广泛。这种心理特征表现在购买行为上就是健谈型或活泼型。具有这类行为的消费者在购买商品时,能很快地与人们接近,愿意交换商品意见,并富有幽默感,喜爱开玩笑,有时甚至谈得忘乎所以,而忘掉选购商品。

4)反感型。此类消费者在个性心理特征上具有高度的情绪易感性,对于外界环境的细小变化能有所察觉,显得性情怪癖,多愁善感。在购买过程中,往往不能忍受别人的多嘴多舌,对售货员的介绍异常警觉,抱有不信任的态度,甚至露出讥讽性的神态。

5)激动型。有的人情绪易于激动,在言谈举止和表情神态上都有急躁的表现,这种心理特征表现在购买行为上就是激动型或傲慢型。此类消费者选购商品时表现得傲气十足,甚至会用命令式的口气提出要求,对商品品质和服务质量的要求极高。

3.消费者购买行为分析

消费者购买行为分析可以从两个方面进行:一方面是对购买行为进行横向分析,即从消费者购买行为的内容构成方面进行分析;另一方面是对购买行为进行纵向分析,即从消费者购买行为发生发展的过程方面进行分析。

(1)消费者购买行为的内容构成分析。消费者在决策过程中所要解决的问题,主要是在最便利的条件下选购到质量好、价格合理、符合个人需要的产品。因此,消费者的购买决策内容主要有以下六个方面,可以概括为"5W1H"。

1)购买什么(what)。这是购买决策最基本的任务之一。如果购买什么都不能决定,那么就不会有任何购买活动的产生。对于消费者来说,决定买什么不能只停留在一般产品类别上,必须要有明确具体的指向对象,如口渴,不能只决定买液体或固体,还要具体到买什么液体(如纯净水),什么品种(如"哇哈哈"),哪个厂家生产的(如杭州娃哈哈集团有限公司生产的)。

2)为何购买(why)。消费者为何购买,这主要是由消费者的购买动机引起的。消费者的购买动机就是指推动消费者实施某种购买行为的一种愿望或念头,它反映了消费者对某种商品的需要。消费者的购买动机主要有生理性购买动机和心理性购买动机。消费者正是在这两种动机的支配下产生了购买商品的需求。

3)何时购买(when)。对于不同的商品,消费者购买的时间常常是不同的。有的商品一天购买多次,有的一年才购买一次,有的甚至几年才购买一次。因此,企业在市场营销活动中应注意了解消费者购买商品的时间习惯的规律,以便适时满足消费需求。例如季节性购买,企业应掌握哪些月份、哪些日子、哪段时间购买的人数最多,并随时准备充足的商品货源供消费者选购。

4)何地购买(where)。分析消费者在何处购买要从两方面入手,即消费者在何处决定购买以及在何处实际购买。这往往与所购商品的类型、数量的多少、价格的高低、商店的远近、商家的服务态度等有关。对于高档耐用品,消费者在购买前通常在家中做出决定,然后宁愿多花时间走远点,到繁华商业区域或专卖店选购称心如意的产品;对于日用消费品和一般食品,消费者大多是在现场做出购买决定,并就近进行购买。

5)谁来购买(who)。家庭是社会的细胞,家庭成员在购买决策中通常扮演着不同角色,这些角色有影响者、发起者、决策者、购买者和使用者。对承担购买任务的购买者进行角色分析,有利于企业有针对性地制订营销策略。

6)如何购买(how)。如何购买主要是指消费者购买商品时的货币支付方式和获得产品所有权的方式及途径,如现金支付、分期付款、赊销、网上订购、自购、代购等。消费者如何购买,不仅会影响市场营销活动的状态,而且会影响产品设计、价格政策,以及营销计划的制订和其他经营决策。因此,企业要认真加以研究。

(2)消费者购买决策过程分析。消费者的购买决策过程是指消费者在购买产品或服务过程中所经历的步骤。当消费者购买产品时,购买行为决策通常经历唤起需要、收集资料、判断选择、购买决策和购买感受五个阶段。

1)唤起需要。需要引发动机,是购买过程的起点。需要可以凭借内在或外在的刺激唤起。如饥渴可以驱使人寻找可供吃、喝的东西,饮食店里色香宜人的鲜美食品也会刺激人的饥饿感。市场营销活动十分注意唤起消费者的需要。

企业应了解与其产品种类有关的现实或潜在需要,以及在不同时间这种需要的程度,这种需要会被哪些诱因所触发等。这样可通过巧妙地设计诱因,在适当的时间和地点以适当的方式唤起消费者的需要。

2)收集资料。如果唤起的需要很强烈,可满足需要的物品易于得到,消费者就会希望马上满足他的需要。但在多数情况下,被唤起的需要不是马上就得到满足,或不是马上就能满足时,这种需要就先进入人的记忆中,作为满足未来需要的必要项目。需要使人产生"高亢注意力",他可能从此积极寻找或接收资料,也就是借助"学习"行为而积累对产品的认识。这里的"学习"就是不断收集有关产品的情报,以便由此完成从知觉到坚信的心理程序,从而做出购买决策。

3)判断选择。消费者利用从各种来源得到的资料,进行分析、对比,以此来评价对产品的态度。不同消费者评价产品的标准和方法可以有很大的差别。例如评价牙膏这种产品,有牙病者希望能防蛀,有的人则选择味道等,也有的消费者采用一些评估程序来表现对产品选择的态度。

4)购买决策。经过对商品的判断选择后就进入了购买决策阶段。消费者做出的购买决策一般有三种情况:一是决定购买,二是延期购买,三是决定不买。购买决策是消费者购买过程中的关键阶段。在这一阶段,企业一方面要向消费者提供更多、更详细的有关产品的资料,努力消除消费者的风险感觉;另一方面,要通过各种销售服务,如在收款、包装、送货安装、维修等环节上方便消费者,促使消费者做出购买抉择。

5)购买感受。消费者购买商品以后,通过使用,对自己的购买选择进行检查和反省,看其是否满足自己预期的需要。消费者的购买感受通常会有三种:满意、基本满意、不满意。消费者的购后感受将直接影响消费者做出是否继续或重复购买的决策:购后感到满意,消费者就会继续购买或扩大购买;反之,则不再购买,企业就会失去顾客。因此,企业在这一阶段除了完善自己的产品、提高产品质量和性能外,还要加强售后服务,如提供配件供应、保证维修、允许次品调换等,努力培养企业的忠实顾客群,如图3-2所示。

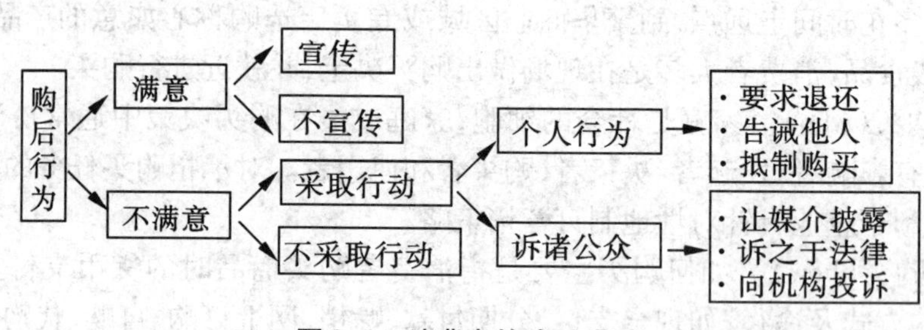

图3-2 消费者的购买感受

4.影响消费者购买行为的因素

(1)文化因素。

1)文化。文化是指在人类历史发展过程中创造和积累的一切成果,包括一切物质财富和精神财富。城市的基础设施、交通工具、通信工具等是物质文化的表现形式，文学、艺术、道德、信仰、价值观等是精神文化的表现形式。文化是引发人们购买愿望及消费行为的最根本原因。

文化往往是通过学习形成的。在特定社会中成长的孩子会从家庭及其他重要组织那里学到基本的价值观、对事物的理解、愿望和行为。特定社会的文化潜移默化地影响一个人，在它的作用下，人们自然而然地会形成相应的行为模式。有这样一个有趣的故事：一家旅馆着火了，里面住的美国人、英国人、中国人、日本人纷纷想法逃命。美国人立刻打开窗户往外跳，英国人则顺着楼梯往下跑，日本人忙着招呼同伴，而中国人则先去救他的父母。美国人的民族性格中具有务实与注重自我的特点，所以在这种情况下，他们会打开窗户自己先跳下去；英国人比较传统、保守，循规蹈矩，注重经验，所以他们会顺着楼梯往下跑；日本人重视“人群”关系，讲究合作，具有集体主义精神，所以他们不会忘记招呼同伴；中国人看重血缘关系和家族关系，讲究孝道，所以他们会先去救其父母。

文化具有相对的稳定性，它的组成要素通过一代一代地延续和继承，形成各个民族特有的传统。同时，文化又是发展的，随着社会历史条件的变化、科学技术的进步及社会生产力水平的提高，人们的风俗习惯、信仰、价值观也会相应地发生一些变化。

新中国建立之初，年轻人的价值观倾向是单一的，对待各种工作都能积极响应国家的号召，乐于奉献，坚信“奉献比索取更崇高”。改革开放以来，随着生产力空前的发展，人们工作和生活的环境发生了很大的变化，年轻人的价值观取向也发生了很大的变化：有的年轻人积极追求物质生活的享受；有的年轻人追求事业的成功，但仍然信奉“奉献比索取更崇高”；有的仍然有“储蓄”的习惯；有的已经完全能够接受借贷消费的理念。

2）亚文化。根据人口特征、地理位置、政治信仰、宗教信仰、国家和伦理背景等，可以将一个文化分成几个亚文化，诸如民族亚文化、地区亚文化、宗教亚文化等。亚文化又称为副文化，是指不占主流的或某一局部的文化现象。在亚文化群内部，人们的态度、价值观和购买决策比更大范围的文化内部更加相似。一个文化内，亚文化的差异可能导致购买什么、怎样购买、在什么地方购买等方面的明显差异。一般来说，亚文化对消费者行为的影响更为具体，所以，对其进行的研究往往对市场营销更具有重要意义。

实例 3-4

民族和地理亚文化

我国的白族人民热情好客，用“三道茶”接待尊贵宾客。头道茶是苦茶，即雷响茶；二道茶是甜茶，茶内加红糖、乳扇丝、核桃仁、佛手、芝麻、橘皮、爆米花等；三道茶是回味茶，取蜂蜜、姜汁、花椒、桂皮末、松子仁等，加冲适量烤茶而成。敬苦茶寓意做事业要敢于吃苦，也含为客洗尘，盛迎宾客之意；敬甜茶，寓意苦尽甘来，前程似锦；回味茶作料带苦辣麻味，寓意人生需回首往事，温故知新。三道茶寓意着对人生历程头苦、二甜、三回味的生活哲理，让人回味无穷。既继承了白族独特的传统茶俗，又体现了时代精神，并把“一苦二甜三回味”的人生哲理寓于其中，反映了白族独特的茶文化。

3)社会阶层。几乎所有的社会都有某种形式的社会阶层结构。社会阶层是由具有相似的社会经济地位、利益、价值观念和兴趣的人组成的群体或集团。常见的社会阶层分层标准主要有职业地位、收入状况、教育程度、权力大小、家庭背景、居住区位等。不同阶层人们的经济状况、价值观念、兴趣爱好均有差异。在消费活动中,他们对一些商品、品牌、商店、闲暇活动、大众传播媒介等都有各自的偏好,生活方式、消费方式各异。

例如,美国有六个社会阶层,各阶层人士对啤酒的消费各异。沙臣酿酒公司曾对不同的社会阶层做过300多次测验访问,发现喜爱喝啤酒者大多数是中层社会人士。他们不喜欢华丽、夸张的啤酒包装和广告,而对接近他们现实生活的包装、广告图案有亲切感,于是该公司的促销活动从各方面去适应这个阶层的需求和爱好,结果获得了良好的效果。居于社会下层和上层的人基本不喝啤酒。

(2)社会因素。

1)参照群体。参照群体是指在一个人的态度或行为形成过程中起着直接(面对面)或间接比照作用的,或仅供参考的群体。参照群体又分为直接参照群体和间接参照群体。直接参照群体主要指朋友、同事、邻居等,间接参照群体主要指体育明星、歌星、领袖人物等。企业应努力发现自己产品的目标市场的参照群体,因为参照群体为人们带来新的行为和生活方式,刺激消费需要,确定或改变消费动机,影响人们的态度和自我观念,让人们追随它。

现实生活中,有很多人都把影坛、体坛、歌坛明星当作偶像来崇拜,青少年出于对明星的仰慕,经常去刻意模仿明星们的消费行为。2015年浙江卫视举办的"中国好声音"大赛,涌现出大批的明星与"粉丝","粉丝"纷纷效仿明星的发型、服装,以此为荣,乐此不疲。

2)家庭。家庭是以婚姻、血缘或有收养关系的成员为基础组成的一种社会生活组织形式或社会单位。家庭是消费者最基本的相关群体,对消费者购买行为的影响是决定性的。

家庭结构类型有三代或更多代人同堂的家庭、两代人家庭、一对夫妇组成的家庭、单亲家庭或单身家庭。不同类型的家庭对消费者购买行为的影响都集中表现在购买决策上,家庭购买决策有四种方式:妻子主导型、丈夫主导型、自主型、联合型。营销专家研究发现,人寿保险的购买通常属丈夫主导型决策,清洁用品、厨房用具和食品的购买基本上是由妻子做主,度假和装修住宅则多由夫妻共同做出决定。

家庭成员在消费活动中往往扮演不同角色。消费者在家庭购买决策过程中通常扮演影响者、倡议者、决策者、购买者和使用者的角色,这五种角色极大地影响企业的营销活动。

实例3-5

小东是一个中学生。他的同学每个人都有一辆登山车,他们经常对小东骑着一辆老式自行车上学怪言怪语。在他们的刺激下,小东也想买一辆登山车,但他明白,如果这个事情直接给父母提出来,可能会马上遭到否决。

聪明的小东动了动脑筋,就开始先做外婆的思想工作,对外婆说了一大通理由,什么学习的重要、安全性、快速、效率等,很快说服了外婆。当晚上他们一家人坐在一起吃晚饭的时候,小东对外婆使了使眼色,外婆对小东的父亲说:我们是不是应该考虑给孩子买一辆登山车呢? 在这种情况下,做父亲的就非常为难:如果说不,可能会让老人很没面子;但如果说行,经济上就是一个问题。

经过一番思想斗争,小东的父亲说行,那我们就买吧。这时在小东家吃饭的小东的舅舅说:要买自行车,我在某某自行车厂认识一个朋友,可以买到价位比较低的。这样没过两天,小东舅舅就从厂里把自行车买回来了,小东高高兴兴地骑上了他梦寐以求的登山车。

3) 角色与地位。一个人在一生中会参加许多群体,角色和地位可以确定一个人在社会不同群体中的位置及活动内容。例如,一个人在社会生活中扮演的角色同时有多个,既是父亲,又是公司经理,还是父母的儿子、妻子的丈夫、经销商的客户等。人们大都结合自己在社会中所处的地位和角色考虑所购商品,例如公司总经理们常常会乘坐宝马车,穿着皮尔·卡丹西装,在商务场合品评数十年的53度飞天茅台酒,营销人员要意识到产品和品牌已经成为他们地位的标志。

(3)个人因素。

1)生活方式。生活方式是一个人在世界上所表现的有关其活动、兴趣和看法的生活模式。生活方式的概念可以帮助营销者理解消费者不断变化的价值观及其对购买行为的影响。如小张可以选择成为一个家庭主妇或职业妇女或自由自在的人,或三者兼而有之。她身兼不同角色,如何协调这些角色反映了她的生活方式。如果她成为一个专业的摄影师,那么这将会改变她的生活方式,从而改变她的购买对象及购买方式。

2)个性。个性是指一个人所特有的心理特征,它导致一个人对其所处的环境相对一致和持续不断的反应。一个人的个性通常可以用自由、控制欲、自主、顺从、交际、保守和适应等性格特征来加以描绘。例如,某家经营电脑的公司也许会发现,许多有可能成为其顾客的人都具有一些个性特征,即他们的自信心、控制欲和自主意识都极强。这就要求运用针对那些购买或拥有电脑的顾客的某些特征所设计出来的广告手段。

3)年龄和生命阶段。人们对食品、服装、家具及娱乐的购买行为常常和年龄有关。而且,购买行为还受到家庭生命周期(家庭从产生、成长、成熟到解体所经历的各个阶段)的不同阶段的影响。传统的家庭生命周期阶段中一般只考虑年轻的单身者、已婚夫妇及孩子。不过,现代企业营销还要积极面对其他各种非传统的阶段,如同居者、晚婚者、不要孩子的夫妇、单亲家庭、延期父母(已成人的孩子又回来同住的父母)及其他。

4)职业。消费者的职业对其消费购买行为有着直接的影响。不同的职业环境,培养出不同的兴趣和习惯。因此,一个人的职业影响其对产品和服务的购买行为。蓝领工人购买更多粗犷的工作服,而白领工人则买更多的职业套装。企业家购买自己喜欢的办公用品和交通工具,为的是彰显他的身份和地位。

企业要能找出对其产品和服务更感兴趣的职业群体,甚至可以专门向某个特定职业群体提供产品和服务。例如,计算机软件公司为品牌经理、会计、工程师、律师、医生等职业群体设计不同的产品和服务。

5)经济状况。一个人的经济状况会影响产品的选择。如果你有足够的购买力,就会考虑买一台漂亮的苹果笔记本电脑。收入敏感型产品的营销者要关注个人收入、储蓄及利率的发展趋势。如果经济指标显示将要出现经济衰退,那么营销者就会采取行动来对其产品重新设计、定位、定价。当前我国推行的医疗改革、住房改革、教育体制改革等重大举措,会对人们形成较大的财务压力,增加这些方面的资金支出,导致消费内容和结构的变化。

(4)心理因素。

1)需求。前面已讲述,这里不再赘言。

2)动机。前面已讲述,这里不再赘言。

3)知觉。知觉是指人们为了解世界而收集、整理及解释信息的过程。人们通过五种感觉(视觉、听觉、嗅觉、触觉及味觉)来获取信息。由于知觉过程(选择性注意、选择性曲解、选择性保留)的不同,人们面对同样的刺激会产生不同的知觉。例如,人们平均每天会面对1500则广告刺激,但不可能对所有这些刺激都加以注意,而是选择性注意、吸收部分信息,甚至不会注意营销者要传达的信息。

实例 3-6

西方的某些冷饮公司调查了消费者对冰淇淋的感知反应,发现大多数消费者吃冰淇淋是为了追求一种好的感官体验,将冰淇淋与快乐、愉悦和兴奋联系起来。因此,美国一家冰淇淋公司在把产品推广到欧洲时,突出宣传产品的高乳脂含量和浓郁的香气,抓住了人们的感知反应。

4)学习。学习是指通过获得经验而引起的个人行为的变化。学习理论认为,人类大部分行为都是通过学习得到的。学习发生在动机、刺激、线索、反应及巩固的相互作用过程中。

学习理论对营销者的借鉴意义是:他们可以通过将产品与强烈的动机联系起来,使用驱动线索及提供积极的巩固等方式创造对产品的需求。

5)信念和态度。通过实践和学习,人们形成了自己的信念和态度,而信念和态度反过来又影响人们的购买行为。

信念是指一个人对某些事物所持有的描绘性思想。企业非常关注人们在头脑中对其产品和服务所具有的信念,这些信念树立起了产品品牌的形象。人们根据自己的信念做出行动,如果一些信念是错误的,并阻碍了购买行为,制造商就要发动一场促销活动去纠正这些错误信念。

态度是指一个人对某个客观事物或观念的相对稳定的评价、感觉及倾向。态度使人们产生喜欢或不喜欢、接受或回避某些事情的固定想法。如果你买笔记本电脑时持的态度是“买就买最好的”“美国货是全世界是好的”,那么购买苹果笔记本电脑就与你的态度相吻合。

态度很难改变。企业应尽量使其产品适应已有的消费态度,而不是试图去改变态度。当然,也有花大气力成功改变消费态度的案例。

思考与训练

一、思考题

1. 消费者需要的特征和种类有哪些?

2. 消费者购买动机的特征及种类有哪些?

3. 消费者购买行为的类型有哪些?

4. 举例分析消费者的购买行为。

5. 影响消费者购买行为的因素有哪些?

二、训练题

1. 案例分析

富翁卖房

有一个富翁,一个人住着一栋豪宅。年纪大了,想回到老家居住,与其他老人一起打打牌,下下棋。于是他想把这栋豪宅卖掉。很多有钱人都看上了这栋豪宅,来看房的、报价的络绎不绝。

有一天,一个年轻人来看房,看完房子后连连称赞。富翁问他:"你决定要购买吗?你想出多少钱?"年轻人对老人家说:"是的,我很想购买,但是我只有1000英磅。"富翁心想:"那我怎么可能卖给你?"

年轻人思考了一会儿,跟富翁说:"我真的决定要购买。我们能商量另一个购买方案吗?"

富翁说:"你说说你的方案。"年轻人说:"我愿意把我的1000英磅都给你。你把房子卖给我。同时,我想邀请你一起居住在这个房子里。你不需要搬出去。而我,会把你当爷爷一样看待,照顾你,陪伴你。"

年轻人接着说:"你把房子卖给其他人,你得到的只是一些钱,而钱对你来说已经可有可无,因为你足够富有。假如你把房子卖给我,你将收获的是愉悦的晚年,一个孝顺的孙子,一家人其乐融融的温情。将来我还要你见证我的婚礼,见证我的宝宝出生,让他陪着你,逗着你笑。你可以选择获得一些可有可无的钱,也可以选择获得一个温情无比的家,一个快乐的晚年。"

富翁静静地听着他讲述,眼前的这个小伙子如此真诚,目光坚定,他在等待着自己做出选择。钱,他这辈子赚够了,追逐金钱也让他疲惫了,快乐才是他想要的。

3天后,富翁把房子卖给了这个年轻人,他们快乐地生活在一起!

(1)请你用消费者需求和动机的理论分析富翁的销售心理。

(2)这个故事给了你什么人生和职业启示?

2. 案例分析

如何转化需求

欧美人对动物内脏很反感,不喜欢吃动物内脏。怎样把这个负需求变为正需求呢?

专家做了个试验:他们找来了40个家庭主妇,将之分为两个小组。专家告诉第一小组的20个人,怎样用传统的方式把动物的内脏做成菜,怎样做才好吃。而他们则和第二小组的20个家庭主妇围坐在一块座谈，在聊天中告诉她们动物内脏富含哪些矿物质，对人体有哪些好处，并赠送了相应的菜谱。一个月后，第一小组只有3%的家庭主妇开始食用动物内脏，第二小组有30%的妇女食用动物内脏。

请分析：

欧美人的饮食心理和中国人有何不同。

第四章

目标市场营销

学习目标

1. 了解市场细分的含义、作用与程序。
2 了解目标市场的含义及影响因素。
3. 掌握市场细分的依据。
3. 掌握目标市场营销策略。
4. 理解市场定位的含义与类型。

在消费品市场上，消费者的消费需求、动机与行为多种多样，千差万别。相对于庞大的市场需求，任何企业的资源都是有限的，因此，选择正确的目标市场(消费群体)是企业制订营销策略的首要内容和基本出发点。制订目标市场营销策略的基本思路是：消费者分析→市场细分→选择目标市场→市场定位。

第一节　市场细分

一、市场细分的含义与作用

1. 市场细分的含义

先看一个例子：

洗衣粉是与人们生活密切相关的消费品。使用洗衣粉的主要用途当然是清洁衣服，不过人们对洗衣粉还有更细更个性化的要求，例如更便宜，能够漂白，丝织物洗后更加柔软等。在上述要求的基础上，甚至还有更个性化的偏好：有的喜欢用多泡的，有的则喜欢无泡的，有的侧重于它的清香气味。这样，整体洗衣粉市场的需求实际上是由一些差异化的细分小市场构成的。宝洁公司正是根据消费者对洗衣粉需求的差异，曾经开发生产了9种品牌的洗衣粉，满足不同的细分市场。这样，美国宝洁公司通过细分市场占领了美国洗衣粉市场份额55%以上，成为世界一流的大公司。

根据以上分析可知，市场细分是企业通过市场调研，根据消费者的需求特点、购买行为等方面的差异性，将消费者的总体市场划分为若干部分市场的过程。

企业产品的分类不等同于市场细分。市场细分一定要从消费者的角度和特点出发，细分的是消费者的需求,而不是产品。企业产品的分类是在市场细分后进行的产品细分。

2. 市场细分的作用

(1)有助于企业发现新的市场机会。在现代市场经济中,尽管市场竞争十分激烈,但消费者的需求也在不断地发生着变化,因此市场机会还是大量存在的,关键在于是否善于发掘。市场细分是在复杂多变的市场中发现新的机会的一个有效方法。在市场调查基础上,选择几个对某类产品有重要意义的因素(如在服装市场上按年龄、性别、收入、职业等)进行市场细分,一些被忽视的分市场就会显露出来。如果这个分市场还没有企业注意它,或者只有少数企业注意它,而且市场需求还远没有得到满足,具有相当的规模,那么一个有价值的市场机会就被发现了。

实例 4-1

20 世纪 80 年代初,我国牙膏市场一度供过于求。当杭州牙膏厂厂长陈瑞华走马上任时,全国牙膏库存有 7 亿多支,厂里也积压了 2000 多万支,企业压力很大。敏锐的陈瑞华对牙膏市场进行一番细分,发现儿童牙膏市场潜力巨大,当时全国 11 亿人口有 3 亿儿童,而儿童中患龋齿者十之七八。于是杭州牙膏厂果断决定以儿童为目标市场,他们采用国际防龋药剂,配以国际流行草莓香料,迅速推出新一代“小白兔”儿童专用牙膏,并断然买下中央电视台《小喇叭》儿童节目全年广告,大做“小白兔吃萝卜”电视广告,再配以其他多种形式的公关活动。就这样“小白兔”名声大振,每年销售 3000 多万支,独占全国儿童牙膏市场 2/3 以上的份额,连续 7 年被各大商场推荐为“全国最受欢迎的轻工业产品”。

(2)有利于企业制订、调整市场营销组合策略。市场细分后,每个市场变得小而具体,细分市场的规模、特点显而易见,消费者的需要清晰明了,企业就可以根据不同的商品制订出不同的市场营销策略。离开了市场细分,就无法选择目标市场,所制订的营销组合策略必然是无的放矢。同时,在细分市场上,信息反馈灵敏,一旦消费者需要发生变化,企业可根据反馈信息迅速改变原来的营销组合策略,制订出相应的对策,使营销组合策略适应消费者变化了的需求。

(3)有利于企业调整经营方向,提高经济效益。在市场细分的条件下,各细分市场的空间与整体市场相比相对较小,而且各细分市场的消费需求旺盛程度也是有差异的,有的细分市场在一定的时期会突然需求增大,有的细分市场可能一直处于稳定不变的购销状态。企业认真观察和收集各个市场的变化信息,根据市场的变化及时调整市场开发策略,就能够跟着需求旺盛的细分市场走,以企业有限的人力、物力和财力获得最大的经济效益。

实例 4-2

美国的米勒公司生产的啤酒原以摩托车赛手、放牧者和重体力劳动者为市场,突出饮用它后“精力充沛”的功效。20 世纪 70 年代,该公司发现美国人为自己越来越高的心血管病发病率所困扰，担心饮啤酒多了会发胖。米勒公司针对这一市场变化，及时推出低糖度、低热量的淡色啤酒，并推出“小马力”的7盎司罐装啤酒，取代过去分量过多的12盎司罐装啤酒。市场经营方向的这一转变大受消费者欢迎，米勒公司的啤酒销量在5年里增加了5倍，市场占有率上升到21%，成为美国第二大啤酒公司。

二、市场细分的依据

市场细分的基础是顾客需求的差异性，所以凡是导致顾客需求产生差异的因素都可以作为市场细分的标准。如同在切一块生日蛋糕时必须考虑怎样下刀一样，要把整体的、统一的市场分割成一个一个的小市场，也必然考虑“如何分”的问题，这其实是一个细分标准的问题。

一般而言，市场细分的标准有以下几个方面。

1. 地理环境因素

不同地理环境下的顾客，对同一类产品往往会有不同的需求与偏好，以致对企业的产品、价格、销售渠道及广告等营销措施的反应也常常存在差别。例如，防暑降温、御寒保暖之类的消费品按不同气候带细分市场是十分有意义的。

实例4-3

美国虎飞自行车公司根据地理因素把欧洲市场细分为如下子市场：

俄罗斯和东欧市场。这些国家的自行车基本自给，仅进口高档自行车和赛车。

英国市场。英国是自行车的创造国之一，名牌产品畅销世界各地。进入20世纪80年代以后，英国自行车的不景气使英国改变了原来的自行车生产体系，开始从日本、台湾和发展中国家购买大量零部件组装成车，以降低成本，提高产品竞争力。

德国市场。德国是欧洲最大的自行车市场，其特点是：适销品种以BMC车和十速运动车为主；要求产品物美价廉；款式多变，从低档到高档，从童车到赛车，品种齐全；重视安全，市场上出售的自行车必须符合国家安全标准，否则不准出售。

意大利市场。意大利自行车制造业已有百余年的历史。随着居民收入的增加，童车和少年车成了越来越多家庭的必需品，运动车、折叠轻便车和旅游车需求量大幅增加。

2. 人口因素

不同年龄、不同教育程度的顾客会有不同的价值观念、生活情趣、审美观念和消费方式，因而对同一产品，例如服装和激光唱片，必定会产生不同的消费需求。

3. 心理因素

顾客不同的生活方式，不同的个性、兴趣、价值观念，在购买过程中对不同方面的重视程度不同等，对同类产品的需求显示出很大的差异性。这在某些类型的日用品如服装、化妆品、家具等上表现得尤其突出。

4. 行为因素

根据购买者对某一产品的知识、态度、使用情况和反映将市场划分为若干顾客群，如

表4-1所示。

表4-1　市场细分的各种标准及典型分类

<table>
<tr><th colspan="2">标准</th><th>典型分类</th></tr>
<tr><td rowspan="4">地理分类</td><td>地区</td><td>亚洲东北部、东南亚、西亚等</td></tr>
<tr><td>城市规模</td><td>2万人以下、2万~5万人、5万~10万人、10万~25万人、25万~50万人、50万~100万人、100万~400万人、400万人以上</td></tr>
<tr><td>气候</td><td>热带、亚热带、温带</td></tr>
<tr><td>人口密度</td><td>城市、郊区、农村</td></tr>
<tr><td rowspan="10">人口分类</td><td>性别</td><td>男、女</td></tr>
<tr><td>年龄</td><td>6岁以下、6~11岁、12~20岁、21~30岁、31~40岁、41~50岁、51~60岁、61岁以上</td></tr>
<tr><td>家庭规模</td><td>1~2人、3~4人、5~7人、8人或更多</td></tr>
<tr><td>家庭生命周期</td><td>青年，单身；青年，已婚，无子女；青年，已婚，有6岁以下的子女；青年，已婚，子女在6岁以上；老年，单身；老年，已婚，无子女；老年，已婚，子女均在18岁以上；等等</td></tr>
<tr><td>家庭月收入</td><td>1000元以下、1000~2500元、2500~4000元、4000~5500元、5500~7000元、7000~10000元、10000元以上</td></tr>
<tr><td>职业</td><td>专业技术人员、经理、官员、业主、职员、售货员、农业人员、学生、家庭主妇、服务人员、退休者、失业者</td></tr>
<tr><td>教育</td><td>小学及以下、初中、高中、专科学校、大学本科、硕士研究生、博士研究生</td></tr>
<tr><td>民族</td><td>汉族、回族、蒙古族、维吾尔族等</td></tr>
<tr><td>宗教</td><td>佛教、天主教、印度教、伊斯兰教、基督教、道教、其他</td></tr>
<tr><td>国籍</td><td>中国、印度、印度尼西亚、日本、新加坡、美国等</td></tr>
<tr><td rowspan="3">心理分类</td><td>社会阶层</td><td>下层、中层、上层</td></tr>
<tr><td>生活方式</td><td>变化型、参与型、自由型、稳定型</td></tr>
<tr><td>个性</td><td>冲动型、进攻型、交际型、权利主义型、自负型</td></tr>
<tr><td rowspan="7">行为分类</td><td>时机</td><td>一般时机、特殊时机</td></tr>
<tr><td>追求的利益</td><td>便利、经济、易于购买</td></tr>
<tr><td>使用者的地位</td><td>未曾使用者、曾经使用者、潜在使用者、首次使用者</td></tr>
<tr><td>使用率</td><td>不使用者、少量使用者、中量使用者、大量使用者</td></tr>
<tr><td>忠诚度</td><td>无、一般、强烈、绝对</td></tr>
<tr><td>准备阶段</td><td>不了解、模糊、了解、熟知、感兴趣、想买、打算购买</td></tr>
<tr><td>对产品的态度</td><td>热情、肯定、不关心、否定、敌视</td></tr>
</table>

市场细分既可以用一个变量标准，也可用两个甚至更多。因为，往往在一两个变量条件下得到的细分市场，并不能发现足够的市场机会，或者对顾客群的特点难以认识得很全面、清楚，如表4-2所示。

表4-2 ×公司对牙膏市场的利益细分表

利益细分市场	人口统计特征	行为特征	心理特征	符合该利益的品牌
经济利益市场	男性	大量使用者	自主性强者	减价品牌
防治牙病市场	大家庭	大量使用者	忧虑保守者	品牌A、B
洁齿美容市场	青年	吸烟者	爱好社交者	品牌C
口味清爽市场	儿童	薄荷香味爱好者	喜欢享乐者	品牌D、F

三、市场细分的必要条件

1. 差异性

在该产品的整体市场中确定存在着购买与消费上明显的差异性，足以成为细分依据。例如肉食品、糕点等产品有必要按汉民和回民细分，而大米、食盐就没有必要按民族细分。

2. 可估量性

可估量性是指细分市场的规模及其购买力可估量程度的高低。有些细分市场捉摸不定，难以估量，如十多岁吸烟的少年市场就很难进行估算，因此不能作为细分标准。

3. 可接近性

可接近性是指企业对该细分市场能有效地接近和为之服务的程度。市场细分部分必须是企业有可能进入并占有一定份额的，否则没有现实意义。例如根据市场细分的结果，发现已有很多竞争者，自己无力与之抗衡，无机可乘；或虽有未满足的需要，但缺乏原材料或技术，货源无着落，难以生产经营，这种细分也没有现实意义。

4. 效益性

效益性是指细分市场的容量是否能保证企业获得足够的经济效益。如果容量太小，销量有限，得不偿失，也不足以成为细分标准。譬如汽车公司不可能专门为身高1.5米以下的人设计一种汽车。

5. 伦理性

市场细分还必须在法律和道德允许的范围内进行。有些市场需求如迷信用品、赌具、毒品等，虽有厚利可图，但为法律或道德所不许，也不得作为细分依据，不得选为目标市场。

6. 稳定性

细分市场必须在一定时期内保持相对稳定，以便企业制订较长期的市场营销策略，有效地开拓并占领目标市场，获得预期的效益。如果细分市场变动过快，昙花一现，则企业营销风险随之增加。

四、市场细分的程序

市场细分是一种策略也是一种方法。作为一种方法,操作时应该有一个程序,科学的程序能保证市场细分的有效性。市场细分一般按照以下几个步骤进行:

1. 审查某类产品的需求是同质还是异质的

(1)绝大多数的市场是异质的,即购买者对产品的质量、价格、特性等要求各不相同。

(2)某些类型的产品,顾客对产品的要求、购买习惯及对营销策略的反应具有类似性,即为同质市场。例如,食盐的需求市场。同质市场一般不需要进行细分。

2. 认定整体市场的地域范围,界定市场容量

年市场容量=总人数×消费该产品的人数比率×人均年购买量

3. 分析顾客在购买此类产品时的不同偏好

(1)顾客特征。

(2)价格与质量偏好。

(3)功能偏好。

(4)外形、服务、购物习惯偏好等。

4. 确认细分市场

(1)细分市场的个数。

(2)根据各细分市场顾客的主要特征,给各个细分市场命名。

(3)进一步认识各细分市场的特点,做进一步细分或合并。

(4)测量各细分市场的大小,从而估算可能的获利水平。

第二节　目标市场选择

一、目标市场的概念

目标市场是指企业在对市场进行细分后,经过选择决定进入的一个或部分市场,企业要把一个或部分市场作为经营对象和服务对象的消费群。

企业只有选择了适合自己经营、市场潜力较大的目标市场,才能有针对性地开展经营活动,保证企业的生存和发展。没有目标市场,企业的经营活动就是盲目的,没有明确的市场对象必然事倍功半,没有效益。

有些企业投入巨资做广告,搞宣传,结果销售量很不理想,常犯的错误就在于没有明确的目标市场,不知目标顾客是谁,他们到底需要怎样的产品,采取怎样的销售方法才有效。或是选错了目标市场,进入了一个无法发挥自己优势、不适合本企业经营的领域,结果步履维艰,最终走向失败。应该说,正确选择目标市场是企业制定经营战略的首要内容和基本出发点,是十分关键的一个环节。

目标市场与市场细分、细分市场的区别:目标市场是指根据市场细分标准选择一个或一个以上的细分市场,并作为企业营销选择的对象;市场细分是按一定的标准划分不同消费群的过程;细分市场是指市场细分后形成的一个个独立的顾客群体。

二、影响目标市场选择的因素

从国内外企业成功与失败的经验教训中，我们可以将影响企业选择目标市场的因素归纳为以下两个重要的因素。

1. 必须依托于企业的资源和实力

细分市场的目的，是企业从中找出有利可图的市场。无利可图的细分市场，当然不应被企业选作进攻的目标。那么，是不是任何有利可图的市场都是企业应当选作进攻的目标呢？回答是否定的，企业是否进入这样的市场，还必须考虑到企业自身的资源和实力。

2. 必须建立在对细分市场的充分评估基础上

细分市场，本身就是对整个市场进行认真的分析和研究，企业还应对细分了的市场再次进行认真的评估，找出各细分市场的市场规模、增长率和市场的吸引力等方面的差异。

(1)细分市场的规模和销售增长率。细分市场的规模也就是该细分市场的潜在需求，它直接决定公司生产或营销的规模大小及其规模经济效益的高低。另外，仅有适度的规模而没有较高的潜在销售增长率，公司同样不能取得较高的投资回报。因此，在依托企业实力的基础上，一个细分市场是否具有适度的市场规模和销售增长率，是企业在决定是否进入该细分市场时首先应考虑的要素。

(2)细分市场的吸引力。细分市场的吸引力主要是指它的长远吸引力，这也是一个相对的概念。假如一个细分市场对所有生产者来说都有很强的吸引力，那么，对于某个企业来说它就没有长远吸引力。

三、目标市场战略

在市场细分的基础上，企业根据自己的资源条件选择一个或几个细分部分作为自己的服务目标的这种营销活动，就称为目标市场战略或目标市场范围战略。

在现实的市场经济条件下，企业可采取的“目标市场战略”(以某一电冰箱生产企业为例)有以下五种。

1. 产品/市场集中战略

即企业决定只生产某一种产品，只供应某一顾客群。例如某电冰箱厂决定只生产170 升的家庭用电冰箱，如图 4-1 所示。

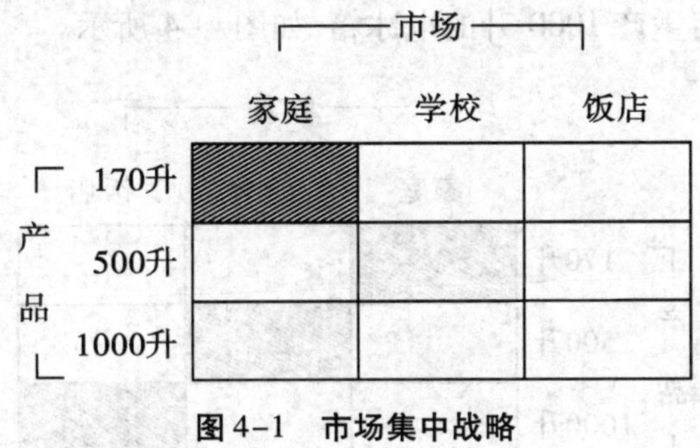

图 4-1　市场集中战略

2. 产品专业化战略

即企业决定只生产某种产品，向不同的顾客群供应同种产品。例如这个电冰箱厂决定只生产 500 升的电冰箱，同时只准备把这种电冰箱供应给家庭、学校和饭店，如图 4-2 所示。

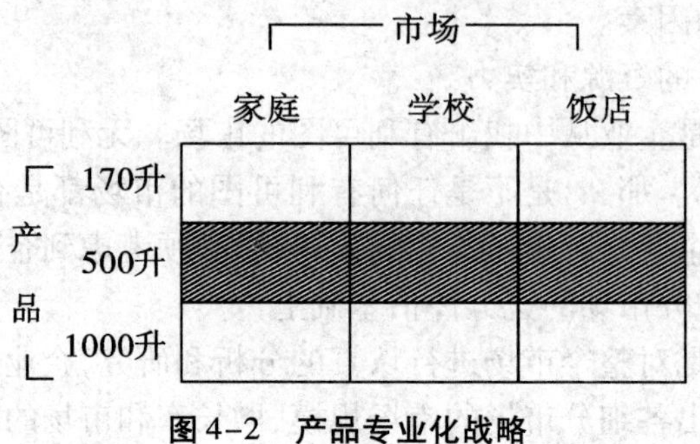

图 4-2 产品专业化战略

3. 市场专业化战略

即企业决定生产各种产品，向某一顾客群供应各种产品，满足其各种不同需要。例如这个电冰箱厂决定生产 170 升、500 升、1000 升电冰箱，把这些型号的电冰箱供应给饭店，如图 4-3 所示。

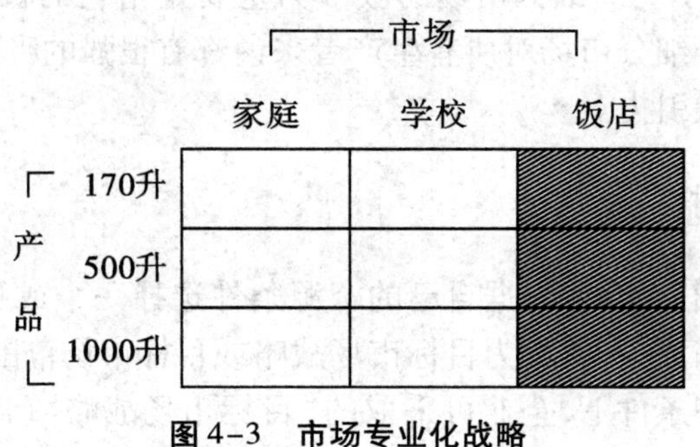

图 4-3 市场专业化战略

4. 选择性专业化战略

即企业决定同时进入若干个不同的子市场，因为它们提供的市场营销机会都有吸引力。例如这个电冰箱厂经过分析，决定为家庭消费者生产 170 升的电冰箱，为学校生产 500 升的电冰箱，为饭店生产 1000 升的电冰箱，如图 4-4 所示。

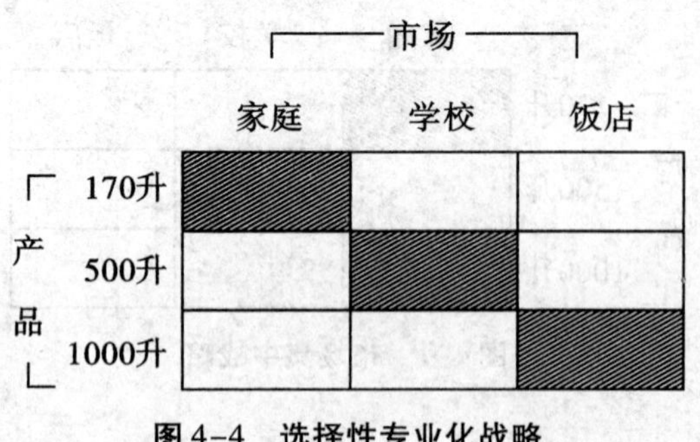

图 4-4 选择性专业化战略

5. 整体市场战略

即企业决定为所有的消费者生产各种产品。此战略是大公司为垄断市场采用的“目标市场范围战略”。例如这个电冰箱厂决定为家庭消费者、学校、饭店生产各种型号的电冰箱，即面对整个市场进行生产，如图4-5所示。

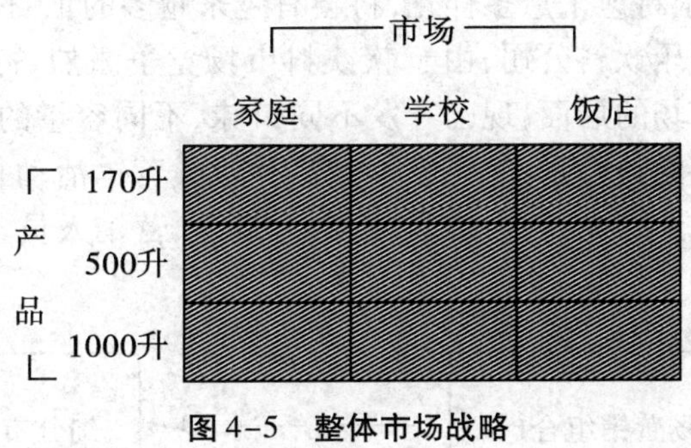

图4-5　整体市场战略

四、目标市场营销策略

目标市场选定以后，就应考虑采用什么样的营销策略进入目标市场。一般来说，有三种目标市场策略可供选择。

1. 无差异性营销策略

无差异性营销策略，也称为大量营销，指企业只推出一种产品，采用单一的市场营销组合手段，去吸引所有顾客的市场策略，如图4-6所示。无差异性市场营销策略的特征是只针对需要的共同点，而不考虑需求的差异点，对构成市场的各部分一视同仁，即企业把一种产品的整个市场看作一个大的市场目标，不再对市场进行细分。一般来说，这种策略适用于同质市场或具有广泛需求，能够大量生产、大量销售的产品。

该策略的优点，一是成本的经济性，二是有规模效应。因产品销售方式单一，同时进行大量的生产和经营，节省了生产和销售方面的成本，从而实现规模经济效益。如美国的可口可乐饮料公司，在长达近一个世纪的时间里，只生产一种口味、一样大小、一种形状的瓶装“可口可乐”来面向全世界的市场，并长期统治世界的饮料市场。该策略的缺点是满足不了消费者的多样化需求，企业产品单一，风险较大，应变能力差。对于大多数的产品来讲，这种策略并不适用。因为一种产品能长期满足各类顾客需求的现象是非常罕见的。

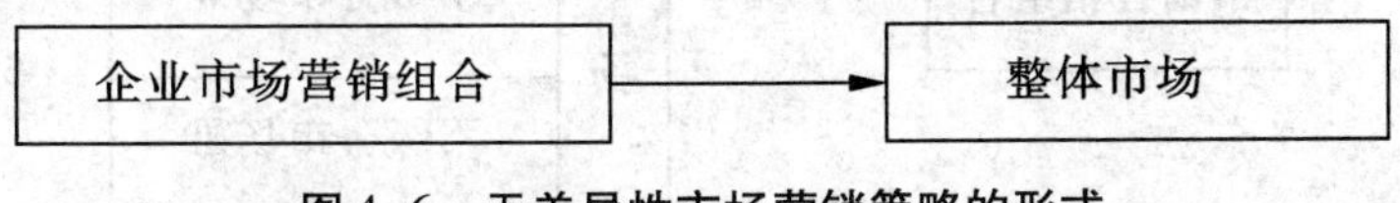

图4-6　无差异性市场营销策略的形式

2. 差异性营销策略

差异性营销策略是一种以市场细分为基础的目标市场策略，如图4-7所示。它是指企业选择两个或两个以上的细分市场为目标，推出多种产品，采用不同的市场营销组合手段，凭借差异性的产品去分别满足不同顾客群需要的市场策略。其特征是小批量、多品种生产,全方位营销。

采用这种策略的优点是:可生产多种产品,能够更好地满足各个细分市场的需要,因而通常都能使总销售量增加,提高市场占有率,同时可以使企业在细小的市场上占有优势,提高企业名誉,树立良好的企业形象。从今后的趋势看,随着生产的发展、人民生活水平的提高,消费者的需求将愈来愈多样化,将会有越来越多的工商企业实施这种目标市场策略。如美国的可口可乐饮料公司,由于软饮料市场竞争激烈,特别是“百事可乐”的异军突起打破了它独霸市场的局面,现已开发不同口味、不同容量的瓶装或罐装饮料,推销网络遍及世界。该策略的缺点是:销售成本、费用增加,营销活动复杂化。这种营销策略受企业资源和能力的制约较大,财力雄厚、技术力量强、营销人员素质高是实施差异性市场营销策略的必要条件。

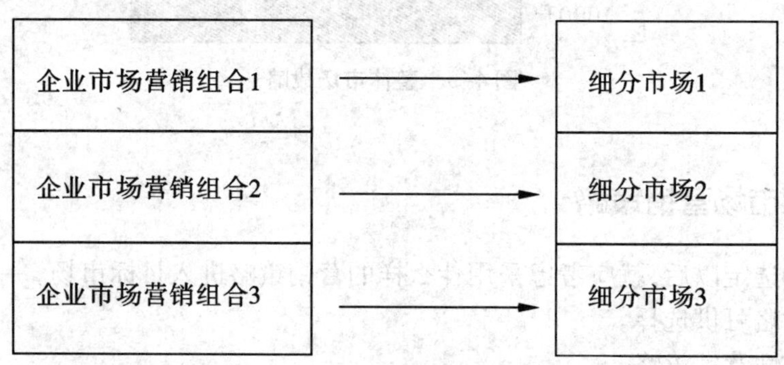

图 4-7 差异性市场营销策略的形式

3. 集中性营销策略

集中性营销策略是指企业不是面向整体市场,而只选择一个或少数几个细分市场为目标,以某种营销组合手段,集中全力服务于该市场,以便争取优势地位的市场策略,如图 4-8 所示。采取这种策略的立足点是:与其在整个市场的占有率低,倒不如集中力量在部分市场拥有较高的占有率。它的特征是集中生产经营某些有特色的拳头产品,集中精力占领选定的目标市场。

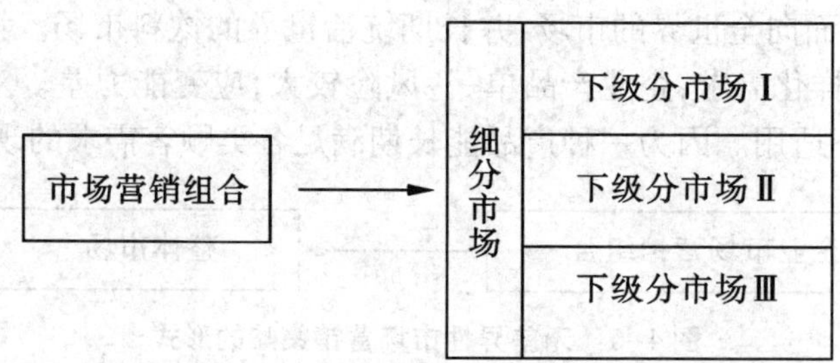

图 4-8 集中性市场营销策略的形式

该策略的优点是:可节省市场营销费用,增加盈利,而且还可提高产品与企业的知名度,必要时还可迅速扩大市场,从而巩固企业的市场地位,提高竞争能力。这种策略对一些小企业尤为适用。如有的汽车厂只生产吉普车或工具车,某服装厂只生产女上装或男衬衫，某拖拉机厂只生产专门适宜在山区使用的手扶拖拉机等。这种策略的缺点是：风险大，缺乏多样性，易受竞争的冲击。因为企业所选定的目标市场范围较小，一旦目标市场情况恶化，如出现强大的竞争者，或需求突然发生变化，企业就会陷入困境与危险。因此，采用这一策略的企业必须密切关注目标市场的需求动向，制定应急措施，加强风险防范意识，并在具有一定实力时扩大市场范围，以分散经营风险。

目标市场营销策略的优缺点如表 4-3 所示。

表 4-3 目标市场营销策略的优缺点

目标市场营销策略	优点	缺点
无差异性营销策略	可降低成本，企业生产和营销的规模经济好	忽视细分市场消费者需求的差异，同行企业易仿效，竞争激烈
差异性营销策略	能更好地满足消费者需要，有利于企业扩大总销量	开发和营销多种品牌的产品经营难度大，成本高
集中性营销策略	企业可发挥某种优势，在目标市场上占有较大的份额，甚至处于支配性地位	风险性较大，企业的分市场一旦出现问题，企业因缺乏回旋余地会迅速陷入困境

实例 4-4

“和路雪”是世界最大的冰淇淋制造商——联合利华公司中国合资企业推出的冰淇淋产品。20 世纪 90 年代，公司推出了花花绿绿的包装、名字千奇百怪的一系列产品——梦龙、顶点……对儿童和追逐时尚的青年人极富吸引力和诱惑力。1996 年，经过 3 年征战的“和路雪”在中国市场站稳了脚跟，在知名度和销量上具有绝对优势。同年，雀巢公司也将公司的中国总部从香港迁到北京，并在天津和青岛同时投入巨资兴建现代化的冰淇淋生产线。“和路雪”和“雀巢”雄厚的资金支持了产品分销商的迅猛增加和产品线的迅速扩张，大城市街头冷饮摊点随处可见醒目的“和路雪”和“雀巢”冰柜，广告在电视上频频亮相；两大品牌下各有价格从几元到几十元不等的数种产品，并且每年都根据中国市场的需求推出 4 ~6 个新品牌。在此强攻之下，许多国产品牌被一点点从消费者的视线中挤出。

两大公司的营销手段虽然层出不穷，但其定价与普通消费者的收入水平有相当距离：5 元以上的产品人们问得多买得少，而几十元的产品更少人问津。于是，伊利抓住了 5 元以下空白市场，以“优质低价”赢得了许多消费者的青睐。伊利集团地处内蒙古，能源价格、工资水平都很低，铁路运费又相对不高，低廉的成本支持了伊利低价策略；另外，产地邻近草原牧场，牛奶供应及时、充足，保证了伊利系列奶香味足、品质高。

面对财力雄厚、营销经验丰富的跨国企业，伊利没有盲目地推出层出不穷的营销花样，也没有拉开全线战事，而是集中有限资源，固守优势区域，通过满足特定消费者的需求获取局部胜利。事实上，伊利选取的 5 元以下的市场容量很大，但雀巢和“和路雪”受制于利润要求和品牌形象，不可能选取与伊利完全相同的目标市场，伊利因此采取了充分的反击并获得成功。

第三节　市场定位

根据现代心理学的分析,面对繁多的信息,人们只能选择性地记住其中一小部分。一个消费者最多可以记住一种产品的七个品牌,并在心理上形成品牌阶梯;在心理阶梯上,记住品牌的人数成倍递增。那么,如何才能让企业形象和企业产品品牌形象在消费者心理阶梯中占据较好的位置,让消费者在浩如烟海的产品中记住自己企业的产品,对自己的产品做出购买决策,最终形成一批忠诚的顾客?市场定位就是要解决这样的问题。

一、市场定位的含义

市场定位是指根据一种产品多样的特征和属性给消费者带来的利益的差别,强力塑造出本企业产品与众不同的、区别于竞争者的、给人印象鲜明的个性或形象,并把这种形象生动地传递给目标顾客,使该产品在顾客心目中占有特定的位置。简单地说,市场定位就是企业或产品形象在顾客心目中的位置。

纸尿布刚上市时如何进行产品市场定位呢?

问:婴儿用的纸尿布有什么优点呢?回答:方便,一次性。是否就以此进行产品市场定位呢?错!在日本,纸尿布刚上市时就是吃了这个亏。因为这样的产品定位使得当时许多年轻母亲觉得买这种东西,会让婆婆认为自己是一个懒惰的媳妇,因而并不太愿意购买。后来企业经过调查研究,将产品特色定位(性)在纸尿布舒适、干爽,能很好地保护婴儿的屁股。这样的产品性能定位,使得人们都能接受,纸尿布很快打开了销路。

对于企业而言,市场定位就是选择定位的类型,进行企业定位和产品定位。定位类型的选择,就是企业根据市场竞争的情况,通过与竞争者的实力对比分析,来确定基本的竞争态度与取向,它对企业定位和产品定位有导向作用。

企业定位就是企业形象定位,也称“企业整体形象定位”,是指确定企业整体形象在顾客心目中的位置。如百事可乐的“新一代”形象,阿迪达斯的“老牌体育用品商”形象等。

产品定位是指针对消费者的心理为产品创造、培养一定的特色,形成一定的市场形象。如“高质量”的苹果电子产品,“重视营养”的麦当劳快餐等。

二、产品定位策略

产品定位的实质就是使自己的产品与市场上所有其他同类产品有所不同。为此,产品定位必须由产品各个层次上的各种特征,如功能、价格、技术、质量、安装、应用、维护、包装、销售对象、销售渠道和销后服务等入手,使它们或者一个,或者几个能与其他同类产品区别开来,其区别越大越好,特色越明显越好,看上去好像是市场上“唯一”的产品。

1. 产品价格定位

产品价格定位策略主要包括高价定位策略、低价定位策略、中价定位策略和固定价格

定位策略

实例 4-5

劳斯莱斯汽车是富豪生活的象征，价格昂贵。据说该车的许多部件都是手工制作，精益求精，出厂前要经过上万千米的无故障测试。拥有这种车的顾客都具有以下的特征：2/3的人拥有自己的公司，或者是公司的合伙人；几乎每个人都有几处房产；每个人都拥有一辆以上的高级轿车；50%的人有艺术品收藏，40%的人拥有游艇；平均年龄在50岁以上。可见，这些人买车并不是在买一种交通工具，而是在买一种豪华的标志。

2. 产品功能(利益)定位

功能定位就是通过对自己产品各种功能的表现、强调，给顾客提供比竞争对手更多的收益和满足，借此使顾客对产品留下印象，实现产品某类功能的定位。

当产品的生产技术比较成熟，各企业在产品的主要功能上都已达到了某种水平，企业在主要功能方面难以和竞争对手拉开较大的距离时，则往往要依靠产品的一些次要功能或服务进行定位，从而达到良好的效果。

3. 产品使用者定位

如娃哈哈果奶主要定位于小朋友，助长奶粉主要定位于儿童，高钙铁质奶粉主要定位于老人等。

4. 产品外型定位

产品外型定位策略很多，如以产品的大小、颜色或包装对产品进行定位等。

实例 4-6

青岛海尔公司从一封用户来信的抱怨中得到启发，于1996年推出第一代“小小神童”迷你即时全自动洗衣机。这种小洗衣机符合现代人生活节奏紧张、洗衣次数多的要求，又具有能够即时洗、占地小、易搬动的好处，因而在市场上获得了巨大的成功，造成在全国各地的脱销盛况，拥有了一个规模可观的大市场。

5. 产品关联定位

当产品的实际差别并不能使自己与竞争对手明显区别开来，或竞争者的定位和本公司的定位比较接近时，就可以考虑把产品与某种特别的事物联系起来，由此而使产品具有独特性，以便顾客辨别，并在顾客心目中占有一席之地。这就是产品的关联定位。

实例 4-7

美国麦迪森市有一家小规模银行，拥有的资源很有限，似乎除了“小”之外，并没有什么与竞争对手相区别的特别之处。但它志存高远，欲在各地设立分行，提供更多的服务项目，与大规模的金融机构进行竞争。

怎么办？银行发现人们对城市的历史普遍有一种引以为豪的心情。于是，它们就设法把银行与“城市历史”联系起来，并打算建立起一种稳固的关系。

1970 年初，银行的定位主题是“社会古迹的守护者”。与此呼应，银行的标志也加以修改，以特别强调这种定位诉求。原来了无生机的墙上，装上了巨幅的当地历史照片。

配合这些改变，银行还制作了歌颂该城市历史的一系列电视广告，并阐发了“关心麦迪森，也关怀银行”的主题，结果大获成功，获得了顾客的认同。

6. 竞争定位

根据与竞争者有关的属性或利益进行定位，即以竞争者的产品定位为参照，突出强调与竞争者不同的产品属性和特点。其实，产品定位常常作为一种竞争策略。

如迎头定位，就是选择市场上最强的竞争对手对着干。采用该种定位的企业要有一定的实力，能够在长期对抗中持续作战，同时应深入研究市场，市场潜力巨大。美国的七喜汽水定位是“非可乐”，强调它与可乐类饮料的不同，不含咖啡因，是代替可口可乐和百事可乐的清凉解渴饮料，因而吸引了部分“两乐”饮料饮用者，成为美国第三大软性饮料。

如补缺定位，也叫避强定位。如果企业产品的定位与竞争者雷同，而且竞争者的产品定位已经深入人心，那么只能改变自己的产品定位，避开强势企业的产品定位。“白加黑”感冒片在进行产品定位时就采用了避强定位，在产品颜色和服药方式上进行差异定位，避开竞争对手，以“白天服药不打瞌睡”为利益点，明显与其他产品不同。投放市场仅半年，就创下 1.6 亿销售额，分割了全国 15% 的感冒药市场。

三、企业定位策略

1. 市场领导者定位

大多数的行业都有一个为大家所熟知的、排名第一的领导者，如国内空调市场上的格力公司。作为市场领导者，公司一般具有以下特点。

(1) 在相关的产品市场上，拥有最大的市场占有率。

(2) 在诸如价格调整等营销措施方面举足轻重。

(3) 领导新产品的开发潮流。

(4) 所有企业都知道它的优势。

(5) 会受到其他企业的尊重，但也可能不会，例如微软公司。

实例 4-8

“红塔山”曾经是中国香烟市场的领导品牌。20 世纪八九十年代，“红塔山”曾经气势如虹，最高年份销量达到 87 万箱。一个高价值单一牌号卷烟发展到如此规模，确实令人敬佩。今天空调市场上的“格力”品牌，手机市场上的“苹果”品牌都是市场领导者定位。

2. 市场追随者定位

市场追随者即一直追随市场领导者的产品定位进行营销的企业。市场追随者并不一定向市场领导者挑战，而是根据自己的实力甘居次位。它们常常采取"我也是"的定位策略。

实例 4-9

可口可乐进入市场以后，百事可乐随即也进入市场，它们也都获得了有利的市场地位。

百事可乐最早也是以"我也是"策略进入市场的。百事可乐对可口可乐的追随简直到了仿冒的地步。"可口可乐"的命名，据说是可乐倒入杯中时的"喀卡喀拉"声，而"百事可乐"的名字则是打开瓶盖时冒气的声音，后面的词是完全一样的。可口可乐曾因此控告百事可乐，打了多年的官司，最后法庭判决"可乐"为一般名称，而非专有名词而宣告结束纷争。

3. 市场挑战者定位

在相同的行业中，当居次位的企业拥有很大势力的时候，往往倾向于以挑战者的姿态出现，攻击市场的领导者和其他的竞争者，以掠夺更高的市场占有率，这就是市场挑战者定位策略。

实例 4-10

2001 年 6 月先是海尔以"进行不正当竞争，损害企业声誉"的名义将海信告到山东省高院。随后，不甘示弱的海信又以相同的理由将海尔也告上法庭。双方指证的事实和诉讼请求几乎相同。起诉双方均认为对方涉嫌不正当竞争，要求对方赔偿让人感到莫名其妙的"经济损失"——分别为 3030 万元和 3050 万元。其实，青岛的这两家著名电器企业在市场营销方面明争暗斗已久。开始，海信的主要产品为电视机，海尔则主打洗衣机和电冰箱，两者的经营范围没有交集，因此两家企业像兄弟般友好相处，掌门人张瑞敏和周厚健还经常走动，一起喝喝茶，聊聊天。自从海信上马空调后，两家企业开始同城竞技，关系日趋微妙，后来海信又上马电脑、电冰箱、手机等，企业向多元化发展，蚕食海尔市场份额，导致海尔十分不快，两家终于从过往甚密发展到在法庭上"大打出手"。

在上面实例中，海信实际上采用的就是一种市场挑战者定位策略，更好地扩大了自己的知名度，欲从海尔的市场份额中切出一块蛋糕。

4. 市场补缺者定位

在市场结构中，几乎每一个行业都有许多小型企业，它们在市场的生存策略就是寻求大公司忽略或放弃的细分市场，并全力满足与服务细分市场的顾客，以期占据既安全又有获利空间的市场空缺，此即为市场补缺者的实战策略。

企业面对的是一个纷繁复杂、瞬息万变的市场。因此，企业要保持永续的发展状态，必须在市场调查及市场细分的基础上，把握市场需求的变化趋势，做出合理的定位决策。

对于多变的市场,有必要重新分析市场状况和更新细分市场,以把握市场需求的最新动态,引领消费潮流。

思考与训练

一、思考题

1. 市场细分的标准和作用是什么?
2. 市场细分的作用是什么?
3. 试分析目标市场营销策略的优缺点。
4. 产品定位策略有哪些方面?
5. 试分析消费者分析、市场细分、选择目标市场与市场定位的相互关系。

二、实训题

1. 案例分析

《家庭》的来历

《广东妇女》杂志于1980创办,是广东妇联的机关刊物。由于受到定位的限制,它的目标读者群比较狭小,仅限于广东省内的部分妇女。由于缺乏知名度,投稿的人少,投来的稿件覆盖内容也较狭窄,因而发行量很低。1983年,它更名为《家庭》杂志,面向更为广阔的目标市场,覆盖了全国范围几乎所有家庭成员,从而成为一种大众化的通俗刊物,更贴近普通百姓的生活。新的产品内容定位,使它在内容上突破了原来地域、取材范围、体裁的局限性,获得来自全国各地的、各种体裁和形式的、讲述有关家庭的各个方面的稿件,杂志的内容更为丰富、更具有趣味性,吸引了全国各地、各个阶层和各个年龄层的读者,知名度迅速提高,一跃成为全国销量最好的杂志之一,曾经创下一个月销售达250万份的记录。

在这一实例中,其他要素都没改变,唯一改变的是产品定位,新的定位使产品重新获得生命力。

(1)在本案例中,《家庭》杂志的目标市场有什么变化?

(2)杂志社采取什么类型的产品定位策略?你认为它有什么优点?

2. 讨论题

假如你是一位生产、销售清洁剂公司的营销人员,你如何进行市场细分和目标市场的选择?写成讨论文稿,进行班内公开展示。

第五章

产　品

学习目标

1. 理解产品整体概念、产品生命周期、产品组合、品牌等概念。

2. 掌握产品生命周期的特点及采取的营销策略。

3. 掌握产品组合策略、品牌策略和包装策略。

第一节　产品与产品生命周期

实例 5-1

金龙鱼:20 年塑造中国食用油第一健康品牌

2011 年第 26 届世界大学生夏季运动会(简称“大运会”)在深圳盛大开幕。创始于深圳的食用油品牌“金龙鱼”,作为大运会粮油独家供应商,为来自世界 100 多个国家的运动员提供优质营养的金龙鱼系列粮油产品。

1991 年国内第一瓶“金龙鱼”小包装油的面世,将国人从散装油带到小包装精炼油的食用油时代。此后 20 年,金龙鱼一路狂飙突进,迅速占据中国小包装食用油半壁江山,成为中国食用油第一健康品牌。

1. 包装设计

金龙鱼的设计符合中国人传统习惯。从一开始,企业就祭起品牌大旗,要让它的小包装食用油有一个响亮的品牌名称——金龙鱼。金龙鱼是一种大型热带观赏鱼,由于嘴上长有两条胡须,加上周身闪烁着梦幻般的光芒,人们自然把它与传说中的龙联系起来,称其为“龙鱼”,在东南亚等华人聚居的地方,金龙鱼被视为富贵吉祥的化身。企业发现这是个就在手边的好名字,中国味特别浓,“金龙鱼”三个字合起来很动听,分拆开来有着“吉祥如意”的含义。在外包装上,企业要求金龙鱼小包装油的总体视觉效果能够体现精美、亲切、高贵,所以企业设计人员把瓶贴包装图案设计做得极为精致。陈列在卖场的食品货架上,它是最显眼的。这样,金龙鱼不仅在名称上采用了中国人喜闻乐见的龙和鱼,而且在色彩上采用了红色和黄色,甚至在口味上都采用了最适合中国人的浓香风格。这些定位使金龙鱼小包装油因为有浓浓的中国特色而容易被消费者接受。

2. 引领健康生活的技术创新,倡导膳食脂肪酸平衡“1∶1∶1”

如果说打造金龙鱼品牌是嘉里粮油的企业追求,那“健康生活金龙鱼”则是它们对消费者的最大承诺。事实上,金龙鱼一直在大力推广食用油健康理念,从最初的倡导安全、卫生、健康、方便的小包装食用油,到快步开发具有健康功效的高端食用油,健康用油几乎是金龙鱼的主旋律。

2002 年,嘉里粮油将食用油与人体健康方面的研究深入到脂肪酸领域,以人体膳食脂肪酸的均衡营养为基础,研制出金龙鱼第二代调和油。嘉里粮油成为中国食用油行业第一个倡导“1∶1∶1”膳食脂肪酸平衡并应用于食品油开发的企业。截至今天,金龙鱼调和油 1∶1∶1 产品的销量及影响力在中国小包装油市场占据绝对优势的地位,在企业众品项中,该油种占据 60% 的份额,这为企业的市场竞争力加大了筹码。

2005 年 6 月 18 日,来自中国粮油学会油脂专业分会、国家粮食局西安油脂科学研究设计院、国家粮食局无锡科学研究设计院、江南大学等单位的 13 位中国著名油脂行业专家集聚上海,对金龙鱼二代食用调和油产品技术及品质进行了评审。专家认真审议了金龙鱼二代调和油产品的设计思路、理论依据、生产工艺及品质管理体系之后,对嘉里粮油生产的“金龙鱼第二代调和油 1∶1∶1”产品技术及品质给予认可。

继从散装油到小包装油的第一次革命后,中国食用油行业迎来了第二次革命的洗礼,把食用油消费理念从单一口味引领到脂肪酸平衡的健康层面,整个市场也将吐故纳新、面临洗牌。随着国内购买力日益增强,食用油消费市场已经告别了延续千年传统的土榨、散装油时代,走入追求品质、营养和健康的小包装食用油为主导的市场格局,产品也从低层面的价格竞争,开始向更高层面的营养理念的竞争转变。

3. 新品牌开拓新市场

新的市场变幻莫测,如果直接以核心品牌进入新的市场会存在风险。金龙鱼的做法是推出新的品牌开拓新的市场,等市场条件成熟以后,再以金龙鱼品牌进入。推出“元宝”品牌进入豆油市场、“鲤鱼”品牌进入菜油市场都是出于这种考虑。当然,这样的策略要取得成功必须要有强大的实力作为保证,要有行业专家的技术、完善的销售网络、优越的品牌优势。这样才能够使新品牌顺利推广,在条件成熟时,将金龙鱼定位为高端产品,与原有品牌互动,形成整体优势。

问题:

(1)试用产品生命周期理论分析我国食用油市场的发展。

(2)试用产品整体概念分析金龙鱼的产品。

一、产品的概念

1. 产品整体概念的内容

提起产品,大家会认为是看得见、摸得着的东西,例如有形的手机、书本、桌椅、食物等。其实产品还包括无形的服务,例如我们去理发店享受的美发服务等。

现代市场营销学认为,产品是指能够在市场上得到,用于满足人们需要和欲望的任何东西，包括食物、服务、场所、设计、软件、信息等各种形式。

在产品的整体概念中，包括核心产品、形式产品、期望产品、附加产品和潜在产品，如图 5-1 所示。

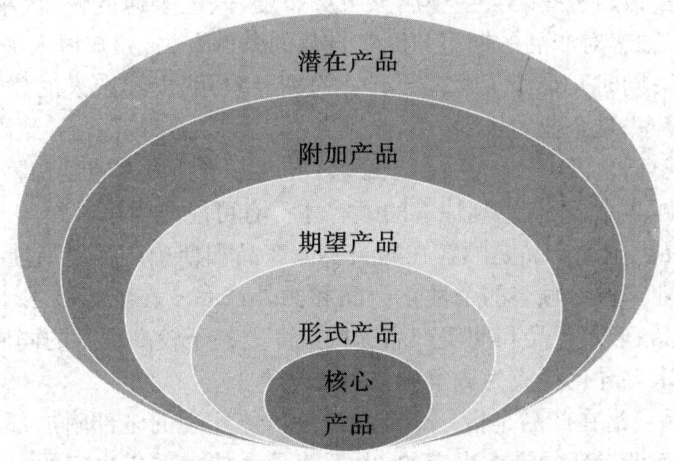

图 5-1　产品的五层次整体概念

(1)核心产品。核心产品是产品的使用价值，是产品向消费者提供的基本效用和利益。如消费者买"席梦思" 床，不是为了买弹簧和装饰布面，而是为了睡觉舒服，躺在床上产生舒服、满意、促进睡眠的感觉。一个企业在生产产品时首先要考虑这样的问题：我们的产品在使用过程中发挥什么作用？发挥的程度怎么样？消费者的实际满意度如何？

(2)形式产品。形式产品是核心产品得以实现的形式，包括具体的外形、外观、质量、品牌、包装等。现代人需求层次不断提高，需求呈现多样化，因此表现在形式上就需要对产品的款式、包装、质量等方面进行精心设计。

实例 5-2

买椟还珠

春秋时代，楚国有一个商人，专门从事珠宝生意。有一次他到齐国去出售珠宝，为了使自己的珠宝畅销，卖上好的价钱，他特意请了技艺高超的木匠，用名贵的木料造了许多小盒子。他把盒子雕刻装饰得非常精致美观，盒子还会发出一种香味，然后把珠宝装在盒子里面。他的珠宝一拿到街上，就吸引了很多人围观、购买。其中有一个郑国人，看见装宝珠的盒子既精致又美观，非常喜欢，就问这个商人："你的盒子卖吗？"商人很是奇怪，说："我的珠宝是天下最精美的、最光彩的，装在这个盒子里更是锦上添花。我是卖珠宝的大商人，不是卖盒子的小商贩。"那个郑国人没有理会商人的气愤态度，在很多珠宝中挑了一个，他认为这个盒子最精致，说道："我买这盒珠宝！"商人很高兴地卖给了他。这个郑国人付了钱后，却打开盒子，把里面的珠宝拿出来，还给珠宝商，兴高采烈地只拿着漂亮盒子走了。

问题:从产品整体概念来说,这个故事说明了什么?

(3)期望产品。期望产品是消费者期望得到的与现有提供物密切相关的一组属性和条件。例如我们去饭店进餐时会期望店家服务态度好、上菜速度快、饭菜卫生、饭店环境好、价格合理等。顾客对产品的期望与顾客自身的条件有关,如知识水平、收入水平、生活习惯、价值观念等;同时又来源于顾客原有的购买经验,朋友和亲人的建议或者营销者和竞争者的承诺等。一旦企业提供的产品或服务低于顾客的期望,会导致顾客不满;等于顾客的期望,没有满意,也没有不满意;高于顾客的期望,会让顾客感到惊喜,从而非常满意。在对产品满意的顾客中,只有感到惊喜的顾客才更有可能成为忠诚顾客。

(4)附加产品。附加产品是顾客在购买实体产品和期望产品时所能得到的附加利益和服务。这是企业提供给顾客的个性化产品和额外产品。在生产技术十分发达的今天,提供物在核心产品、形式产品和期望产品这些层面上趋于较高程度的同质化。因此,在附加产品层次上寻求差异化将成为竞争的焦点。

(5)潜在产品。潜在产品是指一个产品最终可能实现的全部附加部分和新增加的功能。它可能是由消费者新的需求决定的,也可能是由技术进步决定的。许多企业通过对现有产品的附加与扩展,不断提供潜在产品,所给予顾客的就不仅仅是满意,还能使顾客在获得这些新功能的时候感到喜悦。所以潜在产品指出了产品可能的演变,也使顾客对于产品的期望越来越高。潜在产品要求企业不断寻求满足顾客的新方法,不断将潜在产品变成现实产品,这样才能使顾客得到更多的意外惊喜,更好地满足顾客的需要。

2. 产品整体概念的意义

现代企业的竞争是多层面的,在现代产品核心趋同的情况下,谁能更好地满足消费者复杂的利益整合需要,谁就能拥有消费者,占有市场,取得竞争优势。产品整体概念对营销管理的意义如图 5-2 所示。

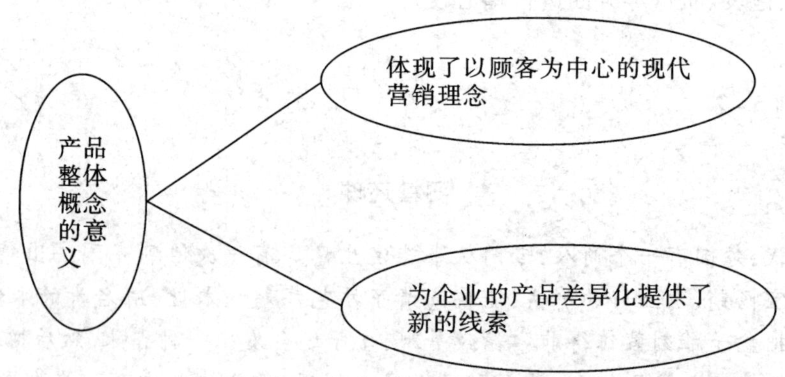

图 5-2 产品整体概念对营销管理的意义

二、产品的分类

产品的分类有助于进一步深入了解产品的概念。学习产品的分类,重要的是要把各类产品与顾客的购买和消费行为联系起来理解。产品的分类如图 5-3 所示。

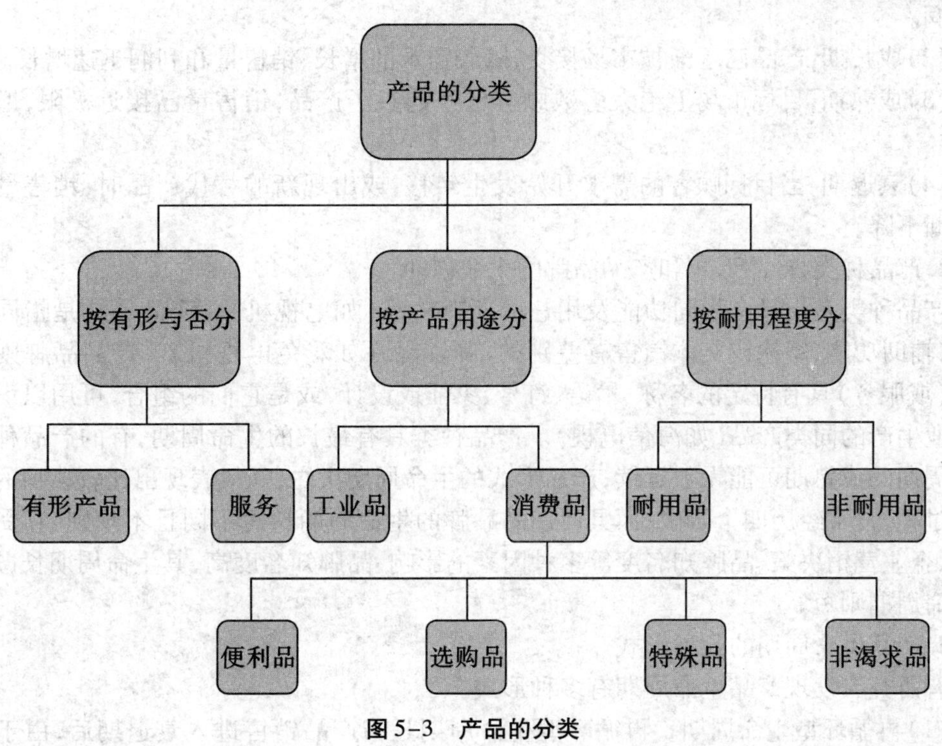

图 5-3　产品的分类

三、产品生命周期

1. 产品生命周期的概念

所谓产品生命周期，是指产品从投放市场开始到被市场淘汰的一个时间历程。产品生命周期的典型形式呈正态分布，如图 5-4 所示。一般以产品销量和利润的变化为标志分为四个阶段：导入期、成长期、成熟期、衰退期。

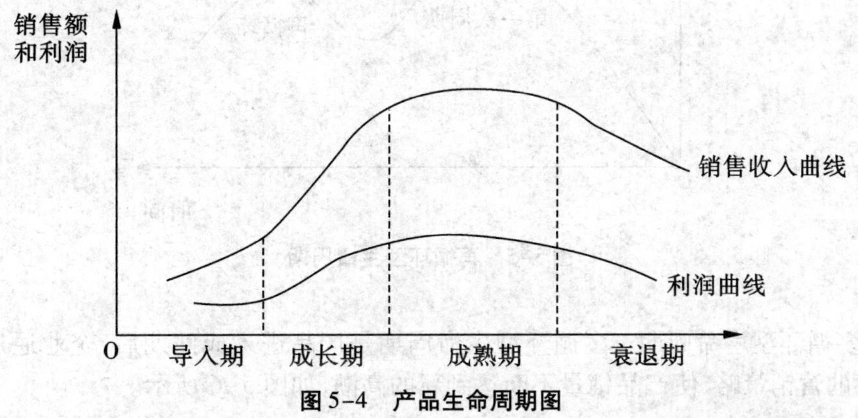

图 5-4　产品生命周期图

(1) 导入期，又称介绍期，是指产品导入市场后，随着对产品的认知，需求在逐渐增加，销售量和销售额也在增长。在这一阶段，由于产品导入市场需花费高额费用，几乎没有利润。

（2）成长期，产品已逐渐被市场接受，随着需求的增长，销售量和利润迅速增长。

（3）成熟期，目标市场上绝大多数顾客已经购买了产品，销售量已接近极限，增长率缓慢。

（4）衰退期，当目标顾客的需求开始发生转移，或出现新的替代产品时，销售量和利润不断下降。

2. 产品种类、产品形式和产品品牌的生命周期

产品种类是指具有相同功能及用途的所有产品（如电视机）。产品形式是指同一类产品，辅助功能、用途或实体销售有差别的不同产品（如彩色电视机）。产品品牌则是指产品（或服务）具有特定的名称、术语、符号、象征或设计，或是它们的组合，可用以识别不同企业生产的同类产品（如海信电视）。产品种类具有最长的生命周期，有的产品种类的生命周期的成熟期可能无限延续；产品形式的生命周期次之，一般表现出比较典型的生命周期过程，常常经历四个阶段；而具体产品品牌的生命周期长短不同且不规则，它受市场环境、企业营销决策、品牌知名度等多种因素的影响，品牌知名度高，其生命周期长，反之，其生命周期则短。

3. 产品生命周期的几种形式

有研究者发现产品生命周期有多种形式。

（1）再循环型生命周期。再循环型生命周期是指产品销售进入衰退期后，由于种种因素的作用而进入第二个成长阶段。这种再循环型生命周期是市场需求变化或企业投入更多促销费用的结果，如保健品、药品等受促销影响比较大的产品，如图 5-5 所示。

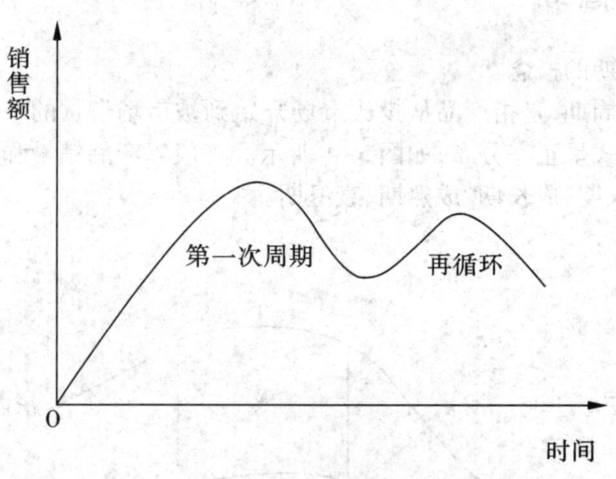

图 5-5　再循环型生命周期

（2）多循环型生命周期。多循环型生命周期是产品进入成熟期后，企业通过制订和实施正确的营销策略，使产品销量不断达到新的高潮，如图 5-6 所示。

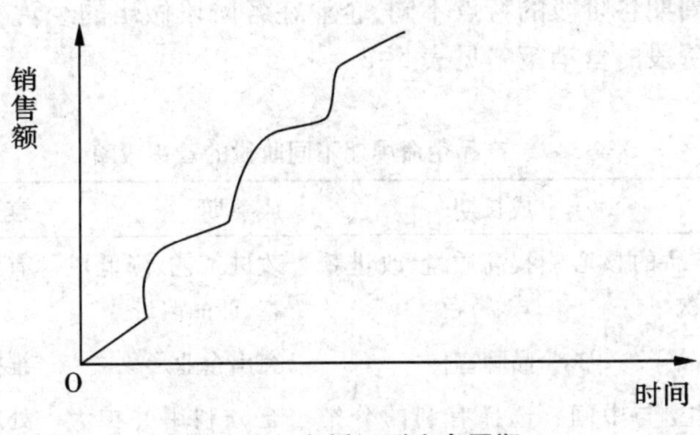

图 5-6　多循环型生命周期

(3)非连续循环型生命周期。非连续循环型生命周期是产品在一段时间内迅速占领市场,又很快退出市场,过一段时间后又开始新的循环。如大多数时髦商品的生命周期就属于非连续循环型生命周期,如图 5-7 所示。

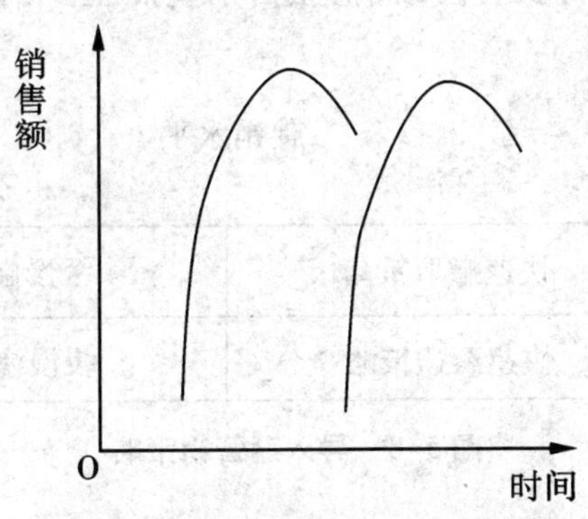

图 5-7　非连续循环型生命周期

4. 产品生命周期各阶段特点及营销策略

在产品生命周期的不同阶段中,销售量、利润、购买者、市场竞争等都有不同的特征,见表 5-1。

表 5-1　产品生命周期不同阶段的特征

	导入期	成长期	成熟期		衰退期
			前期	后期	
销售量	低	快速增大	继续增长	有降低趋势	下降
利润	微小或负	大	高峰	逐渐下降	低或负
购买者	爱好新奇者	较多	大众	大众	后随者
竞争	甚微	兴起	增加	甚多	减少

由于产品生命周期各阶段的特点不同,企业在各阶段做出的经营决策的内容也不同。产品生命周期不同阶段的营销策略见表5-2。

表5-2 产品生命周期不同阶段的营销策略

营销策略	导入期	成长期	成熟期	衰退期
产品策略	确保产品的核心产品层次	提高质量、改进款式、特色	改进工艺、降低成本、产品改进	有计划地淘汰滞销品种
促销策略	介绍产品	品牌宣传	突出企业形象	维护声誉
分销策略	开始建立与中间商的联系	选择有利的分销渠道	充分利用并扩大分销网络	处理淘汰产品的存货
价格策略	撇脂价或渗透价	适当调价	价格竞争	削价或大幅度削价

(1)导入期营销策略。这一阶段新产品刚投入市场销售,由于销售量少而且销售费用高,企业往往无利可图或者获利甚微,企业营销重点主要集中在"促销—价格"策略方面,见图5-8。

价格水平 \ 促销水平	高	低
高	快速撇取策略	缓慢撇取策略
低	快速渗透策略	缓慢渗透策略

图5-8 导入期营销策略

1)快速撇取策略,即以"高价格—高促销水平"策略推出新产品,迅速扩大销售量来加速对市场的渗透,以图在竞争者还没有反应过来时,先声夺人,把本钱捞回来。"健妮健身鞋"就是采取这一策略。

采用这一策略的市场条件是:绝大部分的消费者还没有意识到该产品的潜在市场;顾客了解该产品后愿意支付高价;产品十分新颖,具有老产品所不具备的特色;企业面临着潜在竞争。

2)缓慢撇取策略,即以"高价格—低促销费用"策略推出新产品,高价可以迅速收回成本撇取最大利润,低促销费用又是减少营销成本的保证。高档进口化妆品大都采取这样的策略。

采用这一策略的市场条件是:市场规模有限;消费者大多已知晓这种产品;购买者愿意支付高价;市场竞争威胁不大。

3)快速渗透策略,即以"低价格—高促销费用"策略,花费大量的广告费,以低价格争取更多消费者的认可,获取最大的市场份额。

采取这一策略的市场条件是:市场规模大;消费者对该产品知之甚少;大多数购买者对价格敏感;竞争对手多,而且市场竞争激烈。

4)缓慢渗透策略,即以“低价格—低促销费用”策略降低营销成本,并有效地阻止竞争对手介入。

采取这一策略的市场条件是:市场容量大;市场上该产品的知名度较高;市场对该产品价格相对敏感;有相当的竞争对手。

(2)成长期营销策略。成长期的主要标志是销售迅速增长。这是因为,已有越来越多的消费者喜欢这种产品,大批量生产能力已形成,分销渠道也已疏通,新的竞争者开始进入,但还未形成有力的对手。在这一阶段企业营销应尽力发挥销售能力,紧紧把握取得较大成就的机会。

1)改进产品质量和增加产品的特色、款式等。在产品成长期,企业要对产品的质量、性能、式样、包装等方面努力加以改进,以对抗竞争产品。

2)开辟新市场。通过市场细分寻找新的目标市场,以扩大销售额。在新市场要着力建立新的分销网络,扩大销售网点,并建立好经销制度。

3)改变广告内容。随着产品市场逐步被打开,该类产品已被市场接受,同类产品的各种品牌都开始走俏。此时,企业广告的侧重点要突出品牌,力争把上升的市场需求集中到本企业的品牌上来。

4)适当降价。在扩大生产规模、降低生产成本的基础上,选择适当时机降价,适应多数消费者的承受力,并限制竞争者加入。

(3)成熟期营销策略。成熟期的主要特征是“二大一长”,即在这一阶段产品生产量大,销售量大,阶段持续时间长。同时,此时市场竞争异常激烈。为此,企业总的营销要防止消极防御,采取积极进攻的策略。

1)市场改进策略。通过扩大顾客队伍和提高单个顾客使用率来提高销售量。例如,强生婴儿润肤露是专为婴儿设计的,而如今“宝宝用好,您用也好”的宣传,使该产品的目标市场扩展到了成年人,从而扩大了目标市场范围,进入了新的细分市场。

2)产品改进策略。通过改进现行产品的特性,以吸引新用户或增加新用户使用量。如吉列剃须刀从“安全剃须刀”“不锈钢剃须刀”到“双层剃须刀”“三层剃须刀”,不断改进产品,使其生命周期得以不断延长。

3)营销组合改进策略。通过改变营销组合中各要素的先后次序和轻重缓急,来延长产品成熟期。

(4)衰退期营销策略。产品进入衰退期,销售量每况愈下;消费者已在期待新产品的出现或已转向;有些竞争者已退出市场,留下来的企业可能会减少产品的附带服务;企业经常调低价格,处理存货,不仅利润下降,而且有损于企业声誉。因此,在衰退期的营销策略有以下内容。

1)收缩策略。即把企业的资源集中使用在最有利的细分市场、最有效的销售渠道和最易销售的品种上,力争在最有利的局部市场赢得尽可能多的利润。

2)榨取策略。大幅度降低销售费用,也降低价格,以尽可能增加眼前利润。这是由于再继续经营市场下降趋势已明确的产品,大多得不偿失;而且不下决心淘汰疲软产品,还会延误寻找替代产品的时机,使产品组合失去平衡,削弱了企业在未来的根基。

第二节　产品组合策略

一、产品组合及相关概念

现代企业为了更好地满足目标市场的需要,扩大销售,分散风险,增加利润,往往生产经营多种产品。随着外部环境和企业自身资源条件的变化,企业决定了生产经营哪些产品,并明确各产品之间的配合关系。因此,企业需要对其产品组合进行研究和选择。

1. 产品组合、产品线和产品项目

(1)产品组合。产品组合是指企业生产经营的全部产品的总和,是企业提供给目标市场的全部产品线和产品项目的组合或搭配,即企业的经营范围和产品结构。

(2)产品线。产品线又称产品大类或产品系列,是指产品在技术上和结构上密切相关,具有相同的使用功能、规格不同而满足同类需求的一组产品。如海尔公司有冰箱、空调、洗衣机、电热水器、电视、手机等不同的产品线。

(3)产品项目。产品项目是指产品线中各种不同的品种、规格、质量、价格、技术结构和其他特征的具体产品,企业产品目录上列出的每一个产品都是一个产品项目。如海尔公司众多规格型号的洗衣机中,"小小神童"就是其中的一个产品项目。

2. 产品组合的广度、长度、深度与相关性

通常人们从产品组合的广度、长度、深度和相关性四个方面来描述企业的产品组合情况。

(1)产品组合的广度。产品组合的广度,亦称宽度,是指企业所拥有的产品线的数量。产品线越多,说明企业的产品组合就越宽,否则就越窄。

(2)产品组合的长度。产品组合的长度是指企业所有产品线中所包含的所有产品项目的总和。

(3)产品组合的深度。产品组合的深度是指每一条产品线中每一品牌所包含的具体的花色、品种、规格、款式的产品的数量。

(4)产品组合的相关性。产品组合的相关性亦称关联性,是指各条产品线之间在最终用途、生产条件、分销渠道以及其他方面相互关联的程度。表 5-3 中海尔的 6 条产品线都是家用电器,因而关联度比较高。相反,如果企业同时涉及若干不相关行业如餐饮业的经营时,则其产品组合的关联度就较低。

表 5-3　海尔公司的产品组合(部分)

产品大类	产品项目
冰箱	王子、金王子、太空王、王中王、果菜王、金统帅、大统帅
空调	超人、大超人、金超人、健康超人、太空金元帅、金状元
洗衣机	太空钻、太阳钻、水晶钻、玫瑰钻、银河钻、小神童、小小神童
电热水器	大海象、金海象、海象王、小小海象
电视	宝德龙、美高美、影丽、小雷达、青蛙王子
手机	喜多星、彩智星、天彩星

二、产品组合优化调整决策

1. 扩大产品组合策略

扩大产品组合策略包括扩大产品组合的宽度和增加产品组合的深度两方面的内容。扩大产品组合的宽度是在现有的产品组合中增加新的产品线。增加产品组合的深度是在现有产品线内增加新的产品项目。

2. 产品线延伸策略

产品线延伸是指部分或全部改变企业现有产品线的市场定位，即将企业的产品线延长超出现有的范围。产品线延伸策略可分为向上延伸策略、向下延伸策略和双向延伸策略三种类型。

(1)向上延伸策略。向上延伸策略是指企业现在生产中档或低档产品，决定在现有的产品线内增加高档或中档的同类产品项目，进入高档、中档产品市场。企业采取这一策略的原因：市场对高档产品需求增加，高档产品销路广，利润高；希望提高产品的市场形象。一般来说，向上延伸可以有效地提高品牌地位，改善品牌形象，一些著名品牌，特别是定位在中低档产品市场的品牌为达到上述目的，不惜花费重金，向上延伸。但企业用这个策略时要考虑自己有没有足够的能力和经验。

(2)向下延伸策略。向下延伸策略是指企业现在生产高档或中档产品，决定在现有的产品线内增加中档或低档的同类产品项目，进入中档、低档产品市场。这个策略的优势显而易见，既可以节约新品牌的推广费用，又可以使新产品搭乘原产品的声誉之车。相对来说，向下延伸费用低廉，操作简单，但企业承担的风险却比向上延伸要大得多。根据调查，在消费者对有关于品牌的信息接收方面，不利信息要比有利信息快得多。向下延伸可能会使消费者对品牌原来的高档地位做出否定，进而损害企业的品牌形象，影响企业的长远利益，在这方面有很多企业走过弯路。

实例 5-3

派克笔向下延伸

美国“派克牌”金笔是世界上最著名的老牌产品之一，一直以来都以一种高档产品的形象出现，是身份和地位的标志，许多社会上层人士都喜欢带一支派克笔。到了 20 世纪 80 年代，派克公司已经在 154 个国家销售它的书写工具，取得了辉煌的成功。全世界有 40 多家广告代理机构在为各种各样的派克笔大做广告。但是在 1982 年派克公司新任总经理詹姆斯·R. 彼得森对公司改革的过程中，犯下了一个严重错误，并最终导致了“钢笔之王”派克走向衰落。

派克笔一向以它的高质量、高品位投放市场，人们购买派克笔不仅是为了买一种书写工具，更主要的是买一个形象、一种体面，以表明自己的身份。而彼特森一上任，不是把主要精力放在改进派克笔的款式和质量，巩固发展已有的高档产品市场上，而是热衷于转轨和经营每支售价在 3 元以下的钢笔市场，争夺低档笔市场。他与书写工具部总裁曼难尔·史密斯一起，制定了“简斯维尔战略”。所谓“简斯维尔战略”，就是让位于威斯康星州简斯维尔总部的新的全自动派克笔工厂大量生产较低价格的钢笔。到了1983年，为了占领更大的市场份额，派克公司决定将产品向3美元一支的低档产品延伸，并且迅速扩大了产量，结果派克笔不但没有顺利进入低档笔市场，反而使派克笔"钢笔之王"的形象和声誉受到了严重损害。在一直是派克笔大本营的高档笔市场，其市场占有率也急剧下降，最终派克公司不得不让出了高档笔市场的领导地位，走向了衰败之路。

问题：派克笔的向下延伸说明了什么？

(3)双向延伸策略。双向延伸策略是指企业现在生产中档产品，决定将在现有的产品线内同时增加高档和低档的同类产品项目，将同时进入高档和低档产品市场，从而扩大企业的市场阵地。

3. 缩减产品组合策略

缩减产品组合策略包括缩减产品组合的宽度和降低产品组合的深度两方面的内容。缩减产品组合的宽度是指在现有的产品组合中删除那些获利小、发展前景不好的产品线。降低产品组合的深度是指淘汰现有产品线内某些市场前景不好、获利小甚至亏损的产品项目。

西门子2003年推出的Xelibri系列时尚手机，造型设计做得无可挑剔，而销售结果却不尽如人意。虽然Xelibri系列手机造型时尚，但功能单一。2003年仅售78000部，不到西门子手机总量的2%，公司被迫宣布取消Xelibri发售计划。

另外，实践证明企业效益的80%来自于20%的产品，产品品种过多过密，必然造成巨大的浪费，只充当门面，而创造不了效益。宝洁公司在对其产品不断推陈出新后，发现销售了太多种不同的产品品种。现在宝洁在美国本土的产品较90年代已减少了1/3。仅在头发护理用品一项上，就砍掉了近一半的产品品种。事实证明，精简产品种类不但没有降低市场占有率，反而增加了市场占有率。我们不需要31种不同的海飞丝香波，也不需要52个版本的佳洁士牙膏。因此，必须突出拳头产品、骨干产品的作用，提高企业效率，实现利益最大化。

第三节　品牌与包装

实例5-4

品牌的最高境界是它所富有的精神价值

世界知名的体育品牌耐克，曾经有过一个引起争议的广告——杰克是一个卡车司机，因为醉酒开车而撞死了行人，被判入狱。这时他的妻子带着他们的孩子跟他办理了离婚，离他而去。他在狱中非常孤独，找不到一个朋友可以倾诉，几乎患上了抑郁症。由于他的良好表现，被提前释放，然而出狱之后，他的整个世界已经面目全非！他成了一个被抛弃的人！

杰克没有办法，只能像个乞丐一样到处流浪，每天喝得烂醉，他不去想未来，不再有任何追求。但是终于有一天，他突然想起了自己和妻子、孩子共同有过的美好时光，他开始告诫自己不能堕落下去。他找到了一个出卖苦力的地方,每天能够有十几美元的收入。做了将近一个月的时间,他用自己攒下的钱买了一双耐克的运动鞋犒赏自己!当穿上崭新的耐克鞋的时候,他的脸上露出了多年不见的自信和微笑!

虽然无法辨别内容的真伪,但是耐克的这则广告播出后引起了社会很多人的震动!因为,在这之前,还没有一个品牌敢于把自己的产品作为一种精神信仰来宣传,但是耐克做到了!尽管这个关于杰克的故事有待考证,但是耐克能够把力量和精神元素注入品牌确实是一个非常大胆的行为!

在美国的很多青少年群体当中,耐克已经成为一种对个性、自信执着追求的象征。不少中学生可以不吃不喝,但是却不能够忍受在长到18岁的时候还未拥有一双属于自己的耐克运动鞋!耐克已经成为一个时尚和独立的标志,对于他们来讲,耐克宣扬的是一种尽管去做,放大个性的精神昭示!还有成千上万的人像杰克一样,拥有一双耐克运动鞋是他们拥有这个世界的尊严的保证。

一、品牌概念

1.品牌和商标的概念

根据营销学者菲力蒲·卡特勒所下的定义,品牌就是一个名字、称谓、符号或设计,或者是上述的总和,其目的是要使自己的产品或服务有别于竞争者。

品牌由品牌名称和品牌标记以及商标组成。品牌名称是品牌中可以读出声来的那一部分,是品牌中能用语言称呼的部分。如“金星”(钢笔)、“长虹”(彩电)、“永久”(自行车)等,它主要产生听觉效果。品牌标记则是品牌中用以识别但不可念出声来的另一部分,如符号、图案、色彩或字母。像“奥迪”小轿车的四个圆环套,“苹果”牛仔裤的双重叠苹果,“花花公子”的兔子图形。品牌在政府有关部门注册登记后即受法律保护,并享有专用权,称为商标。品牌是一般的商业用语,商标则是法律性用语。中国商标制度实行“自愿注册原则”和“申请在先原则”,未注册的品牌不受法律保护。

实例5-5

娃哈哈品牌防御的启示

杭州娃哈哈集团成功的原因固然有很多,但不管怎样,成功的“娃哈哈”品牌运营是重要原因。1998年,“娃哈哈”被国家商标局定为驰名商标,品牌资产达2248亿元。

1.“娃哈哈”的国内防御性注册

“娃哈哈”源自一首新疆民歌,因三个字的元音“a”是小孩最早容易发的音,易于模仿,音韵和谐、朗朗上口,而且也易赢得父母的喜爱,加之“喝了娃哈哈,吃饭就是香”的绝妙广告语,使得“娃哈哈”家喻户晓、老少皆知,其系列产品走进千家万户。“娃哈哈”的品牌运营实践中,不仅其品牌名称设计独特,而且富有品牌保护意识。1988年9月娃哈哈集团公司向国家工商局商标局申请“娃哈哈”品牌注册,并于1989年9月10日核准注册,从而防止了其他企业或个人抢先注册。同时,为了防御其他企业注册相近商标,娃哈哈集团公司又注册了"娃娃哈""哈娃娃""哈哈娃"3 个防御商标。

2."娃哈哈"的国际注册

经济全球化发展的高涨,国内外市场的对接,"娃哈哈"品牌在国内市场运营的成功,使决策者开始将眼光瞄向国外市场。随着集团公司的快速发展,产品市场不断扩展。企业认识到仅在国内进行商标注册已远远不够,为了进一步扩展市场,有效开展对外贸易,开拓国际市场,争创世界名牌商标,维护自己在国际市场的合法权益,在国外进行商标注册已迫在眉睫。于是,娃哈哈集团公司于 1992 年 4 月通过国家工商局商标局向世界知识产权组织国际局提出"娃哈哈"商标的国际注册申请,并指定了法国、德国、意大利、波兰、俄罗斯联邦 5 国申请领土延伸。1992 年 5 月 29 日,国际局正式对娃哈哈集团公司的 5 件商标注册申请进行受理,1993 年 8 月获准"娃哈哈"商标在 5 国注册,保护期均为 20 年。与此同时,"娃哈哈"公司还分别向中国香港、日本、韩国、美国等地区和国家进行了逐一注册申请。"娃哈哈"商标的地域辐射为其产品进入国际市场打下了良好基础。

问题:"娃哈哈"品牌防御性注册有何启示?

2. 品牌的内涵和作用

(1)品牌的内涵。品牌的要点,是销售者向购买者长期提供的一组特定的特点、利益和服务。最好的品牌传达了质量的保证。然而,品牌还是一个更为复杂的符号标志。一个品牌能表达出六层意思。

1)属性。一个品牌首先给人带来特定的属性。例如,奔驰的"无可比拟的精良工艺"。

2)利益。属性需要转换成功能和情感利益。属性"耐用"可以转化为功能利益:"我可以几年不买车了。"属性"昂贵"可以转换成情感利益:"这车帮助我体现了重要性和令人羡慕。"

3)价值。品牌还体现了该制造商的某些价值感。如奔驰体现了高性能、安全和威信。

4)文化。品牌可能象征了一定的文化。如可口可乐百年历史沉淀了丰富的美国文化。

5)个性。品牌代表了一定的个性。如万宝路的牛仔形象是力量、自由和奔放的象征。

6)使用者。品牌还体现了购买或使用这种产品的是哪一类消费者。如百事可乐"新一代"的主题。

如果一家公司把品牌仅看作是一个名字,它就忽视了品牌内容的关键点。品牌的挑战是要深入开发一组正面联系品牌的内涵,营销者必须决定对品牌的认知如何锁定。错误之一是只促销品牌的属性。首先,购买者感兴趣的是品牌利益而不是属性。其次,竞争者会很容易地复制这些属性。最后,当前的品牌属性在将来可能毫无价值。一个品牌最持久的含义应是它的价值、文化和个性,它们确定了品牌的基础。

实例 5-6

经济学家的故事

美国著名经济学家史蒂芬·列维曾有这样一段经历,当他开车在马路上遇红灯等待的时候,一个乞丐敲他的车门向他乞讨。当他打开钱包准备倾囊相助的时候,发现那个乞丐戴的是 ipod 耳机。这种耳机需要 50 美元,这位教授甚至对自己都没有如此慷慨过,他使用的还是 15 美元的耳机。于是,经济学家终止了他的施舍行为。

问题:经济学家为什么看到乞丐的耳机后终止了施舍行为?

(2)品牌的作用。品牌的作用如图 5-9 所示。

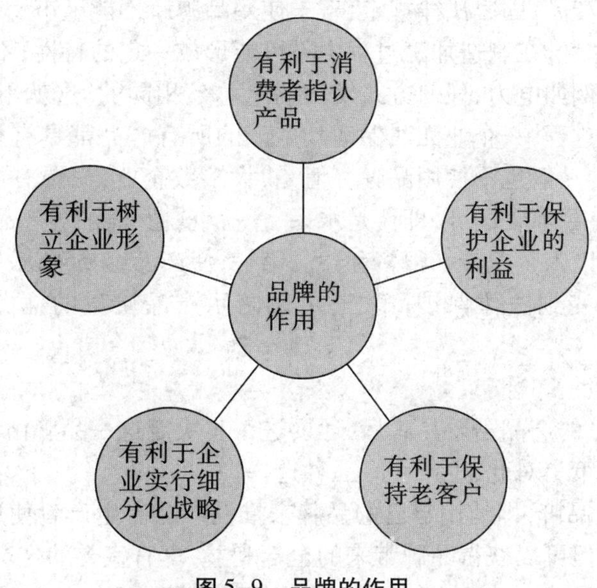

图 5-9　品牌的作用

二、品牌策略

企业在运用品牌策略时,有三种可供选择的决策,即是否使用品牌?使用企业自己的品牌,还是使用中间商的品牌?究竟用统一的品牌,还是不同产品采用不同品牌?

1. 品牌化决策

品牌化是有关品牌的第一个决策,即决定该产品是否需要品牌。

(1)使用品牌。大多数企业采用品牌是为了实施名牌战略,它在市场营销中有以下作用。

1)就产品而言,品牌是“整体产品”的一部分,它有助于在市场上树立产品形象,并成为新产品上市和推广的主要媒介。

2)就价格而言,通过品牌建立较高的知名度、美誉度,有利于制定较高价格。品牌是产品差别化的重要手段,著名品牌不仅比无品牌价高利大,而且价格弹性小。

3)就分销而言,由于品牌具有辨认作用,一方面,著名品牌更容易渗透和进入各种销售渠道;另一方面,企业也便于处理订货业务,办理运输和仓储业务。

4)就促销而言,品牌是制作各种促销信息的基础,无品牌的产品,就像一个无名无姓的人,别人难以称呼,有关它的一切也不便流传。

(2)不使用品牌。并不是所有的产品都必须使用品牌,一般地,在以下情况下,企业多考虑不用品牌。

1)同性质的产品。如电力、煤炭、钢材、水泥等,只要品种、规格相同,产品不会因为生产者不同而出现差别。

2)人们不习惯认牌购买的产品。如食盐、食糖、一些农副产品、原材料和零部件等。生产简单、无一定技术标准的产品,如土纸、小农具等。

3)临时性或一次性生产的产品,使用品牌或不使用品牌。目前,市场上的大部分产品都采用品牌,有的产品,国家法律规定,若未使用品牌就不能上市。但是,也有一些产品由于生产过程的普遍性,在制造加工过程中不可能形成一定的特性,不易同其他企业生产的同类产品相区别,例如电力,任何方式发出的电总是相同的,这就不需要采用品牌。另外,有的产品在生产过程中,企业无法保证其生产的所有产品都具有相同的质量,例如蔬菜、矿石等,因而国内一般也不使用品牌。但是,大多数企业,只要有可能,总是希望为自己的产品设计品牌。目前在国外,即便是水果、食盐、食糖、煤油等产品也普遍地开始使用品牌。使用品牌,可以为企业带来很多利益。第一,使产品容易辨认;第二,经注册的商标可以防止别人仿制,受到法律保护;第三,可以暗示产品质量的优良,使顾客经常重复购买。

2. 品牌归属决策

当企业决定自己的产品需要品牌后,还要进一步决定这一品牌由谁负责,归谁所有的问题,即品牌归属决策。对此,生产者有三种选择。

(1)使用生产者品牌,即使用自己的品牌来推销产品。生产者使用自己的品牌,虽然要花费一定的费用,但可以获得品牌带来的全部利益,享有盛誉的生产者将自己的品牌借给他人使用,可以获得一定的特许使用费,使其销量迅速上升。

(2)中间商品牌。在市场上,一方面,由于资金能力薄弱,市场经验不足的企业为集中力量更有效运用其生产资源与设备能力,宁可采用中间商品牌;另一方面,由于顾客对所需的产品不一定是内行,不一定有充分的选购知识,所以顾客除了以生产者品牌作为选购的依据,还常依据中间商品牌。

实例 5-7

耐克:中间商品牌的胜利

耐克作为一个全球品牌已享有很高的知名度,年销售额近 95 亿美元。然而,很多人并不知道它没有自己的生产基地,耐克只是一个中间商品牌。

耐克正式命名是在 1978 年,到 1999 年全球销售额已达 95 亿美元,跨入《财富》500 强行列,超过了原来同行业的领袖品牌阿迪达斯、锐步,并被誉为近 20 年来世界成功的消费品公司。

耐克营销的创新之处在于它的中间商品牌路线。为了显示自己在市场方面的核心优势，它没有建立自己的生产基地，自己并不生产耐克鞋，而是在全世界寻找条件最好的生产商为耐克生产。并且，它与生产商的签约期限不长，这有利于耐克掌握主动权。选择生产商的标准是：成本低，交货及时，品质有保证。这样，耐克规避了制造业公司的风险，专心于产品的研究与开发，快速推出新款式，大大缩短了产品生命周期。

耐克的另一营销创新在于传播。它采用青少年崇拜的偶像如迈克尔·乔丹等进行传播，还利用电子游戏设计耐克的专用游戏。每当推出新款式，即请来乐队进行演奏，传播出一种变革思想和品质。耐克的传播策略使其品牌知名度迅速提升，从而建立了具有高度认同感的品牌资产价值。

耐克的成功在于，它专注于做自己最擅长的事，把不擅长的事交给别人去做。这已经成为一种新的竞争战略，主要为创新型的公司所擅长，但也为老式的洛克菲勒式的创业者提出了挑战。

(3)混合品牌。采用这种做法有以下三种方式。

1)生产者在部分产品上使用自己的品牌，部分产品使用中间商品牌。这样，既能保持企业的特色，又能扩大销路。

2)为了进入新市场，企业先使用中间商的品牌，取得一定市场地位后再使用自己的制造商品牌。

3)两种品牌并用。

3. 品牌数量决策

(1)使用同一品牌。这种做法是企业的各种产品使用相同的品牌推向市场。同一品牌使推广新产品的成本降低，不必为创造品牌的接受性与偏爱性而支付昂贵的广告费用，可以降低营销费用。但是，使用同一品牌，必须保证各种产品在质量、产品形象上一致。太大的差别容易混淆品牌形象。如一家食品企业，在同一品牌下既生产糕点，又生产宠物食品，就不利于品牌形象的统一。使用同一品牌营销风险大，在同一品牌下，某一个或某几个产品项目出现问题，就会波及其他产品项目。

(2)使用个别的品牌。在产品组合中，对产品项目依据不同的标准分类，分别使用不同的品牌。这里通常有两种做法：按产品系列分类，如健力宝集团，饮料类用“健力宝”，服装类用“李宁”；按产品质量等级分类，如美国 A&P 茶叶公司，一等品用“Annpage”，二等品用“Sultan”，三等品用“Iana”。

(3)使用统一的个别品牌。这种方法通常将个别品牌与企业的名称标记联用。这样，在产品的个别品牌前冠以企业统一品牌，可以使新产品正统化，享受企业已有的声誉。在企业统一品牌后面跟上产品的个别品牌，又能使新产品个性化。例如美国通用汽车(GM)公司生产的各种小轿车，既有各自的个别品牌，如“凯迪拉克”(Cadillac)、“别克”(Buick)、“雪佛兰”(Chevrolet)，前面又加 GM 两个字母，以示系通用公司产品。

实例 5-8

一个价值 600 万美元的玻璃瓶

说起可口可乐的玻璃瓶包装,至今仍为人们所称道。1898 年鲁特玻璃公司一位年轻的工人亚历山大·山姆森在同女友约会中,发现女友穿着一套筒型连衣裙,显得臀部突出,腰部和腿部纤细,非常好看。约会结束后,他突发灵感,根据女友穿着这套裙子的形象设计出一个玻璃瓶。

经过反复的修改,亚历山大·山姆森不仅将瓶子设计得非常美观,很像一位亭亭玉立的少女,他还把瓶子的容量设计成刚好一杯水大小。瓶子试制出来之后,获得大众交口称赞。有经营意识的亚历山大·山姆森立即到专利局申请专利。

当时,可口可乐的决策者坎德勒在市场上看到了亚历山大·山姆森设计的玻璃瓶后,认为非常适合作为可口可乐的包装。于是他主动向亚历山大·山姆森提出购买这个瓶子的专利。经过一番讨价还价,最后可口可乐公司以 600 万美元的天价买下此专利。要知道在 100 多年前,600 万美元可是一项巨大的投资。然而实践证明,可口可乐公司这一决策是非常成功的。

亚历山大·山姆森设计的瓶子不仅美观,而且使用非常安全,易握且不易滑落。更令人叫绝的是,其瓶型的中下部是扭纹型的,如同少女所穿的条纹裙子;而瓶子的中段则圆满丰硕,如同少女的臀部。此外,由于瓶子的结构是中大下小,当它盛装可口可乐时,给人的感觉是分量很多的。采用亚历山大·山姆森设计的玻璃瓶作为可口可乐的包装以后,可口可乐的销量飞速增长,在两年的时间内,销量翻了一番。从此,采用山姆森玻璃瓶作为包装的可口可乐开始畅销美国,并迅速风靡世界。600 万美元的投入,为可口可乐公司带来了数以亿计的回报。

问题:这个故事说明了什么?

三、产品包装及其作用

产品包装是指产品的盛器或外部包扎物。包装的材料有纸、木、金属、草编制品、塑料、玻璃等。近年来,随着包装材料工业的兴起,包装材料的种类越来越多。包装不仅指与产品直接接触的各种销售包装,而且还有外部包装,即运输包装。包装按其在流通过程中作用的不同,可分为运输包装和销售包装。运输包装又称外包装或大包装,是指为了适应储存、搬运过程的需要所进行的包装,主要有箱、袋、包、桶、坛、罐等包装方式。销售包装又称内包装或小包装,是指为了消费者携带、使用、美化和宣传产品的包装。这类包装不仅能保护产品,而且能更好地美化和宣传产品,吸引消费者,方便消费者。

包装在企业营销过程中的作用如图 5-10 所示。

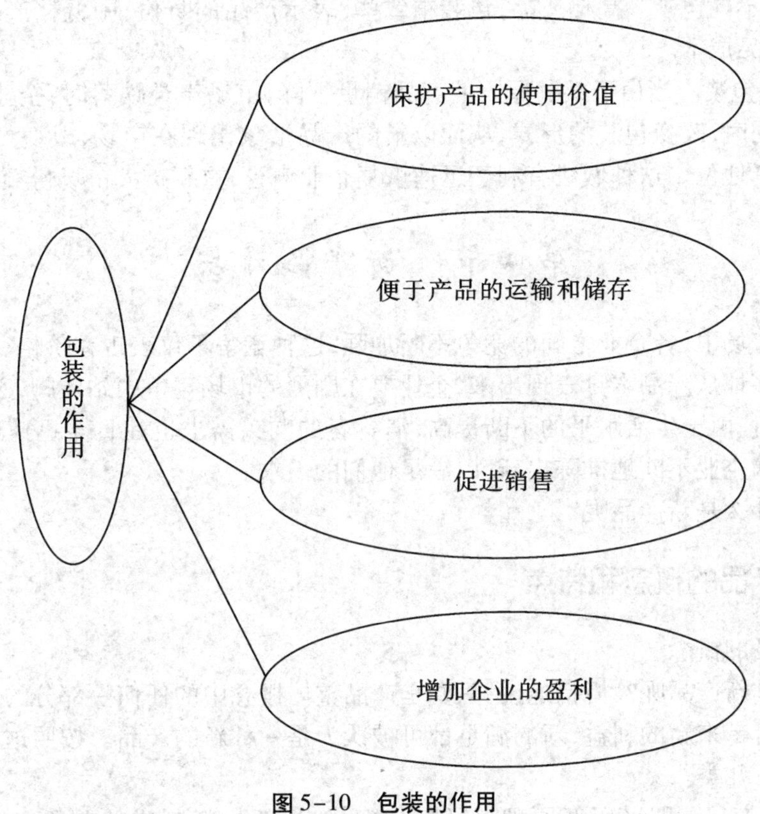

图 5-10 包装的作用

四、产品包装策略的运用

(1)类似包装。即企业所有产品的包装,在图案、色彩等方面,均采用统一的形式。这种方法可以降低包装的成本,扩大企业的影响,特别是在推出新产品时,可以利用企业的声誉,使顾客首先从包装上辨认出产品,迅速打开市场。

(2)组合包装。即把若干有关联的产品包装在同一容器中。如化妆品的组合包装、节日礼品盒包装等,都属于这种包装方法。组合包装不仅能促进消费者的购买,也有利于企业推销产品,特别是推销新产品时,可将其与老产品组合出售,创造条件使消费者接受、试用。

(3)附赠品包装。这种包装的主要方法是在包装物中附赠一些物品,从而引起消费者的购买兴趣,有时,还能增加顾客重复购买的意愿。例如在珍珠霜盒里放一颗珍珠,顾客买了一定数量之后就能串成一条项链。

(4)再使用包装。这种包装物在产品使用完后还可做别的用处。这样,购买者可以得到一种额外的满足,从而激发其购买产品的欲望。如设计精巧的果酱瓶,在果酱吃完后可以作茶杯之用。包装物在继续使用过程中,实际还起了经常性的广告作用,增加了顾客重复购买的可能。

(5)分组包装。即对同一种产品,可以根据顾客的不同需要,采用不同级别的包装。如用作礼品,可以精致地包装;若自己使用,则只需要简单包装。此外,对不同等级的产品,也可采用不同包装。高档产品,包装精致些,表示产品的身份;中低档产品,包装简略些,以减少产品成本。

(6)改变包装。当由于某种原因使产品销量下降,市场声誉跌落时,企业可以在改进产品质量的同时,改变包装的形式,从而以新的产品形象出现在市场,改变产品在消费者心目中的不良地位。这种做法有利于迅速恢复企业声誉,重新扩大市场份额。

第四节 新产品开发

在现代市场中,各企业之间的竞争不断加强,这种竞争不仅表现在价格、促销等方面,而且越来越多地从产品本身表现出来,企业要在剧烈的市场竞争中站住脚,必须不断地更新产品。同时,由于生活水平的不断提高,消费者的购买需求也在日益迅速地发生变化,消费者也要求企业不断地推陈出新,以满足他们的需求。

你认为什么是新产品呢?

一、新产品的概念和特点

1. 新产品的概念

什么叫作新产品呢?概括地说,只要是产品整体概念中的任何一部分的变革或创新,并且给消费者带来新的利益、新的满足都可被认为是一种新的产品。按照这一原则,新产品大致有以下几类。

(1)全新产品。即采用新原理、新结构、新技术、新材料制成的前所未有的新产品。譬如第一次出现的电话、飞机、盘尼西林、电子计算机等产品,都是全新产品。全新产品的发明,是同科学技术的重大突破分不开的。它们的产生,一般需要经过很长时间,花费巨大的人力和物力,绝大多数企业都不易提供这样的新产品。全新产品从进入市场到为广大消费者所接受,一般需要较长的时间。

(2)换代产品。指在原有产品的基础上,部分采用新技术、新材料制成的性能有显著提高的新产品。如普通热水瓶改成气压式热水瓶、黑白电视机改成彩色电视机等。换代产品的出现,也是伴随科学技术的进步而来的,但其发展的过程,较之全新的产品要短些,市场普及的速度和成功率也相对高些。

(3)改进新产品。指对原有产品在性能、结构、包装或款式等方面做出改进的新产品。如给纸烟加上过滤嘴,在普通牙膏中加入某种药物,在服装的尺寸比例方面做出某些调整以适应新的时尚等。这类产品与原有产品的差距不大,进入市场后亦比较容易为市场所接受。但是,由于这种创新比较容易,企业之间的竞争也就更加激烈。

(4)企业新产品。指对市场已有产品进行仿制后再加上企业自己的厂牌和商标后第一次生产的产品。这类产品对市场来说,并不是什么新产品,但是对企业来说却是企业以前从未曾生产和销售过的。因此,对企业来说仍然是新产品。从市场竞争和企业经营上看,在新产品的发展中,部分仿制和全面仿制是不可避免的。仿制产品能缩短产品开发时间,降低设计成本,同时又能保证市场接受程度。但由于仿制产品需要付出一定的代价购买专利,企业从中得到的收益不一定很大。

2. 新产品应具备的特点

新产品本身所具备的特点，是它能否被消费者接受的重要条件。一般来说，一个成功的新产品应具备以下几个特点。

(1)优越性。同老产品相比，新产品一定要为使用者带来新的利益，这种利益越多，产品就越易为消费者接受。产品只有具备了一系列的优点，才会为使用者带来新的利益。如彩色电视机能给观看者更多的色彩上的愉悦感。

(2)适应性。新产品如果同消费者的习惯以及人们的价值观念比较接近，就容易为市场所接受；反之，新产品如果与消费者的习惯和观念相抵触，就难以在市场上取得成功。因为要改变人们久已形成的习惯和观念，不是短期内能办到的。如目前我国市场上中老年服装的开发就很难，这些服装之所以单调、缺少新的突破，其中一个很重要的原因就是我国市场的中老年消费者一般比较保守持重，不习惯穿着色彩鲜艳的服装。

(3)易用性。新产品的使用方法要力求简便易学，如果与同类老产品相比，新产品的使用过于复杂，产生诸多的不便，就很难为消费者接受。目前我国市场上的一些多保险门锁就存在这个问题。另外，作为新产品，在外形和功能方面可以独具特色，但是其零部件却应力求标准化、通用化，以便消费者修理和更换，也有利于产品的普及。

(4)获利性。企业革新产品，一方面是为了满足消费者需求；另一方面也是为了增加盈利，获得更大的经济效益。因此，当企业在研究创新产品时，必须注意使其成本和价格既能为市场接受，又能使企业获利。当然，很多产品在开发初期是很少盈利甚至亏损的，但在一段时间之后，这种局面就必须改变，如长期亏损，说明这是一种失败的产品，是无法在市场推广的。

二、开发新产品的意义

开发新产品，无论是对于社会还是对于企业本身，都有重要意义，其意义如图 5-11 所示。

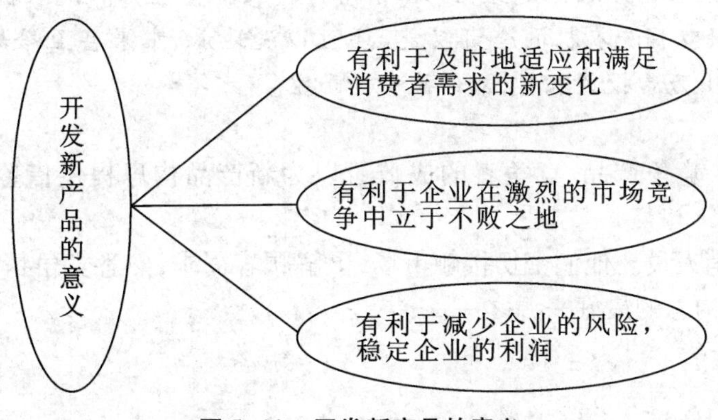

图 5-11 开发新产品的意义

三、新产品开发的程序

1. 新产品构思

开发新产品首先需要有充沛的创造性构思(也称创意、设想，俗称点子)，搜集的新产品构思越多,则从中选出最合适、最有发展希望的构思的可能性也越大。企业能否搜集到丰富的新产品构思,不在于意外的发现和偶然的机会,关键在于企业必须有鼓励人们提建议、出点子的制度以及建立一种系统化的程序,使寻求来的任何新产品构思都能被产品开发部门所了解。

新产品构思的来源主要包括以下几个方面。

(1)顾客。企业营销人员可以通过观察和倾听顾客的需求,分析顾客对现有产品提出的批评和建议,形成新的产品构思。据美国相关专家调查,新产品有60% ~80%来自顾客的建议。因此,不仅要把顾客合理的要求作为构思的源泉,也要注意筛查一些听起来不甚合理的要求。

实例 5-9

海尔洗地瓜洗衣机

1996年,四川成都的一位农民投诉海尔洗衣机排水管老是被堵,服务人员上门维修时发现,这位农民用洗衣机洗地瓜(南方又称红薯),泥土大,当然容易堵塞。服务人员并不推卸自己的责任,而是帮顾客加粗了排水管。顾客感激之余,埋怨自己给海尔人添了麻烦,还说如果能有洗红薯的洗衣机,就不用烦劳海尔人了。农民兄弟的一句话,被海尔人记在了心上。海尔营销人员调查四川农民使用洗衣机的状况时发现,在盛产红薯的成都平原,每当红薯大丰收的时节,许多农民除了卖掉一部分新鲜红薯,还要将大量的红薯洗净后加工成薯条。但红薯上沾带的泥土洗起来费时费力,于是农民就动用了洗衣机。更深一步的调查发现,在四川农村有不少洗衣机用过一段时间后,电机转速减弱、电机壳体发烫。向农民一打听,才知道他们冬天用洗衣机洗红薯,夏天用它来洗衣服。这令张瑞敏萌生一个大胆的想法:发明一种洗红薯的洗衣机。1997年海尔为该洗衣机立项,成立以工程师李崇正为组长的4人课题组,1998年4月投入批量生产。洗衣机型号为XPB40-DS,不仅具有一般双桶洗衣机的全部功能,还可以洗地瓜、水果甚至蛤蜊,价格仅为848元。首次生产了1万台投放农村,立刻被一抢而空。

(2)竞争者。竞争产品、竞争者的成败可以为新产品构思提供借鉴,企业应博采众长,为我所用。

(3)企业营销人员。他们密切接触市场,了解顾客需求,熟悉竞争情况,最有发言权,往往成为新产品构思的最好来源之一。

实例 5-10

2000年的一天,报纸上的一则新闻引起了某公司经理的注意,消息说:某物业公司两栋高层民宅的公共楼道长明灯几乎全部损坏。由于高层楼道比较封闭,光线较暗,白天如同晚上一样黑,居民上下楼十分不便,纷纷指责物业管理不善;而物业管理公司也有苦难言,公用楼道的灯24小时长明,白炽灯的损坏率极高,加上有时竟被人拧去,一个月就要更换二三百盏,即便把电工忙得脚打后脑勺,换灯也换不过来。

看到这个消息,这个营销经理眼睛一亮,从中发现了一个商机:开发生产系列“人体红外线感应灯”,虽说这种灯的安装费用相对来说高一点,但这种灯能做到人来灯亮,人走灯灭,白天不亮晚上亮,而灯泡只需损耗很小的功效,并且感应角度是90~120度,没有死角。开发出来后,受到了物业公司的欢迎,不仅解决了其问题,协调了居民与物业公司的关系,而且节省了损耗及电工换灯的费用,销路一直很好。这家公司的经理就是善于从生活中发现商机,将潜在的需求变成了现在的需求,并获得了良好的效果。

(4)企业高级管理人员。他们所处的地位使他们最明确公司的发展方向及所需要的产品构思。

(5)经销商。经销商掌握顾客要求和市场竞争等方面的第一手资料,也能提供市场上有关新技术、新工艺、新材料等信息,对帮助企业构思新产品往往会有很大启发。

2. 构思的筛选

筛选构思就是对大量的新产品构思进行评价,研究其可行性,挑出那些有创造性和价值的构思。一般要考虑以下因素:一是环境条件,即涉及市场的规模与构成、产品的竞争程度与前景、国家的政策等方面;二是企业的战略任务、发展目标和长远利益,这涉及企业的战略任务、利润目标、销售目标和形象目标等方面;三是企业的开发与实施能力,包括经营管理能力、人力资源、资金能力、技术能力和销售能力等方面。筛选的目的是剔除那些与企业目标或资源不协调的新产品构思。

3. 新产品概念的形成与测试

新产品构思经过筛选后,需进一步发展形成更具体、明确的产品概念,这是开发新产品过程中最关键的阶段。产品概念是指已经成型的产品构思,即用文字、图像、模型等予以清晰阐述,具有确定特性的产品形象。一个产品构思可以转化为若干个产品概念。

如一家食品公司获得一个新产品构思,欲生产一种具有特殊口味的营养奶制品,该产品具有高营养价值、特殊美味、食用简单方便(只需开水冲饮)的特点。为把这个产品构思转化为鲜明的产品形象,公司从三个方面加以具体化。

(1)该产品的使用者是谁?即目标市场是婴儿、儿童、成年人还是老年人?

(2)使用者从产品中得到的主要利益是什么?(营养、美味、提神或健身等)

(3)该产品最适合在什么环境下饮用?(早餐、中餐、晚餐、饭后或临睡前等)

这样,就可以形成多个不同的产品概念,如:概念1,为“营养早餐饮品”,供想快速得到营养早餐而不必自行烹制的成年人饮用;概念2,为“美味佐餐饮品”,供儿童作午餐点心饮用;概念3,为“健身滋补饮品”,供老年人夜间临睡前饮用。

企业每一个新产品概念都要进行市场定位,以便具体分析该产品与市场上哪些现有产品发生竞争,并据此制定产品或品牌定位策略。

企业要从众多新产品概念中选择出最具竞争力的最佳产品概念,就需要了解顾客的意见,进行产品概念测试。

概念测试一般采用概念说明书的方式,说明新产品的功能、特性、规格、包装、售价等,印发给部分可能的顾客,有时说明书还可附有图片或模型。要求顾客就类似如下的一些问题提出意见。

1)你认为本饮品与一般奶制品相比有哪些特殊优点?

2)与同类竞争产品比较,你是否偏好本产品?

3)你认为价格为多少比较合理?

4)产品投入市场后,你是否会购买?(肯定买,可能买,可能不买,肯定不买)

5)你是否有改良本产品的建议?

概念测试所获得的信息将使企业进一步充实产品概念,使之更适合顾客需要。概念测试视需要也可分项进行以期获得更明确的信息。概念测试的结果一方面形成新产品的市场营销计划,包括产品的质量特性、特色款式、包装、商标、定价、销售渠道、促销措施等;另一方面可作为下一步新产品设计、研制的根据。

4. 初拟营销规划

新产品主管部门在新产品概念形成和通过测试之后,必须拟定一个把这种产品引入市场的初步营销规划,并在未来的发展阶段中不断完善。初拟的营销规划包括三个部分:第一部分是描述目标市场的规模、结构、消费者的购买行为;产品的市场定位以及短期的销售量、市场占有率、利润率预期等。第二部分概述产品预期价格、分配渠道及第一年的营销预算。第三部分阐述较长期(如5年)的销售额和投资收益率,以及不同时期的市场营销组合策略。

5. 商业分析

商业分析实际上是经济效益分析。其任务是在初步拟定营销规划的基础上,对新产品概念从财务上进一步判断它是否符合企业目标。这包括两个具体步骤:预测销售额和推算成本与利润。

预测新产品销售额可参照市场上类似产品的销售发展历史,并考虑各种竞争因素,分析新产品的市场地位、市场占有率,以此来推测可能的销售额。在推算销售额时,应将几种风险系数都考虑进去,可采用新产品系数法。

预测销售额除了产品系数分析法,还应考虑不同产品的再购率,即新产品是一定时期内顾客只购买一次的耐用品,还是购买频率不高的产品,或是购买频率很高的产品。不同的购买率,会使产品销售在时间上呈不同的销售曲线。

在完成一定时期内新产品销售额预测后,就可推算出该时期的产品成本和利润收益。成本预算主要指通过市场营销部门和财务部门综合预测各个时期的营销费用及各项开支,如新产品研制开发费用、销售推广费用、市场调研费用等。根据成本预测和销售额预测,企业即可以预测出各年度的销售额和净利润。审核分析该项产品的财务收益,可以采用盈亏平衡分析法、投资回收率分析法、资金利润率分析法等。

6. 新产品的研制

这一步主要是将通过效益分析,即商业分析后的新产品概念交送研究开发部门或技术工艺部门,研制成为产品模型或样品,同时进行包装的研制和品牌的设计。这是新产品开发的一个重要步骤。只有通过产品研制,投入资金、设备和劳动力,才能使产品概念实体化,才能发现产品概念的不足与问题,继续改进设计,也才能证明这种产品概念在技术、商业上的可行性如何。如果因技术上不过关或成本过高等而被否定,这项产品的开发过程即会终止。

应当强调,新产品研制必须使模型或样品具有产品概念所规定的特征,应进行严格的测试与检查,包括专业人员进行的功能测试和消费者测试。功能测试主要在实验室进行,测试新产品是否安全可靠;性能质量是否达到规定的标准;制造工艺是否先进合理等。消费者测试是请消费者加以试用,征集他们对产品的意见。这两种测试的目的都在于对样品做进一步的改进。

7. 市场试销

经过测试合格的样品即为正式产品,应投放到有代表性的小范围市场上进行试销,以检验新产品的市场效率,作为是否大批量生产的依据。当产品的成本很低,对新产品非常有信心,由比较简单的产品线扩展或模仿竞争者的产品时,企业可以不进行或进行很少量的试销。但是,产品投资很大或企业对产品、营销方案信心并非很足时,就必须进行为时较长的试销。如美国利华(Lever USA)公司把它的产品"利华 2000"条形肥皂向全世界推广之前,在亚特兰大试销了两年。

新产品试销前,必须对以下问题做出决策。

(1)试销地点的选择。一般来说,应选择收入居于中等水平、具有代表性的地区。如果选择城市,选择三四个比较合适。

(2)试销时间的长短。从产品特征、竞争者情况和试销费用来考虑,如果是重复购买的产品,至少要试销一两个购买周期。

(3)试销所需要的费用开支。

(4)试销的营销策略及试销成功后进一步采取的行动等。

在试销过程中,企业要注意搜集有关资料:①在有竞争的情况下,新产品试销情况及销售趋势如何,同时与原定目标相比较,调整决策;②哪一类顾客购买新产品,重购反映如何;③对产品质量、品牌、包装还有哪些不满意;④新产品的试用率和重购率为多少,这两项指标是试销成功与否的判断值,也是新产品正式上市的依据;⑤如果采用几种试销方案,对比选择比较适合的方案。

8. 商业化投放

新产品试销成功后,就可以正式批量生产,全面推向市场。这时,企业就要动用大量资金,支付大量费用,而新产品投放市场初期往往利润微小,甚至亏损,因此,企业在此阶段应在以下诸方面慎重决策。

(1)投放时机。企业必须分析何时是新产品推出的最佳时机,如节假日。如果新产品是用来替代本企业其他产品,那么应在原有产品库存较少的情况下投放市场;如果新产品具有较强的季节性,则应在消费旺季到来之前投放市场;如果新产品尚需改进,则应等到产品进一步完善之后再投放,切忌仓促上市。

(2)投放地区。企业需要决定在何地投放新产品。一般情况下,应集中在某一地区市场开展广告和促销活动,拥有一定市场份额后,再向各地市场扩展。例如,江西南昌日用化工厂推出新品牌牙膏——草珊瑚高效药物牙膏,就是把上海作为首选市场,在上海打响之后,再迅速进入各大城市,并成为我国 20 世纪 80 年代牙膏市场的名牌之一。而资金雄厚并拥有完备、通畅的国内、国际销售网络的大企业则会选择迅速把新产品推向更大的市场。

(3)目标市场。目标市场的选择可以依据试销或产品开发以来所搜集的资料。最理想的目标市场应是最有潜力的消费者(用户)群,通常具备以下特征:最早采用新产品的市场;大量购买新产品的市场;该市场的购买者具有一定的传播影响力;该市场的购买者对价格比较敏感。

(4)营销组合策略。企业要在新产品投放前制订尽可能完备的营销组合方案,新产品营销预算要合理分配到各营销组合因素中,要根据主次轻重有计划地安排各种营销活动。

我们来看看日本索尼公司在20世纪70年代末成功推出Walkman(随身听)的营销措施:随身听是索尼公司在70年代开发的新产品。该公司把新产品的推出与当时正在流行的散步和滑旱冰等健身、室外活动需要音乐结合起来,成功地进入市场。公司召开新产品发布的新闻记者招待会的场地选在东京的代代木公园里,以强调"随身听"满足室外需要的功能;公司雇用了许多青年模特,让他们佩戴"随身听",在公园里一边愉快地听音乐,一边散步或滑旱冰。既渲染了气氛,又给游人、到会记者留下了深刻的印象;同时,把产品说明书录制成磁带,连同"随身听"一起赠送给记者和文艺、体育界知名人士,请他们当评论员和宣传员;在闹市区举办产品展览会,Walkman就这样顺利地进入了市场。

思考与训练

一、简答题

1. 如何理解产品整体概念?
2. 有哪些产品组合策略可供选择?
3. 说明产品生命周期各阶段特点及市场营销策略。
4. 品牌的作用有哪些?
5. 简述新产品开发的程序。

二、训练题

1. 分析风行一时的"掉渣饼"为什么快速走完了它的生命周期?请设计一个可以延长"掉渣饼"生命的方案。
2. 案例分析

"王老吉"的品牌战略之路

20世纪80年代中期到90年代初,羊城药业(王老吉前身)也曾创造出辉煌的业绩:排名全国中成药50强,产值1个亿,利润1000万元。随着改革开放的不断深入,羊城药业成为广州第一批股份制改革的企业,并积极筹划上市,走上了包括房地产投资在内的多元化的道路。但是,随之而来的却是连续几年的巨额亏损,最终资不抵债、负债经营,主业也受到很大程度的冲击。年销售不过5000万元,且潜在亏损近3000万元。而取得了品牌经营权的广东加多宝饮料有限公司,当时也开始生产红色罐装的王老吉饮料并在广东销售。但由于过于浓厚的地域色彩,从1998年2004年,王老吉饮料一直处于不温不火的销售状态中。为了求得更大的突破,尽管面临着这样那样的困境,在不到5年的时间里,携手加多宝公司,依托红色"王老吉",王老吉药业走出了困境,让一个享有170余年历史品牌的老字号企业重新春光焕发。王老吉药业之所以能枯木逢春,主要是由于其有强烈的品牌战略意识。

(1)再定位营销策略。在广东省,凉茶业内竞争也相当激烈,凉茶品牌“黄振龙”“阿贞”等也占据了一部分市场。把红色王老吉作为凉茶卖,显然这个市场容量不令人满意。为了摆脱这种尴尬的境地,就必须对产品进行重新定位。在调研中发现,广东的消费者饮用红色王老吉的场合多为烧烤、登山等活动,而他们评价红色王老吉时经常谈到“不会上火”。这些消费者的认知和购买消费行为均表明,消费者对红色王老吉并无“治疗”要求,而是作为一个功能饮料购买,购买红色王老吉真实动机是用于“预防上火”。再进一步研究消费者对竞争对手的看法,则发现红色王老吉的直接竞争对手,如菊花茶、清凉茶等由于缺乏品牌推广,仅仅是低价渗透市场,并未占据“预防上火”的饮料的定位。而碳酸饮料、果汁、水等明显不具备“预防上火”的功能,只是间接的竞争者。

但是“王老吉”如何突破地域限制,走向全国呢?通过研究发现,中国几千年的中药概念“清热解毒”在全国广为普及,“上火”“祛火”的概念也在各地深入人心,这就使红色王老吉突破了地域品牌的局限。

红色王老吉的“凉茶始祖”身份、神秘中草药配方、175 年的历史等,显然是有能力占据“预防上火的饮料”的。红色王老吉作为第一个预防上火的饮料推向市场,使人们通过它知道和接受了这种新饮料,最终红色王老吉就会成为预防上火的饮料的代表,随着品类的成长,自然拥有最大的收益。

至此,问题迎刃而解。首先,明确红色王老吉是在“饮料”行业中竞争,其竞争对手应是其他饮料;其次,品牌定位——“预防上火的饮料”,其独特的价值在于——喝红色王老吉能预防上火,让消费者可以尽情享受生活。

(2)服务营销意识加强。为了维持顾客对王老吉品牌的忠诚度,王老吉药业推出了以下几种计划。

1)忠实消费者奖励计划。忠实消费者奖励计划是留住忠诚顾客最直接有效的方法,它不但能提高一个品牌的价值,同时能让消费者感觉到自己的忠诚得到了回报。“王老吉”在一些大型药品连锁店推出的购买金额积累计划或折扣会员卡,奖励那些经常购买其药品的忠诚顾客,受到消费者的热情拥戴。

2)王老吉会员俱乐部。和忠实消费者奖励计划一样,会员俱乐部也能让忠诚顾客感觉到自己被重视。相比之下,忠实消费者奖励计划比较静态,范围比较小,而会员俱乐部能让顾客有较高的参与感。它给消费者提供了一个渠道,让他们抒发对这个药品品牌的想法,同时还可以分享品牌带来的附加服务,真正感觉到品牌的价值。如:王老吉会员俱乐部得到广大消费者的欢迎,在这里他们可以咨询,可以聊天,还可以参与不定期的活动。

3)数据库营销。王老吉药业通过各种方式,得到一些药品品牌忠实消费者的资料,包括他们的姓名、住址、职业等,分析这些资料,将新产品介绍、促销活动说明,寄给那些可能回应“信箱广告”的人。收到广告的人也会觉得自己受到尊重,从而加强对品牌的忠诚度。

(3)新产品开发。尽管王老吉的药品质量已属上乘,但是随着时代的变迁,也要求其与时俱进,进行创新。王老吉药业进行了诸如以下的新产品开发:跟紧时代步伐,推出王老吉广东凉茶颗粒、王老吉无糖冲剂、王老吉清凉茶(绿色纸盒软包装)、王老吉润喉糖、王老吉清润饴等系列产品。此外,推进生产工艺创新,采用先进的超临界二氧化碳萃取、离心薄膜浓缩、真空冷冻干燥等技术进行生产,借助恒温、恒湿、无菌操作,效率极高。

(1)根据案例介绍的情况,分析“王老吉”分别经历了产品生命周期的哪几个阶段?在不同的阶段中,企业都采取了哪些营销策略?

(2)在“王老吉”从区域走向全国的过程中,企业是如何利用品牌营销和服务营销的?

第六章 定价

学习目标

1. 了解产品的定价目标。
2. 掌握产品定价的主要影响因素。
3. 掌握定价方法。
4. 掌握定价策略。

第一节　营销定价及其影响因素

实例 6-1

"平价药店"掀起价格冲击波

2002 年 8 月 31 日，作为江西第一家平价药房的"开心人"大药房在南昌首次亮相。"开心人"承诺：十六大类、5000 多种药品售价比国家核定零售价平均低 45%。"开心人"开张 5 天，每天客流量超过 1 万人，最高日销售额达 10 万元。"开心人"经媒体报道在南昌城内一夜成名。

9 月 24 日，200 多名供货商在医院、药店等联手施压下，突然从"开心人"集体撤货，有的还自己掏钱买走自己的药品。一位供货商说："我如果不来撤货，其他药店就会威胁我，不销售我的药。"

与此同时，恶意的投诉举报致使工商等执法部门对"开心人"频繁检查，据说有人质疑"开心人"有不规范经营行为。"开心人"的经营受到重挫，其间威胁电话更是不断：要么调价，要么关门。

对于此类"平价药店"的出现，业界褒贬不一，各执一词。它的出现打破了原有的市场平衡，被同行视为是一种"抢钱"行为，因此受到了同行业者的质疑与排挤。除了供货商的围攻，在武汉、成都，甚至有部分药品平价超市遭打砸抢以及火焚。

背景资料：

一般医药产品进入零售药店的通路要经过以下几个环节：生产企业—总经销—大区或省级代理—地市级代理—医药批发公司—配送中心—药店—消费者。

目前市场上近90%的药价已经放开，实行市场自由调节价。

国家计划委员会（现为国家发展和改革委员会）多次颁布限价令，根据药品的成本进行限价。政府也在医疗机构大力推行招标采购。

思考题：

（1）药店怎样能够做到“平价”？

（2）平价药店为什么会出现？

分析点评：企业产品价格的制定是企业能否实现经营目标的重要因素，这就要求企业定价不仅要考虑产品成本的补偿，同时还要考虑消费者对价格的承受能力。

一、营销定价的含义

定价策略是市场营销组合中非常重要且独具特色的组成部分，是市场营销活动中最为活跃的因素。因为企业定价是为了获取利润，扩大产品销售，这就要求企业定价不仅要考虑产品成本的补偿，同时还要考虑消费者对价格的承受能力，从而使定价具有买卖双方双向决策的特点。

对于商品价格的含义，马克思政治经济学的观点认为，价格是商品价值的货币表现，价格是严肃的、不能随意变动的，价格与实现企业利润密切地联系在一起，定价是一门科学。市场营销的观点认为，价格是市场变化的灵敏反应，是调节市场供求关系的“一只看不见的手”，价格是活泼的，可变亦可不变，定价是科学和艺术的统一。我们所探讨的定价方法、策略、技巧、价格调整等，突出体现了定价的艺术性和灵活性。

二、企业定价目标

定价目标是指企业对其产品定价时预先确定所要达到的目的和标准，是企业营销目标在价格决策上的反映，一般可分为利润目标、销售额目标、市场占有率目标和稳定价格目标。企业定价时，应根据营销总目标、面临的市场环境、产品特点等多种因素来选择定价目标。定价目标是以满足市场需要和实现企业盈利为基础的，它是实现企业经营总目标的保证和手段。同时，又是企业定价策略和定价方法的依据。

企业定价目标的种类有如下几种。

1. 维持生存

如果企业产量过剩，或面临激烈的竞争，或试图改变消费者需求，则需要把维持生存作为主要目标。

2. 当期利润最大化

只有在准确地估计需求和成本基础上确定价格，才能产生最大的当期利润。

3. 市场占有率最大化

企业制定尽可能低的价格来追求市场占有率的领先地位。当具备下述条件之一时，企业就可以考虑通过低价来实现市场占有率的提高。

(1)市场对价格高度敏感,因此低价能刺激需求的迅速增长。

(2)生产与分销的单位成本会随着生产经验的积累而下降。

(3)低价能吓退现有的和潜在的竞争者。

4. 产品质量最优化

当市场上存在数量较多的关心产品质量胜于关心价格的顾客时,企业就可以考虑产品质量领先这样的定价目标。

日本 SONY 公司拥有的"特丽龙"显像管,具有显示出来的图像更鲜明的特点,SONY 公司为使用这种显像管的视频产品定价,一般都高于竞争对手 5% ~10%。

5. 维护企业形象

指企业在定价时,首先考虑价格水平是否为目标消费群所认可,是否有利于维护企业或以物美价廉或以优质高档而立足市场的企业形象。

沃尔玛有"天天平价"的口号,沃尔顿说:"我们重视每一分钱的价值,因为我们的服务宗旨之一就是帮助每一位顾客省每一分钱。"

6. 应付和防止竞争

这是竞争性较强的企业所采用的定价策略。在定价之前,对同类产品的质量和价格资料等进行分析比较,从有利于竞争的目标出发制定价格,以低于、等于或高于竞争者的价格出售产品。

海信的导购员曾经这样说过:如果三星空调的价格降到跟我们海信空调的价格一致的时候,估计我们海信空调就一点儿竞争力都没有了。为什么三星空调的价格要比同级别海信空调的价格贵 10% 呢? 为什么三星空调不降低价格抑制竞品的销售呢?

7. 保持良好的分销渠道

为了在激烈的竞争中保持良好的分销渠道,促进销售,企业有时会以保持良好的分销渠道为定价目标,充分考虑中间商的利润,以激发中间商推销本企业产品的积极性。

三、影响定价的因素

价格策略是企业营销组合的重要因素之一,它直接决定着企业市场份额的大小和盈利率的高低。企业的定价决策受企业内部因素的影响,也受外部环境因素的影响,如图 6-1所示。随着营销环境的日益复杂,制订价格策略的难度越来越大,不仅要考虑成本补偿问题 ,还要考虑消费者接受能力和竞争状况。

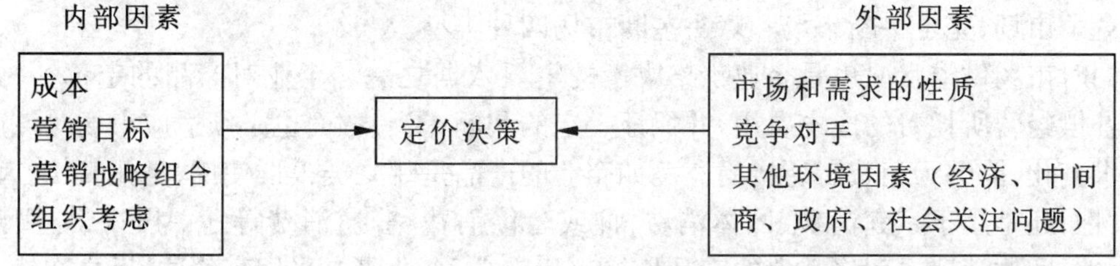

图 6-1　影响定价的因素

1. 影响定价的内部因素

(1)成本。成本显然是影响商品价格的首要因素,任何企业在生产产品时,都要耗费一定的成本,因而它们会在定价时,首先考虑对成本的抵补和回收。所以,成本越低,则企业产品的定价也可以较低;成本越高,则产品价格也相应要高。值得注意的是,成本与产量有着密切的关系,在一定的生产规模限度内,产量增加可以降低成本,因此,通过刺激需求增加产量,可以发挥规模经济和经验曲线的效应,使产品成本不断降低,商品价格也能因此下降。

(2)营销目标。产品的定价要遵循市场规律,讲究定价策略,而定价策略又是以企业的营销目标为转移的,不同的目标决定了不同的策略和不同的定价方法和技巧。同时,价格策略作为企业实现经营目标的手段,直接影响企业的经营成效,具体表现在不同的价格水平会对企业的利润、销售额和市场占有率产生不同的影响,因此,企业在实施定价策略时,要结合企业内部情况、目标市场的经济、人文情况及竞争对手情况,根据对企业的生存和发展影响最大的战略因素来选择定价目标。

(3)营销组合战略。由于价格是市场营销组合因素之一,产品定价时要注意价格策略与产品的整体设计、分销和促销策略相匹配,形成一个协调的营销组合。如果产品是根据非价格图表来定位的,那么有关质量、促销和销售的决策就会极大地影响价格;如果价格是一个重要的定位因素,那么价格就会极大地影响其他营销组合因素的决策。因此,营销人员在定价时必须考虑到整个营销组合,不能脱离其他营销组合而单独决定。

(4)组织考虑。每个企业规模有大小、财务状况不同,经销指标不同,企业价值取向不同,对于追求利润型企业,高价格是企业选择的定价方向;而对于追求市场份额的企业来讲,中、低价格定位是企业的定价方向。同时企业根据自身状况须考虑综合因素(品牌、市场地位、推广费用、渠道建设情况、产品的包装、产品规格)来制定价格。

2. 影响定价的外部因素

(1)市场和需求的性质。与成本决定价格的下限相反,市场和需求决定价格的上限。在设定价格之前,营销人员必须理解产品价格与产品需求之间的关系。

在市场经济条件下,市场结构不同,即企业及其产品在市场上的竞争状况不同,企业的定价策略也不同。企业价格决策面临的竞争主要来自同行业生产者、经营者之间的竞争,尤其是市场处于买方市场的势态下,卖方之间的竞争十分激烈,企业价格决策者必须熟悉本企业产品在市场竞争中所处的地位,分析市场中竞争对手的数量,它们的生产、供应能力及市场行为,从而制订出相应的价格策略。根据不同的市场结构而采用的定价策略是不同的。根据市场竞争程度的具体因素,我们可以把市场结构划分为完全竞争市场、垄断竞争市场、完全垄断市场和寡头垄断市场四种类型。

同时市场供求状况也是企业价格决策的主要依据之一。企业对产品的定价,一方面必须补偿经营所耗费的成本费用,并保证一定的利润;另一方面也必须适应市场对该产品的供求变化,能够为消费者所接受。例如企业的产品是哪一类人群使用,是儿童、老人、男士、女性,还是用于家庭消费、团体消费,抑或奢侈消费、普通消费等。一般来讲,用于儿童、女性、团体消费或奢侈消费的产品价格都相应高,企业多是采用高价位,反之亦然。否则,企业的价格决策会陷入一厢情愿的境地。企业需要考虑整体消费水平、消费习性、市场规模和容量以及市场发展趋势几个因素来对产品进行综合评价,从而制定价格。

(2)竞争对手。竞争价格因素对定价的影响主要表现为竞争价格对产品价格水平的约束。同类产品的竞争最直接表现为价格竞争。如果企业采取高价格、高利润的战略,就会引来竞争;而低价格、低利润的战略可以阻止竞争对手进入市场或者把他们赶出市场。如果企业试图通过适当的价格和及时的价格调整来争取更多顾客,这就意味着其他同类企业将失去部分市场,或维持原有市场份额要付出更多的营销努力,因而在竞争激烈的市场上,企业都会认真分析竞争对手的价格策略,密切关注其价格动向并及时做出反应。

(3)其他外部因素(经济、中间商、政府、社会关注问题)。在设定价格时,企业还必须考虑外部环境中的其他因素。经济条件对企业的定价策略有很大影响,如经济增长和衰退、通货膨胀和利率等因素也会影响产品的生产成本以及消费者对产品和价值的看法。企业制定价格时应该能够给销售商带去可观的利润,鼓励他们对产品的支持,以及帮助他们有效地销售产品。营销人员需要了解影响价格的政府法律法规,并确保自己的定价决策具有可辩护性。同时企业在制定价格时,企业的短期销售、市场份额和目标利润将必须服从于整个社会的需要。

第二节 定价程序和方法

定价方法是企业在特定的定价目标指导下,依据对成本、需求及竞争等状况的研究,运用价格决策理论,对产品价格进行计算的具体方法。定价方法主要包括以成本为基础的定价方法、以购买者为基础的定价方法和以竞争为基础的定价方法三大类。三大类中,每一类又都包含了多种不同的定价法。营销人员在进行产品定价时,应该充分考虑各种影响产品定价的因素,选择合适的定价方法,制订出适合企业产品的价格策略。

一、企业定价程序

企业确定了营销价格目标以后,还必须按照商品价格制定的一般程序,估算销售潜量,预测竞争反应,选择定价方式,唯有如此,才能制定出适合自身发展的价格。商品营销价格的制定程序一般包括如下步骤。

1. 确定营销价格目标

首先根据企业经营目标,确定相应的定价目标。

2. 估算市场销售潜量

市场销售量大小的估算关系到新产品投放市场和老产品拓宽市场的成败,其方法如下。

(1)了解市场预期价格。预期价格是影响商品定价的一个重要因素。商品价格高于或低于预期价格,都会影响商品的销售。因此,企业在进行市场销售量估算时,首先要了解市场上是否已存在预期价格。

(2)估算不同价格下的销售量。计算各种销售价格的均衡点以及何种价格最为有利。

3. 分析竞争对手反应

现实和潜在的竞争对手对于商品价格的影响极大,特别是那些容易经营、利润可观的产品,潜在的竞争威胁最大。

4. 预计市场占有率

市场占有率反映企业在市场上所处的地位，市场占有率不同，则营销价格策略和方法也不同。因此，企业在定价之前，应准确测定现有市场占有率，预计、推测产品上市后的市场占有程度。

5. 考虑企业经营活动的有关计划

企业在定价之前要综合、全面地考察企业整个的市场营销计划，如产品开发计划、商品销售计划以及分配渠道的选择等。

6. 选择定价方法

经过以上程序的分析、研究，企业最后选择具体的定价方法来确定商品价格。

二、企业定价方法

1. 成本导向定价法

基于成本的定价法是以产品成本为基础，加上目标利润来确定产品价格的成本导向定价法，是企业最常用、最基本的定价方法。主要有总成本加成定价法、目标收益定价法、边际成本定价法、盈亏平衡定价法等几种具体的定价方法。

(1) 总成本加成定价法。总成本加成定价法是指按照单位成本加上一定百分比的加成来制定产品的销售价格，即把所有为生产某种产品而发生的耗费均计入成本的范围，计算单位产品的变动成本，合理分摊相应的固定成本，再按一定的目标利润率来决定价格。其计算公式为：

$$单位产品价格 = 单位产品总成本\times(1+目标利润率)$$

某皮具厂生产 1000 个皮箱，固定成本 3000 元，每个皮箱的变动成本 45 元，企业确定的成本利润率为 30%，请用成本加成定价法进行定价。

解：$P = (TFC/Q)\times(1+R)$

$= (TFC/Q+AVC)\times(1+R)$

$= (3000/1000+45)\times(1+30\%)$

$= 62.4$ 元

P——单位产品价格；

TFC——总固定成本；

R——成本利润率；

Q——产品总量；

AVC——平均变动成本。

采用成本加成定价法，关键问题是确定合理的成本利润率。而成本利润率的确定必须考虑市场环境、行业特点等多种因素。这种方法的优点：简化了定价工作，便于经济核算；价格竞争会减到最少；在成本加成的基础上制定出来的价格对买卖双方来说都比较公平。

(2) 目标收益定价法。目标收益定价法又称投资收益率定价法，是根据企业的总成本或投资总额、预期销量和投资回收期等因素来确定价格，如图 6-2 所示。企业试图确定能带来它正在追求的目标投资收益，它是根据估计的总销售收入（销售额）和估计的产量（销售量）来制定价格的一种方法。其公式为：

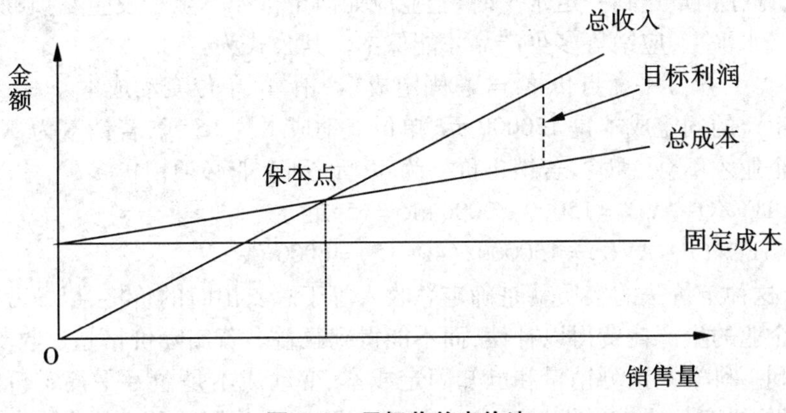

图 6-2 目标收益定价法

单位产品价格 =(总成本+目标收益额)/ 预期销量

或:

目标利润价格 = 单位成本 +(目标利润率×投资成本)/销售量

目标利润率或目标收益率=1/投资回收期

某企业预计其产品的销量为 10 万件,总成本 740 万元,决定完成目标利润为 160 万元,求单位产品的价格是多少?

解:P=(TFC+TP)/Q=(740+160)/10=90 元

TP——目标利润。

与成本加成定价法相类似,目标收益定价法也是一种生产者导向的产物。其缺陷表现为:很少考虑到市场竞争和需求的实际情况,只是从保证生产者的利益出发制定价格;另外,先确定产品销量,再计算产品价格的做法完全颠倒了价格与销量的因果关系,把销量看成是价格的决定因素,在实际上很难行得通。尤其是对于那些需求的价格弹性较大的产品,用这种方法制定出来的价格,无法保证销量的必然实现。

(3)边际成本定价法。边际成本是指每增加或减少单位产品所引起的总成本的变化量。边际成本定价法又称边际贡献法,其基本思想是只考虑变动成本,不考虑固定成本,以预期的边际贡献补偿固定成本并获得盈利。采用边际成本定价法时是以单位产品变动成本作为定价依据和可接受价格的最低界限。在价格高于变动成本的情况下,企业出售产品的收入除完全补偿变动成本外,尚可用来补偿一部分固定成本,甚至可能提供利润。其公式为:

单位产品价格 = 单位产品变动成本 + 单位产品边际贡献

单位产品的边际贡献是指企业增加一个单位的销售,所获得的收入减去边际成本的数值:

边际贡献=销售收入-变动成本

若边际贡献大于固定成本,企业就有盈利;若边际贡献小于固定成本,企业就会亏本;若边际贡献等于固定成本,企业盈亏平衡。只要边际贡献≥0,企业就可以考虑生产。这种定价方法适合于企业存在生产能力过剩、市场供过于求等情况。

(4)盈亏平衡定价法。盈亏平衡定价法,又称收支平衡法,是利用收支平衡点来确定产品的价格，即在销量达到一定水平时，企业应如何定价才不至于发生亏损；反过来说，已知价格在某一水平上，应销售多少产品才能保本。其公式为：

盈亏平衡点价格 = 总固定成本÷销量+单位变动成本

某产品生产的固定成本是150000元，单位变动成本为15元，若销量为3000件，则价格应定多少企业才不会亏损？若销售价格为40元，则企业必须销售多少，才能保本？

解：P = TFC/Q+AVC = 150000/3000+15 = 65元

Q = TFC/(P- AVC) = 150000/(40-15) = 6000件

实际上，这种定价法的实质就是确定总收入等于总支出时的价格，以盈亏平衡点确定价格只能使企业的生产耗费得以补偿，而不能得到收益。若实际价格超过收支平衡价格，企业就可盈利。科学地预测销量和已知固定成本、变动成本是盈亏平衡定价的前提。有时，为了开展价格竞争或应付供过于求的市场格局，企业采用这种定价方式以取得市场竞争的主动权。

从本质上说，成本导向定价法是一种卖方定价导向行为。它忽视了市场需求、竞争和价格水平的变化，有时候与定价目标相脱节。此外，运用这一方法制定的价格均是建立在对销量主观预测的基础上，从而降低了价格制定的科学性。因此，在采用成本导向定价法时，还需要充分考虑需求和竞争状况，来确定最终的市场价格水平。

2. 需求导向定价法

市场营销观念要求企业的一切生产经营必须以消费者需求为中心，并在产品、价格、分销和促销等方面予以充分体现。基于需求定价方法是根据市场需求状况和消费者对产品的感觉差异来确定价格的方法，又称“市场导向定价法”。需求导向定价法主要包括认知价值定价法、需求差别定价法和逆向定价法。

(1)认知价值定价法。认知价值定价法是根据顾客对产品价值的认知程度，即产品在顾客心目中的价值观念为定价依据，运用各种营销策略和手段，影响顾客对产品价值的认知的定价方法。作为定价的关键，不是卖方的成本，而是购买者对价值的认知。企业如果过高地估计认知价值，便会定出偏高的价格；相反，则会定出偏低的价格。

(2)需求差别定价法。所谓需求差别定价法是指产品价格的确定以需求为依据，首先强调适应消费者需求的不同特性，而将成本补偿只放在次要的地位。这种定价方法对同一商品在同一市场上制定两个或两个以上的价格，或使不同商品价格之间的差额大于其成本之间的差额。其好处是可以使企业定价最大限度地符合市场需求，促进商品销售，有利于企业获取最佳的经济效益。根据需求特性的不同，需求差异定价法通常有以下几种形式：以用户为基础的差别定价、以地点为基础的差别定价、以时间为基础的差别定价、以产品为基础的差别定价、以流转环节为基础的差别定价。

企业采取需求差别定价必须具备以下条件。

1)市场必须是可以细分的，而且各个细分市场须表现出不同的需求程度。

2)以较低价格购买某种产品的顾客没有可能以较高价格把这种产品倒卖给别人。

3)竞争者没有可能在企业以较高销售产品的市场上以低价竞销。

4)细分市场和控制市场的成本费用不得超过因实行价格歧视而得到的额外收入，这就是说，不能得不偿失。

5)价格歧视不会引起顾客反感而放弃购买，影响销售。

6)采取的价格歧视形式不能违法。

(3)逆向定价法。逆向定价法也称零售价格定价法,是依据消费者能够接受的最终销售价格,逆向推算出中间商的批发价和生产企业的出厂价格。这种定价方法主要不是考虑产品成本,而重点考虑需求状况。逆向定价法的特点是:价格能反映市场需求情况,有利于加强与中间商的良好关系,保证中间商的正常利润,使产品迅速向市场渗透,并可根据市场供求情况及时调整,定价比较灵活。其公式为:

批发价格 = 市场可销价格×(1-批零差率)

出厂价格 = 批发价格×(1-销进差率)= 市场可销价格×(1-销进差率)×(1-批零差率)

3. 竞争导向定价法

对于一些市场竞争十分激烈的产品,许多企业制定价格时,往往不是根据成本和需求,而是以竞争者的价格水平为基础进行定价。竞争导向定价法是指通过研究竞争对手同类产品的商品价格、生产条件、服务状况等,结合企业自身的发展需求,以竞争对手的价格为基础进行产品定价的一种方法。其特点是价格与成本和市场需求不发生直接关系。当然,为实现企业的定价目标和总体经营战略目标,谋求企业的生存或发展,企业可以在其他营销手段的配合下,将价格定得高于或低于竞争者的价格,并不一定要求和竞争对手的产品价格完全保持一致。竞争导向定价主要有随行就市定价法、主动竞争定价法、竞争投标定价法和拍卖定价法。

(1)随行就市定价法。随行就市定价法又称流行水准定价法,是指在一个竞争比较激烈的行业或部门中,某个企业根据市场竞争格局,跟随行业或部门中主要竞争者的价格,或各企业的平均价格,或市场上一般采用的价格,来确定自己产品的价格的方法,即企业按照行业的平均现行价格水平来定价。采用随行就市定价法,企业就不必去全面了解消费者对不同价差的反应,也不会引起价格波动,从而为营销、定价人员节约了很多时间。

在以下情况下往往采取随行就市定价法。

1)难以估算成本。

2)主要适合同质产品市场,其目的是为了与同行业企业和平共处,避免发生激烈的竞争。

3)如果另行定价,很难了解购买者和竞争者对本企业的价格的反应。

4)在完全竞争与寡头竞争的条件下,这种定价方法被经常使用。

但值得注意的是:这种定价法以竞争对手的价格为依据,并不否认本企业商品的成本、质量等因素对价格形成的直接作用。

(2)主动竞争定价法,又称价格领袖定价法或寡头定价法,是指在某个行业或部门中,由一个或少数几个大企业首先定价,其余企业参考定价或追随定价的方法。这一个或少数几个大企业就是价格领袖。他们的价格变动往往会引起其他企业的价格随之变动。

其实,这种定价法与前一种定价法有相通之处。不追随竞争者的价格,而是根据本企业产品的实际情况给予竞争对手产品的差异来确定产品的价格。

(3)竞争投标定价法。竞争投标定价法又称为密封投标定价法,是指一个企业根据招标方的条件,主要考虑竞争情况来确定标的价格的一种方法。在国内外,许多大宗商品、原材料、成套设备和建筑工程项目的买卖和承包、征招经营协作单位、出租出售小型企业等,往往采用发包人招标、承包人投标的方式来选择承包者,确定最终承包价格。

一般来说,招标方只有一个,处于相对垄断地位,而投标方有多个,处于相互竞争地位。一个企业能否中标,在很大程度上取决于该企业与竞争者投标报价水平的比较。标的物的价格是由参与投标的各个企业在相互独立的条件下确定的,在买方招标的所有投标者中,报价最低的投标者通常中标,他的报价就是承包价格,这种竞争性的定价方法就是密封投标定价法。

(4)拍卖定价法。拍卖定价法是由卖方预先发表公告,展示拍卖物品,买方预先看货,在规定时间公开拍卖,由买方公开叫价,不再有人竞争的最高价格即为成交价格,卖方按此价格拍板成交。拍卖式定价越来越被广泛地使用,其作用之一是处置积压商品或旧货。有三种主要的拍卖形式。

1)英国式拍卖:一个卖方和多个买方,是一种加价拍卖方式。卖方出示一个商品,买方不断加价竞标,直至最高价格。英国式拍卖经常被用来出售古董、家具、不动产和旧设备、车辆等。

2)荷兰式拍卖:一个卖方多个买方,或者一个买方多个卖方,是一种降价拍卖方式。在一个卖方多个买方情况下,拍卖人宣布一个最高的价格然后逐渐降低价格直至出价人接受为止;在一个买方多个卖方情况下,买方宣布他想买的商品,多个卖方不断压低价格以寻求最后中标。每个卖方都能看到当前最低价格,从而决定是否继续降价。

3)封闭式投标拍卖:供应商只能提供一份报价,并且不知道其他人的报价如何。供应商不会低于自己的成本报价,但是考虑到可能失去订单也不会报得太高。政府部门经常利用这种方法采购。

第三节　定价策略和调整策略

价格通常是影响交易成败的重要因素,同时又是市场营销组合中最难以确定的因素。企业定价的目标是促进销售,获取利润。这要求企业既要考虑成本的补偿,又要考虑消费者对价格的接受能力,从而使定价策略具有买卖双方双向决策的特征。此外,价格还是市场营销组合中最灵活的因素,它可以对市场做出灵敏的反应。

一、定价策略

(一)新产品定价策略

新产品定价关系到新产品能否顺利进入市场,企业能否站稳脚跟,能否取得较大的经济效益。常见的新产品定价策略主要有三种,即撇脂定价策略、渗透定价策略和满意定价策略。

1. 撇脂定价策略

又称取脂定价策略,指新产品上市之初,将其价格定得较高,以便在短期内获取厚利,迅速收回投资,减少经营风险,待竞争者进入市场,再按正常价格水平定价。这一定价策略有如从鲜奶中撇取其中所含的奶油一样,取其精华,所以称为“撇脂定价”策略。

实例 6-2

柯达如何走进日本

柯达公司生产的彩色胶片在20世纪70年代初突然宣布降价，立刻吸引了众多的消费者，挤垮了其他国家的同行企业，柯达公司甚至垄断了彩色胶片市场的90%。到了80年代中期，日本胶片市场被富士所垄断，富士胶片压倒了柯达胶片。对此，柯达公司进行了细心的研究，发现日本人对商品普遍存在重质而不重价的倾向，于是制定高价政策打响牌子，保护名誉，进而实施与富士竞争的策略。他们在日本发展了贸易合资企业，专门以高出富士1/2的价格推销柯达胶片。经过5年的努力和竞争，柯达终于被日本人接受，走进了日本市场，并成为与富士平起平坐的企业，销售额也直线上升。

一般而言，对于全新产品、受专利保护的产品、需求的价格弹性小的产品、流行产品、未来市场形势难以测定的产品等，可以采用取脂定价策略，其优点表现为：

(1)新产品上市之初，顾客对其尚无理性认识，此时的购买动机多属于求新求奇，利用较高价格可以提高产品身份，适应顾客求新心理，创造高价、优质、名牌的印象，有助于开拓市场。

(2)主动性大，先制定较高的价格，在其新产品进入成熟期后可以拥有较大的调价余地，不仅可以通过逐步降价保持企业的竞争力，而且可以从现有的目标市场上吸引潜在的需求者，甚至可以争取到低收入阶层和对价格比较敏感的顾客。

(3)在新产品开发之初，由于受资金、技术、资源、人力等条件的限制，企业很难以现有的规模满足所有的需求，利用高价可以限制需求的过快增长，缓解产品供不应求的状况，并且可以利用高价获取的高额利润进行投资，逐步扩大生产规模，使之与需求状况相适应。

(4)在短期内可以收回大量资金，用作新的投资。

撇脂定价策略也存在着某些缺点：

(1)高价产品的需求规模毕竟有限，过高的价格不利于市场开拓、增加销量。

(2)不利于占领和稳定市场，容易导致新产品开发失败。

(3)高价高利容易引来大量的竞争者，仿制品、替代品迅速出现，从而迫使价格急剧下降。此时若无其他有效策略相配合，则企业苦心营造的高价优质形象可能会受到损害，失去一部分消费者。

(4)价格远远高于价值，在某种程度上损害了消费者利益，容易招致公众的反对和消费者抵制，甚至会被当作暴利来加以取缔，诱发公共关系问题。

2. 渗透定价策略

这是与取脂定价相反的一种定价策略，是指企业在产品上市初期，利用消费者求廉的消费心理，有意将价格定得很低，使新产品以物美价廉的形象，吸引顾客，占领市场，以谋取远期的稳定利润。表6-1为撇脂定价与渗透定价的比较。

表 6-1 撇脂定价与渗透定价的比较

	撇脂定价	渗透定价
价格	高	低
需求弹性	小	大
单位成本	与销量关系不大	与销量关联度高
技术秘密	拥有专利	多个竞争者掌握

当新产品没有显著特色,竞争激烈,需求弹性较大时宜采用渗透定价法。其优点:低价可以使产品迅速为市场所接受,并借助大批量销售来降低成本,获得长期稳定的市场地位;微利可以阻止竞争对手的进入,减缓竞争,获得一定市场优势。其缺点:投资回收期较长,见效慢,风险大。

利用渗透定价的前提条件有:新产品的需求价格弹性较大、新产品存在着规模经济效益。对于企业来说,无论是采取撇脂定价还是渗透定价,需要综合考虑市场需求、竞争、供给、市场潜力、价格弹性、产品特性、企业发展战略等因素。

3. 满意定价策略

满意定价策略,又称为适中定价策略,是一种介于撇脂定价与渗透定价之间的定价策略,以获取社会平均利润为目标。由于撇脂定价法定价过高,对消费者不利,既容易引起竞争,又可能遇到消费者拒绝,具有一定风险;渗透定价法定价过低,对消费者有利,对企业最初收入不利,资金的回收期也较长,若企业实力不强,将很难承受。而满意价格策略采取适中价格,基本上能够做到供求双方都比较满意。

其优点表现为:产品能较快为市场接受且不会引起竞争对手的对抗;可以适当延长产品的生命周期;有利于企业树立信誉,稳步调价并使顾客满意。

其缺点表现为:虽然与取脂定价或渗透定价相比,满意定价策略缺乏主动进攻性,但并不是说正确执行它就非常容易。满意定价没有必要将价格定的与竞争者一样或者接近平均水平。与取脂价格和渗透价格类似,满意价格也是参考产品的经济价值决定的。当大多数潜在的购买者认为产品的价值与价格相当时,纵使价格很高也属适中价格。

(二)产品组合定价策略

当产品只是某产品组合的一部分时,企业必须对定价方法进行调整。这时候,企业要研究出一系列价格,使整个产品组合的利润实现最大化。因为各种产品之间存在需求和成本的相互联系,而且会带来不同程度的竞争,所以定价十分困难。

产品组合定价是指企业为了实现整个产品组合(或整体)利润最大化,在充分考虑不同产品之间的关系,以及个别产品定价高低对企业总利润的影响等因素基础上,系统地调整产品组合中相关产品的价格。主要的策略有:产品线定价、任选品定价、连带品定价、分级定价、副产品定价、产品捆绑定价。

1. 产品线定价

产品线定价(产品大类定价):企业为追求整体收益的最大化,为同一产品线中不同的产品确立不同的角色,制定高低不等的价格。若产品线中的两个前后连接的产品之间价格差额小,顾客就会购买先进的产品,此时若两个产品的成本差额小于价格差额,企业的利润就会增加,若价格差额大,顾客就会更多地购买较差的产品。如某品牌西服有300、800、1500元3种价格。产品线定价策略的关键在于合理确定价格差距。

2. 任选品定价

任选品是指那些与主要产品密切相关的可任意选择的产品,如饭菜是主要产品,酒水为任选品。不同的饭店定价策略不同,有的可能把酒水的价格定得高,把饭菜的价格定得低;有的把饭菜的价格定得高,把酒水的价格定得低。

3. 连带品定价

连带品(又称互补品)是指必须与主要产品一同使用的产品,如胶卷是相机的连带品,磁带与录音机、隐形眼镜与消毒液、饮水机与桶装水等。许多企业往往是将主要产品(价值量高的产品)定价较低,连带品定价较高,这样有利于整体销量的增加,增加企业利润。

4. 分级定价

分级定价,又称分部定价或两段定价法。服务性企业经常收取一笔固定的费用,再加上可变的使用费,如游乐园一般收门票,如果游玩的地方超过规定,就再交费。

5. 副产品定价

在生产加工肉类、石油产品和其他化工产品的过程中,经常有副产品。如果副产品过低,处理费用昂贵,就会影响到主产品的定价。制造商确定的价格必须能够弥补副产品的处理费用。如果副产品对某一顾客群有价值,就应该按其价值定价。副产品如果能带来收入,将有助于公司在迫于竞争压力时制定较低的价格。

6. 产品捆绑定价

产品捆绑定价又称组合产品定价。企业经常将一些产品组合在一起定价销售。完全捆绑是指公司仅仅把它的产品捆绑在一起。在一个组合捆绑中,卖方经常比单件出售要少收很多钱,以此来推动顾客购买。如对于成套设备、服务性产品等,为鼓励顾客成套购买,以扩大企业销售,加快资金周转,可以使成套购买的价格低于单独购买其中每一产品的费用总和。

(三)折扣定价策略

大多数企业为了鼓励顾客及早付清货款,或鼓励大量购买,或为了增加淡季销售量,还常常酌情给顾客一定的优惠,这种价格的调整叫作价格折扣和折让。折扣定价是指对基本价格做出一定的让步,直接或间接降低价格,以争取顾客,扩大销量。其中直接折扣的形式有数量折扣、现金折扣、功能折扣、季节折扣,间接折扣的形式有回扣和津贴。

1. 数量折扣

数量折扣指按购买数量的多少,分别给予不同的折扣,购买数量愈多,折扣愈大。其目的是企业给那些大量购买某种产品的顾客的一种减价,鼓励大量购买或集中向本企业购买。数量折扣包括累计数量折扣和一次性数量折扣两种形式。数量折扣的优点:促销作用非常明显,企业因单位产品利润减少而产生的损失完全可以从销量的增加中得到补偿;销售速度的加快,使企业资金周转次数增加,流通费用下降,产品成本降低,从而提升企业总盈利水平。例如顾客购买某种商品100单位以下,每单位10元;购买100单位以上,每单位9元。

2. 现金折扣

现金折扣是给予在规定的时间内提前付款或用现金付款者的一种价格折扣,其目的是鼓励顾客尽早付款,加速资金周转,降低销售费用,减少财务风险。采用现金折扣一般要考虑三个因素:折扣比例、给予折扣的时间限制与付清全部货款的期限。例如“2/10, n/30”,表示付款期是30天,但如果在成交后10天内付款,给予2%的现金折扣。许多行业习惯采用此法以加速资金周转,减少收帐费用和坏帐。

3. 功能折扣

功能折扣,也叫贸易折扣或交易折扣,是指中间商在产品分销过程中所处的环节不同,其所承担的功能、责任和风险也不同,企业据此给予不同的折扣,即制造商给某些批发商或零售商的一种额外折扣,促使他们执行某种市场营销功能,如推销、储存、服务等。其目的是鼓励中间商大批量订货,扩大销售,争取顾客,并与生产企业建立长期、稳定、良好的合作关系;对中间商经营的有关产品的成本和费用进行补偿,并让中间商有一定的盈利。功能折扣的比例,主要考虑中间商在分销渠道中的地位、对生产企业产品销售的重要性、购买批量、完成的促销功能、承担的风险、服务水平、履行的商业责任,以及产品在分销中所经历的层次和在市场上的最终售价等。

4. 季节折扣

季节折扣是企业鼓励顾客淡季购买的一种减让,以使企业的生产和销售一年四季都能保持相对稳定。有些商品的生产是连续的,而其消费却具有明显的季节性。为了调节供需矛盾,生产企业对在淡季购买商品的顾客给予一定的优惠,使企业的生产和销售在一年四季都能保持相对稳定。例如啤酒生产厂家对在冬季进货的商业单位给予大幅度让利,羽绒服生产企业则为夏季购买其产品的客户提供折扣,旅馆和航空公司在它们经营淡季期间也提供优惠。季节折扣比例的确定,应考虑成本、储存费用、基价和资金利息等因素。季节折扣有利于减轻库存,加速商品流通,迅速收回资金,促进企业均衡生产,充分发挥生产和销售潜力,避免因季节需求变化所带来的市场风险。

5. 回扣和津贴

回扣是间接折扣的一种形式,它是指购买者在按价格目录将货款全部付给销售者以后,销售者再按一定比例将货款的一部分返还给购买者。

津贴又称为折让,是根据价目表给顾客以价格折扣的另一种类型。津贴是企业为特殊目的,对特殊顾客以特定形式所给予的价格补贴或其他补贴。如零售商为企业产品刊登广告或设立橱窗,生产企业除负担部分广告费外,还在产品价格上给予一定优惠。旧货折价折让就是当顾客买了一件新品目的商品时,允许交还同类商品的旧货,并在新货价格上给予折让;促销折让是卖方为了报答经销商参加广告和支持销售活动而支付的款项或给予的价格折让。

综上所述,简要总结如下:数量折扣——鼓励顾客多购买;现金折扣——鼓励顾客提前付清货款;功能折扣——鼓励渠道成员积极完成某些功能;季节折扣——鼓励顾客“反季节”购买;折让——其他一些形式折扣,如以旧换新和促销折让。

(四)差别定价策略

由于市场上存在着不同的顾客群体、不同的消费需求和偏好,企业为了适应在顾客、产品、地理等方面的差异,常常采用差别定价策略。所谓差别定价(歧视定价),是指企业以两种或两种以上不同反映成本费用的比例差异的价格来销售一种产品或服务，即价格的不同并不是基于成本的不同，而是企业为满足不同消费层次的要求而构建的价格结构。差别定价有以下几种形式：以顾客为基础的差别定价策略、以产品为基础的差别定价策略、以地点为基础的差别定价策略和以时间为基础的差别定价策略。

1. 顾客差别定价

企业把同一种商品或服务按照不同的价格卖给不同的顾客。例如，公园、旅游景点、博物馆，将顾客分为学生、年长者和一般顾客，对学生和年长者收取较低的费用；铁路公司对学生、军人售票的价格往往低于一般乘客；自来水公司根据需要把用水分为生活用水、生产用水，并收取不同的费用；电力公司将电分为居民用电、商业用电、工业用电，对不同种类的用电采取不同的电费标准。

2. 产品差别定价

企业根据产品的不同型号、不同式样，制定不同的价格，但并不与各自的成本成比例。如：33 英寸彩电比 29 英寸彩电的价格高出一大截，可其成本差额远没有这么大；一件裙子 70 元，成本 50 元，可是在裙子上绣一组花，追加成本 5 元，但其价格却可定到 100 元。一般来说，新式样产品的价格会更高一些。

3. 地点差别定价

指对处于不同地点或场所的产品或服务制定不同的价格，即使每个地点的产品或服务的成本是相同的。例如影剧院不同座位的成本费用都一样，却按不同的座位收取不同价格，因为公众对不同座位的偏好不同；火车卧铺从上铺到中铺、下铺，价格逐渐增高。

4. 时间差别定价

产品或服务的价格因季节、时期或钟点的变化而变化。一些公用事业公司，对于用户按一天的不同时间、周末和平常日子的不同标准来收费。长途电信公司制定的晚上、清晨的电话费用可能只有白天的一半；航空公司或旅游公司在淡季的价格便宜，而旺季一到价格立即上涨。这样可以促使消费需求均匀化，避免企业资源的闲置或超负荷运转。

企业采取差别定价策略的前提条件是：市场必须是可以细分的，而且各个细分市场表现出的需求程度不同；细分市场间不会因价格差异而发生转手或转销行为，且各销售区域的市场秩序不会受到破坏；市场细分与控制的费用不应超过价格差别所带来的额外收益；在以较高价销售的细分市场中，竞争者不可能低价竞销；推行这种定价法不会招致顾客的反感、不满和抵触。

（五）心理定价策略

心理定价是根据消费者不同的消费心理而制定相应的产品价格，以引导和刺激购买的价格策略。常用的心理定价策略有数字定价策略、声望定价策略、招徕定价策略、习惯定价策略等。

1. 数字定价策略

（1）尾数定价策略，又称零数定价、奇数定价、非整数定价，指企业利用消费者求廉的心理，制定非整数价格，而且常常以零头数作尾数。例如某种产品价格定价为 19.99 元而不是 20 元。使用尾数定价，可以使价格在消费者心中产生三种特殊的效应，即便宜、精确、中意，一般适应于日常消费品等价格低廉的产品。

（2）与尾数定价相反，整数定价针对的是消费者的求名、自豪心理，将产品价格有意定为整数。对于那些无法明确显示其内在质量的商品，消费者往往通过其价格的高低来判断其质量的好坏。但是，在整数定价方法下，价格的高并不是绝对的高，而只是凭借整数价格来给消费者造成高价的印象。整数定价常常以偶数，特别是“0”作尾数。整数定价策略适用于需求的价格弹性小、价格高低不会对需求产生较大影响的中高档产品，如流行品、时尚品、奢侈品、礼品、星级宾馆、高级文化娱乐城等。整数定价的好处：可以满足购买者显示地位、崇尚名牌、炫耀富有、购买精品的虚荣心；利用高价效应，在顾客心目中树立高档、高价、优质的产品形象。

(3)愿望数字定价策略。由于民族习惯、社会风俗、文化传统和价值观念的影响，某些数字常常会被赋予一些独特的涵义，企业在定价时如能加以巧用，则其产品将因之而得到消费者的偏爱。当然，某些为消费者所忌讳的数字，如西方国家的“13”、日本的“4”，企业在定价时则应有意识地避开，以免引起消费者的厌恶和反感。

心理学家的研究表明，价格尾数的微小差别，能够明显影响消费者的购买行为。一般认为，5 元以下的商品，末位数为 9 最受欢迎，5 元以上的商品末位数为 95 效果最佳；百元以上的商品，末位数为 98、99 最为畅销。尾数定价法会给消费者一种经过精心计算的，最低价格的心理感觉；有时也可以给消费者一种是原价打了折扣，商品便宜的感觉；同时，顾客在等待找零钱的期间，也可能会发现和选购其他商品。

2. 声望定价策略

声望定价策略指根据产品在顾客心中的声望、信任度和社会地位来确定价格的一种定价策略。例如一些名牌产品，企业往往可以利用消费者仰慕名牌的心理而制定大大高于其他同类产品的价格，国际著名品牌欧米茄(OMEGA)手表，在我国市场上的售价从一万元到几十万元不等。消费者在购买这些名牌产品时，特别关注其品牌、标价所体现出的炫耀价值，目的是通过消费获得极大的心理满足。声望定价的目的：可以满足某些顾客的特殊欲望，如地位、身份、财富、名望和自我形象，可以通过高价显示名贵优质。声望定价策略适用于一些知名度高、具有较大的市场影响、深受市场欢迎的驰名商标的产品。

3. 招徕定价策略

招徕定价又称特价商品定价，是指企业将某几种产品的价格定得非常之高，或者非常之低，在引起顾客的好奇心理和观望行为之后，带动其他产品的销售，加速资金周转。这一定价策略常为综合性百货商店、超级市场甚至高档商品的专卖店所采用。

值得企业注意的是，用于招徕的降价品，应该与低劣、过时商品明显地区别开来，必须是品种新、质量优的适销产品，而不能是处理品。否则，不仅达不到招徕顾客的目的，反而可能使企业声誉受到影响。

北京地铁有家每日商场，每逢节假日都要举办“一元拍卖活动”，所有拍卖商品均以 1 元起价，报价每次增加 5 元，直至最后定夺。但这种由每日商场举办的拍卖活动由于基价定得过低，最后的成交价就比市场价低得多，因此会给人们产生一种“卖得越多，赔得越多”的感觉。岂不知，该商场用的是招徕定价术，它以低廉的拍卖品活跃商场气氛，增大客流量，带动了整个商场的销售额上升，这里需要说明的是，应用此术所选的降价商品，必须是顾客都需要，而且市场价为人们所熟知的才行。

4. 习惯定价策略

习惯定价策略是指根据消费市场长期形成的习惯性价格定价的策略。对于经常性、重复性购买的商品，尤其是家庭生活日常用品，在消费者心理上已经"定格"，其价格已成为习惯性价格，并且消费者只愿付出这么大的代价。有些商品，消费者在长期的消费中，已在头脑中形成了一个参考价格水准，个别企业难以改变。降价易引起消费者对品质的怀疑，涨价则可能受到消费者的抵制。企业定价时常常要迎合消费者的这种习惯心理。

思考：超市里的生鲜食品价格，有几天会涨上去，过一段时间又会降下来。为什么超市会调整价格？

二、企业调价策略

在企业营销过程中，企业和竞争者都会面对不断变化的环境而调整产品的价格，并可能由此引发一系列的价格竞争。分析企业价格调整原因、调整策略、调价中应注意的问题，从而使企业在主动调价和应对竞争调价中都能做出准确的判断，学会利用价格这一营销工具提升企业的竞争力。

1. 降低价格

(1)降价原因。企业在下面几种情况下，必须考虑降价：①生产能力过剩，需扩大销售，而通过改进产品、加强促销等手段都达不到目的时，可考虑降低价格；②企业面临激烈的价格竞争并且市场占有率正在下降，为了增强竞争能力，维持和提高市场占有率，企业必须降价；③企业的成本低于竞争者，但在市场上并未处于支配地位，这时也应降价，以提高企业的市场占有率，并进一步降低成本，形成良性循环。

(2)降价策略。一是直接降低产品的价格；二是增加免费服务项目，如送货上门、免费安装等；三是随产品赠送优惠券或馈赠礼品，达到暗中降价的效果；四是增加单位产品的含量；五是改进产品的性能和质量、增加折扣种类等，以此来达到实际降低产品价格的效果。

2. 提高价格

(1)提价原因。提价一般会引起顾客和中间商的不满，但在有些情况下，企业不得不考虑提高价格：①通货膨胀引起成本增加，企业无法在内部自我消化，这时必须考虑提高价格；②企业产品供不应求，通过提价抑制部分需求；③为补偿产品改进费用而提价；④出于竞争需要，将产品价格提到同类产品之上，以树立高档产品形象。

企业决定提高产品价格时，还必须考虑是一次大幅度提价还是多次小幅度提价。对后一种方式，消费者可能更容易接受。

(2)提价策略：一是直接提高产品价格；二是减少免费服务项目或增加收费项目；三是减少价格折扣；四是使用便宜的材料和配件作替代品，或采用廉价的包装材料；五是减少产品的功能、服务和份量等。

思考：在提价策略和降价策略中，你认为明调和暗调哪一种效果更好？

思考与训练

一、思考题

1. 影响企业定价的主要因素有哪些？

2. 企业定价目标策划有哪些？

3. 三种企业定价方法策略的主要区别是什么?

4. 需求导向定价法的核心内容是什么?

5. 如何选择合适的定价策略?

二、训练题

1. 案例分析

奥克斯空调的平价革命

奥克斯空调的生产厂家是宁波奥克斯空调公司,它是宁波三星集团的下属子公司。宁波三星集团是目前世界上最大的电能表生产企业,其主打产品——三星牌电能表的产销量已经连续7年位居国内第一,市场占有率高达30%。1993年,三星集团与美国奥克斯集团合资,进入空调市场,最初只生产国内很少见的高档机。

由于这一定位没有得到响应,奥克斯空调没有获得大的发展。从1996年起,奥克斯改变原有定位开始走优质平价的路子,事实证明这一决定是正确的,奥克斯空调销路大增。此后,奥克斯坚定了自己的发展方向:采取低成本战略,为消费者提供优质平价的空调。像大多数创业企业一样,奥克斯并没有急于宣传自己的战略,而是稳扎稳打,一方面加大内部整合力度,压低生产成本;另一方面,继续"只做不说"的市场开拓运动,稳步提高自己的市场份额。从2000年开始,奥克斯逐步在市场上发力,大力宣传自己的"优质平价"战略。

伴随奥克斯发动的一系列市场活动,奥克斯的业绩几乎一年上一个台阶。据奥克斯提供的数据,2000年奥克斯空调总销售量为58万台;2001年为90.23万台,位居业内第六;2002年为157万台,位居行业第四;2003年空调总出货量突破250万台,进入中国空调业销量的前三甲。与此同时,跨国性专业市场调查公司GFK的数据显示,2002年旺季零售检测到的活跃品牌为105个,而2003年减少到97个。市场分析机构也预测,今后几年空调行业的洗牌将进一步加剧,很多以前熟悉的品牌将在市场上消失。种种现象让很多人联想起20世纪90年代同样依靠价格战冲击市场,并在几年内几乎成为微波炉行业垄断品牌的格兰仕。

奥克斯作为中国空调市场传统强势品牌的挑战者成为推动空调市场重新洗牌的主要力量,通过差异化的定位,进攻性的价格策略,再配以一系列的事件营销保证了自己的持续成长。

差异化的市场定位

奥克斯从1996年开始改变原定路线走了一条差异化道路。它始终明确将其空调定位于"优质平价"的"民牌"空调。相比于市场传统强势品牌的"高价优质"定位,更容易为大众喜欢,也用得起,并且有物有所值,甚至物超所值的感觉。

进攻性的价格策略

从2000年起,奥克斯打起空调降价的大旗,此时奥克斯还是一个默默无闻的区域品牌,但正是奥克斯的价格杀手称号,让奥克斯声名鹊起,震动江湖。奥克斯自2000年以来的降价活动主要包括:2000年3月在成都打出"1.5匹空调跌破2500元生死价"的条幅,最大降幅达到25%,第一次喊出"要做优质平价的'民牌'空调"。2001年4月,40余款主流机型全面降价,最大降幅达到30%以上。2002年4月,16款主流机型全面降价,包括1

匹和1.5匹变频空调，最大降幅达到26%。2003年4月，所有机型一律降价。据称平均降幅达30%，单款机型最大降幅达2000元。

奥克斯空调的价格战，每次基本选择在4月份，早了消费者没反应，竞争者容易跟进，晚了也起不到作用。奥克斯的降价，每次都是大规模、高幅度的降价，出其不意地袭击竞争对手，坚定消费者购买的决心。另外，奥克斯为配合价格战，广告攻势强，采取"大中央小地方"的模式，例如2002年4~6月在央视投入了3000多万元广告费，进行大规模集中轰炸式宣传，有力地配合了降价促销活动。

系列化的事件营销活动

奥克斯成功的另一个关键策略是巧用事件营销的影响，不断吸引消费者的眼球。通过事件营销活动，奥克斯不断向空调业原有规则发起冲击，在消费者面前出尽风头，也让全国的消费者获得了新的体验。

(1)球牌。2001年年底，奥克斯聘请米卢为品牌代言人，随后开展了米卢"巡回路演"和售空调赠签名足球活动。从五六月份奥克斯投入6000万元在央视高频率播出"米卢篇"广告，并在后来推出"200万巨奖任你赢"世界杯欢乐竞猜活动。

2003年2月12日，奥克斯投资2000万元赞助令中国球迷关注的"中巴之战"。同一天，世界顶级球星罗纳尔多的亚洲经纪人与奥克斯空调全国市场总监李晓龙达成一致意向，罗纳尔多将以150万美元的身价出任奥克斯空调新一任品牌形象代言人。

(2)成本白皮书。2002年4月20日，奥克斯空调首次向外界独家披露《空调成本白皮书》，以行业背叛者的身份揭示了"一台空调究竟该卖什么价"的行业秘密，显然，矛头指向消费者关注的空调业实际利润的问题。在《空调成本白皮书》上，奥克斯一一列举了1.5匹冷暖型空调1880元零售价格的几大组成部分：生产成本1378元，销售费用370元，商家利润80元，厂家利润52元，奥克斯还具体剖析了成本的组成部分。

(3)空调。2002年，奥克斯空调于从11月22日至12月1日的10天时间内，在广东省内的700多家电器店同时推出"一分钱空调"的促销活动。顾客只要花4338元购买奥克斯60型小3匹柜机，再加一分钱，即可以获得另一台价值1600元的1匹壁挂式分体空调，同时承诺一分钱空调同样享受厂家提供的优质售后服务。在广东市场，类似60型小3匹的品牌机的价格为4800~6500元，25型1匹空调的价格为1668~2700元，奥克斯公布的空调套餐价格比市场均价还要低3500元。

(4)大行动。"关注美伊战争，呼吁世界冷静"，是奥克斯推出的"冷静"大行动，目的是提升企业关心公益事业的形象。此次活动从2003年3月27日起至4月21日止，武汉地区奥克斯空调再掀降价风暴，降幅都在17%以上。本次活动奥克斯推出了代号为"冷静1号""冷静2号""冷静3号"的多款机型。奥克斯表示在此次活动中，消费者每购买一款奥克斯空调，奥克斯公司将以消费者的名义捐献一定数额的现金给红十字协会，用于伊拉克战后重建工作，以此表达奥克斯人对世界和平的支持。

思考与训练

一、简答题

1. 奥克斯空调采用的是什么定价策略？它的这种定价在什么条件下才能取胜？

2. 奥克斯空调的价格策略,格力、美的、科龙等主要品牌该如何应对?

二、定价决策实训

实训目标:

通过实训,使学生掌握各种营销产品定价程序、定价方法和定价技巧,并能够在分析影响营销价格因素的基础上进行营销定价,定时调整营销价格。

实训内容和操作步骤:

1. 单项技能操作训练

指出下列产品的定价策略。

(1)单位产品总成本 50 元,销售价 90 元。

(2)单位产品销售价格 60 元,七折出售。

(3)一套产品 8 件,分别价格累计 150 元,成套购买 130 元。

(4)某产品定价 3.98 元。

(5)某产品定价 1188 元。

2. 综合技能操作训练

某企业生产某种产品需要花去折旧费 50000 元,管理费用 30000 元,劳动保护及保险费用 13000 元,制造每吨产品消耗的原材料 535 元,工人工资 200 元,该企业生产 200 吨产品刚好盈亏平衡,问每吨产品售价应为多少?其价格定在什么样的水平能保证企业盈利 20 万元?

实训要求:

个人独立完成,并在课堂上进行讨论。

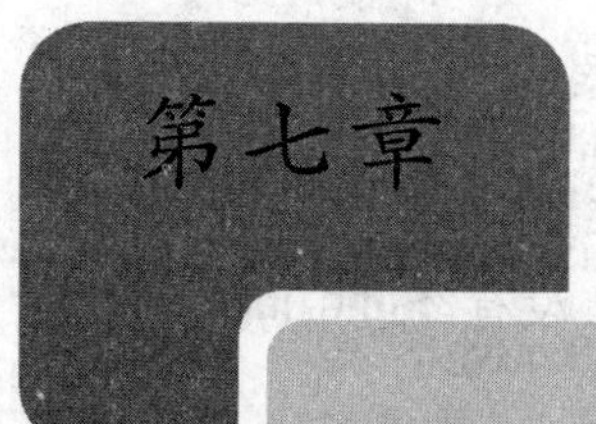

第七章 分销渠道

学习目标

1. 理解分销渠道的概念与类型。
2. 理解中间商的作用和种类。
3. 掌握分销渠道策略运用，能够进行渠道分析、设计、评估和管理。

第一节　分销渠道概述

在市场经济条件下，企业生产的产品要到达消费者和用户的手中，需要依赖许许多多、大大小小的中间商转移其所有权才能实现完成，这就是分销。分销是营销中最复杂、最具挑战性的环节，是实现销售利润的重要手段，是生产和消费的契合点。

担负分销这一职能的就是分销渠道，又称销售渠道，指产品从生产者转移到达最终消费者或用户手中所经过的中介机构或途径。它的起点是生产者，终点是消费者或用户，中间环节包括批发商、零售商等，它们共同构成了产品的分销渠道。渠道为王，终端制胜，渠道建设是企业市场营销活动的重要组成部分。

一、分销渠道的特点

第一，分销渠道是产品完整的流通过程。起点是生产者，终点是消费者或用户。

第二，渠道成员是由不同类型的中间商所组成。它们主要是批发商、零售商、代理商等。

第三，产品所有权变化。产品从生产者流向消费者或用户的过程中，产品所有权要转移至少一次甚至多次，才能到达消费者或用户手中。

第四，在分销渠道中，“实体流”“所有权流”“信息流”“货币流”“促销流”五种运动流往往相辅相成，其中实体流和所有权流最为关键。

二、分销渠道的模式

产品从生产厂家到达消费者手中往往需要经过多个环节，会有多种途径。不同行业、不同产品的分销渠道各不相同，通常，生活消费用品由于其消费者的分散性，消费的重复性，一般要经过批发零售层层环节，销售环节较多，渠道较长。工业生产用品相对价值高、体积大，不易运输，使用者多是生产用户，销售环节较少，渠道较短。分销渠道的模式通常有如下几种。

1. 零级渠道

产品直接由生产厂家销售给消费者或用户，没有经销商参与，没有经过中间环节。主要有上门推销、电话销售、邮寄、网络销售等。

2. 一级渠道

产品由生产厂家经过零售商一个中间环节就可以到达消费者手中。

3. 二级渠道

产品由生产厂家经过批发商与零售商两个中间环节才能够到达消费者手中。

4. 三级渠道

产品由生产厂家经过代理商、批发商与零售商三个及其以上中间环节才能最终到达消费者手中。

一般来说，渠道环节越多，流通费用就越高，管理难度也就越大。不同的生产企业要根据产品特点、市场环境以及管理能力选择合适的分销模式。

三、分销渠道的基本类型

(一)直接分销渠道与间接分销渠道

1. 直接分销渠道

在销售渠道中，每一个拥有产品所有权或帮助转移所有权的中间商称为渠道中的一级。直接渠道是生产企业没有经过任何中间商环节，将产品直接销售给消费者或用户，即渠道模式中的零级渠道。例如，绝大多数工业机器设备、原材料和零部件由于体积大，价值高，多采用此种分销类型；上门推销的销售方式也属于直接分销渠道。

直接分销渠道的优点：①有助于厂家了解市场，按需生产，提供服务；②产品可以减少流通损耗，降低流通费用，缩短流通时间，提高商品流通效率；③有助于稳定营销模式，控制价格。

直接分销渠道的缺点：①生产者需要建设销售网点，需要投入较多精力和资金，不利于市场占有率；②缺乏中间商的支持，需要承担全部的市场风险。

2. 间接分销渠道

也称为多级分销渠道模式，生产者借助于中间商，其商品经过一个或多个中间环节，才能最终到达消费者手中的销售，即属于采用间接分销渠道。它是采用最为广泛的一种渠道模式，包括一级渠道、二级渠道、三级以及多级渠道等。如果企业缺乏拥有强大的自有销售网络的能力，或者建立自己的网络不经济时，必须借助中间商，采用间接渠道来进行销售。即使拥有自己网络的企业也会借助中间商，以此扩大市场覆盖率。

根据中间环节的多少，间接分销渠道又分为长渠道和短渠道。长渠道经过两个或两个以上中间环节，短渠道仅经过一个中间环节。

间接分销渠道的优点：①有助于产品广泛分销，扩大市场；②缓解生产者的人力、资金链等供应不足的问题；③可以间接促进产品销售；④有助于企业间专业化合作，大批量、高效率生产。

间接分销渠道缺点:①产品销售滞后;②增加消费者负担,减少积极性;③不能直接与消费者或用户沟通以得到有效信息。

(二)宽渠道与窄渠道

每个环节中使用同种类型中间商的数目决定渠道的宽窄。如果利用多个中间商来分销产品,这种渠道就是宽渠道;反之,如果只通过很少或者单一的中间商,这种渠道就很窄。渠道的宽度结构通常有三种。

1. 密集分销

密集分销也称广泛分销或普遍分销,指厂家使用多个中间商使产品广泛和消费者接触,便于消费者购买。这种分销有利于企业扩大和渗透市场,与消费者广泛接触。但销售成本高,而且中间商数目众多积极性低。

2. 选择分销

选择分销指在一定市场区域内生产厂家精心挑选合适的几家中间商销售特定产品。这种策略适用于大部分产品,选择这种策略可以获得和经销商的合作,有利于减少盲目竞争,使企业易于适度控制渠道,且能提高中间商的经营积极性,增加商品购买率。

3. 独家分销

独家分销指生产企业在某一特定市场区只选择一家中间商经销自己的产品,独家经营。采用这种策略,有利于激发中间商经营的积极性,有利于生产者控制产品销售的数量和价格,使产品价格稳定;不利之处在于市场覆盖面有限,受中间商制约,分销渠道不能形成竞争。这种策略主要适用于具有专利技术、专门用户、品牌优势等产品,如钢琴、轿车、钻石饰品、钢材、化工原料、建材、机器设备等。

**实例 7-1**

宝洁投资 1.3 亿美元在广州建亚洲最大分销中心

曾传出总部北上传闻的宝洁还是将其亚洲最大、全球第二大的物流分销中心设立在了广州。启动仪式上,宝洁大中华区新总裁施文圣首次面对媒体,表示该物流分销中心投资高达 1.3 亿美元,未来将建成全球最大的分销中心。

而出席仪式的中共广州市委常委凌伟宪替宝洁公布了其战略目标,称这一全球日化巨头去年在华纳税便达 40 亿元人民币,计划到 2015 年在华加大投入 10 亿美元,最终实现销售额翻番,达到 600 亿元人民币。

建筑面积达 10.6 万平方米的宝洁新广州分销中心也是其亚洲最大、全球第二大的物流分销中心,由广州宝洁和广州建智投资顾问有限公司共同出资,宝洁累计投入将达 1.3 亿美元。施文圣表示,该中心是宝洁未来 5 年在华增投 10 亿美元计划的一部分,可满足 5~10 年业务发展的需要,将不仅服务于中国,也服务于东南亚和环太平洋地区业务,未来将建成宝洁全球最大、最高效的分销中心。

记者了解到,宝洁广州分销中心是由招商局物流管理的首个实时信息系统仓库,而双方此前曾在上海、南京、成都、天津、沈阳、西安和长沙等地进行过合作;在公路物流方面,宝洁在华还有另一个大体量的合作方——中外运。目前在广州,到零售和分销渠道的物流均由宝洁的3000辆车完成。"部分零售渠道还会希望由我们运输到门店",宝洁大中华区产品供应部总监墨泰睿表示。

"新的分销中心可以起到对区域市场或是基地市场的管理,同时也起着试点样本的作用。"广东精实营销管理顾问有限公司总经理冯建军表示,"新分销中心将使零售渠道这一终端市场更加标准化,操作更具体到位,也使得分销渠道配送操作更简单。"日化专家冯翰毅则认为,统一管理服务之后,零售渠道与分销渠道之间的价差将逐渐减少,"新分销中心作为集中批发点将提高宝洁自身的利润"。

在渠道策略上,宝洁深谙两条腿走路的重要性,虽然可能私下对于直控零售渠道更愿意扶持。据宝洁大中华区分销及进出口供应链副总监林海舟透露,宝洁在华有8个工厂和8家分销中心,分销渠道仍比零售渠道略大,但零售增长更为迅猛。墨泰睿承认,过去十年宝洁把目光更多放在大城市,但从两年前开始关注西南、西北等地区,他认为薄弱区域市场也有相当大的增长空间。

冯建军告诉记者,早在1999年宝洁就提出将分销商转变为物流服务提供商,收回市场维护等有价值的东西,让其只负责繁杂的物流配送。在这样超前的理念下,据闻有四成小分销商被砍掉。"此前是分销商和物流商混行,2005年的分销商计划中专门给予分销商占其销售额2% ~4%的客户服务费用和客户生意发展基金。"据盛世传美首席营销顾问吴志刚介绍,经营宝洁本来就利薄,每经过一段时间,渠道认为利润穿底后,就会进行一轮利润补贴。

"零售渠道方面的综合费用率可能有20个点,而分销渠道的常规建设与类似每季度的刺激消费政策累加之后可能在12个点左右。"冯翰毅表示。吴志刚则称:"尽管可能进零售渠道对宝洁而言费用更高,但销量稳定性更强,对品牌而言,直控便是核心竞争力。虽然流通和批发市场在不断萎缩,却不能说分销渠道的未来就真的可被替代。"据了解,宝洁下乡目前都是分销商在做,"毕竟品牌会遭遇分销覆盖能力和退货周期的问题,每天的小宗发货也不可能都得以保证。分销渠道仍是维持利润最大化和有效增加销量的重要保证"。

——资料来源:《南方都市报》,2010年9月

案例分析:

宝洁公司进入中国市场后表现不俗,屡获佳绩,许多人将其归结于宝洁成功的品牌策划、产品开发与市场战略,这些因素固然是其成功的重要因素,但仅有好产品是不够的,宝洁公司作为跨国企业,其多年成功的市场运作经验使其非常清楚渠道建设的重要性。渠道是宝洁公司成功的关键因素之一,其完全覆盖的分销管理才是其核心竞争力的来源。

第二节　中间商

中间商是指处于生产者与消费者之间,从事商品流通,获取利润的厂商。

中间商即分销渠道成员,他们构成了产品的分销渠道,承担商品流通的任务,是连接

生产者和消费者的桥梁,是产品渠道功能的重要承担者。

一、中间商的作用

1. 连接产销,促进销售

在经济迅速发展的当代,绝大部分生产企业需要借助一系列中间商的买卖活动来实现产品的销售,才能最终到达消费者或用户手中,中间商起着纽带作用。

2. 信息沟通,协商谈判

由于市场供求不断变化,为了保证商品的适销,中间商需要不断了解变化中的市场信息,在产品买卖中,还要就产品的价格、付款方式、订交货条件等进行谈判协商。

3. 储运产品,负担风险

中间商从生产厂家购买产品,再将产品分销到消费者手中,产品在实现转移时,中间商要储存、保管和运输产品。在商品流转过程中,由于集散商品,中间商要承担商品供求变化、价格波动等风险。

二、中间商的种类

中间商作为分销渠道的成员,按其是否拥有商品的所有权,分为经销商和代理商。按照销售对象的不同,分为批发商与零售商。

1. 经销商

经销商是指从事商品的销售业务,并且拥有所有权的中间商。零售商、批发商都属于经销商。

2. 代理商

代理商是指接受生产者的委托,从事商品的流通业务,但不拥有商品所有权的中间商。

3. 批发商

批发商主要从事批发业务,为生产者和零售企业服务的商业机构和个人。批发商是商品流通的中间环节,是厂家和零售商之间的纽带。

批发商通常分为以下种类,即商人批发商、经纪人和代理商、制造批发商以及其他类型的批发商。

(1)商人批发商,又称独立批发商,是指不依附生产厂家,自己独立进货,对其经营的商品拥有所有权的中间商。它是批发商的主要类型。

商人批发商又可分为完全服务批发商和有限服务批发商。完全服务批发商执行批发商的全部职能,提供所有的批发服务。

(2)经纪人和代理商。经纪人和代理商都是不拥有商品所有权的批发商,其主要职能是在买卖双方促成交易,从而赚取佣金,起媒介作用。

经纪人(或称掮客)无商品所有权,也无现货,了解市场上买卖双方的信息,替人介绍买卖,从中赚取佣金的人。不承担商品销售的风险。经纪人多见于房地产业、证券交易、期货交易、广告业务、保险业务等。

代理商,有制造代理商、销售代理商、采购代理商、寄售代理商等,无商品所有权,从事代购、代销、代储、代运等业务，赚取一定的佣金或代销费。

(3)制造批发商，指的是生产者的销售机构和营业中心、办事处。生产者的销售机构是生产者所设立的专门从事商品的批发销售业务，执行批发职能的机构。它没有仓储设施和存货，是生产者驻外的业务代办机构，隶属于生产者。

4. 零售商

零售商是指将商品销售给最终消费者的商业机构或个人。零售处于商品流通的最终环节，商品经过零售环节，进入消费领域。零售商总体上可以分为有店铺零售商和无店铺零售商两类。

(1)有店铺零售商。

1)百货商店。百货商店通常规模较大，经营许多品类商品，花色品种齐全，统一管理，分区销售，商品往往优质、高档、时尚，销售目标是收入中上层人士，一般设立于城市商业中心。

2)购物中心。购物中心是包括多种零售商铺，集购物、休闲、娱乐、餐饮等功能于一体的商业综合体。

3)超级市场。超级市场是一种规模大、品种多、顾客自我挑选商品的零售机构。一般以连锁店形式出现，由于采取大批量进货、顾客自我服务方式，因此，超级市场能够降低经营成本，提高市场竞争能力。

4)专业商店。专门以经营某一大类或某一品牌商品为主的零售商，如家电商店、书店、家具店、建材店、药店、玩具店等。

5)便利商店。便利商店是靠近居民区的小型零售店，主要经营生活日用品、食品等，方便居民购买，满足社区居民日常生活消费需要。

6)折扣商店。以商品折扣价向消费者出售产品的商店，如沃尔玛等。

7)其他类型的零售商。如供销社、农村集贸市场、仓储俱乐部等，也发挥着零售商的作用。

(2)无店铺零售商。它主要包括网络购物、电视购物、电话购物、邮购、上门直接推销、自动售货亭、流动售货等。随着社会生产和科技的发展，消费需求不断变化，网络营销发展飞快，是目前最流行、发展最快的营销方式。

实例 7-2

选好搭档

第二季度的回款统计表令李主管懊悔不已。

A 市场回款 550 万元，比上个季度增长 6%；B 市场回款 120 万元，比上个季度减少 2%。按照李主管的估计，B 市场应该比 A 市场好，因为无论是从人口数量、密度、经济生活水平，还是从投入的广告促销费用及同类产品竞争状况，B 市场都比 A 市场有绝对优势，可实际上，A 市场回款总额比 B 市场高出几倍。

看看 A 市场和 B 市场业务员的工作报告，分析问题出在什么地方：

A 市场的经销商是一个刚刚成立一年的专职营销公司，几个年轻合伙人原来从事广告行销工作，资金上比较紧张，目前仓库、办公营业场地都是租赁的，但几个人实干性特别强，代理两个知名品牌的化妆品，业绩不断上升。

B市场的经销商是当地最大的百货公司，由老百货站几位经理承包经营，目前经销、代理十来个知名品牌化妆品和食品，年销售额近1个亿。公司有专业的仓储、运输车辆，财务全部电脑化管理。在当地提起该公司，几乎无人不知。

A市场销货覆盖率达95%以上，送货及时，节假日不休息，经销商经常协同厂家业务人员一起到现场促销，扩大销售，他们把厂家产品的销售视为一次机遇，作为提升公司知名度和增加利润的机会，业务运转几乎和厂家融为一体。

B市场的销货覆盖率不到50%。经销商认为产品价高市场不大，不能铺得太多，铺多了收款困难，风险大。业务员与他们交涉，他们不是要求厂家多投广告，就是说价高，而且经常介绍亲戚、熟人来做厂家的业务员、促销员，稍有不满就有情绪。由于经销、代理的产品多，经常顾不上运货。针对上述问题，厂家与经销商协商过多次，一直没有进展。

看来，要对B市场的经销商做一次手术——重新换一个经销商，但市场不等人，代价无法估量。

——选自培之、骆卫华的文章，载《销售与市场》

实例7-3

七匹狼男装品牌战略：边模仿边优化，向“渠道商品牌”转型

“举目一望，可供学习的对象很多。”福建七匹狼实业股份有限公司董事长周少雄从一开始就学习香港鳄鱼转做经销商、加盟商的渠道模式，实现了七匹狼规模上的扩张。品牌不断往上走，学习的对象也在不断“升级”。在目前的假想敌POLO面前，七匹狼在渠道管理上选择了不断模仿和优化。

在内地男装市场尚处短缺的时代，七匹狼也曾赚过容易钱。周少雄曾在一档知名财经访谈节目中聊到，当时七匹狼男装在上海一百、华联一天的销售额可以达到8万元。

时隔不久，20世纪90年代中期内地迎来男装品牌飞速发展，七匹狼很容易被众多品牌所湮没，一度遭遇成为弱势品牌的危险。事实上，战略营销对于七匹狼而言，在这段时期也才算刚刚起步。

随之产生改变的，除了一整套以狼为核心的营销方案外，渠道的变革也应运而生。那个阶段，多数服装企业仍热衷于以批发为主的销售模式。七匹狼果断引进新的营销手段，采用了周转周期快的流通方式，先将批发渠道改成总代理制，后又在业内率先引入特许专卖经营模式。周少雄坦言那时候的学习对象是香港鳄鱼。

“与同时期成长起来的一批企业明显不同的是，七匹狼很看重渠道。”周少雄接受媒体采访时说，这也决定七匹狼发展的走向。

作为南派男装品牌的龙头，七匹狼是最早通过品牌运营和经销商渠道脱颖而出的企业。从1995年开始，七匹狼开始采用周转周期快的流通方式，先将批发渠道改成总代理制，后又采用了特许专卖经营模式。

和其他闽派服装企业类似，七匹狼起初是通过发展区域经销商，凭借其对当地市场的了解和影响力,共同做大市场,从而逐渐发展为以批发业务、加盟业务为主,直营店为辅的模式。据公司2008年公开的财报,截至当年底七匹狼合计拥有终端零售网点2769家,当中,自营及联营终端98家,自营及联营占比甚小。如今,七匹狼的专卖店(专柜)已经突破3000家。

得益于有力的渠道拓展和市场营销,七匹狼连续几年都实现了高增长,其2007年主营业务收入8.76亿元、净利润8870万元,分别比2006年增长79.6%和77.2%。在2008年经济低迷时期,七匹狼也实现了增长,2008年营业总收入16.5亿元,净利润1.4亿元,比2007年增长59.8%。周少雄曾于2007年订货会上对媒体表示,七匹狼并不愿意成为一个最大的服装制造企业,而是要成为中国最大的服装零售和批发企业。言下之意,即是实现从服装生产商向渠道商品牌的转型。而在经销商的模式下,门店管理、商品陈列,甚至打折促销虽是由七匹狼建议,但还是经销商主导,七匹狼曾经很难对渠道终端有影响力。

此外,以批发和订货会为主的销售模式,在时装更新换代速度不断加快的背景下,难免对市场反应及经销商的反馈产生时滞。据其财报所述,七匹狼仍沿用大型订货会(含补强会)为主导的订货模式,并对一些在订货会之后设计的新品采用产品巡展的方式推广。订货会、补强会及产品巡展总计订货数量约占全年销售额的90%。七匹狼表示,由于提前订货机制以及2008年宏观经济的骤变导致2008年有一定产品积压,行业面临库存及资金回笼压力,2009年公司增长速度放缓。

在现有的销售渠道模式下,寻求内生性的增长变量或许是一个办法。七匹狼选择以渠道的改进作为突破口。

七匹狼的成功之处很大程度归功于品牌的运营,通过一系列广告和营销活动的支撑,为经销商带来了丰厚利润的同时,也使得七匹狼在经销商中的话语权越来越强。

对于渠道商品牌而言,对终端的控制便显得尤为重要。但仅仅是外在的品牌影响力看来是不够的,如何将影响力进一步向经销商乃至加盟者渗透?七匹狼选择将原有的以批发为主的管理模式向直营零售的管理模式转变,在实现管理精细化的同时提升市场反应的敏感度。

去年,七匹狼为提升供应链反应速度、零售终端的管控能力以及市场需求收集分析能力,提高公司管理水平,耗资4000万元对ERP系统进行整合和升级。在渠道终端,拥有3000多家零售终端的七匹狼,曾无法规范化地分析商品的各项指标,营销和商品团队也难以一致地审查订单数据。这样,一方面经销商们无法获知更准确的流行趋势分析而选择对路的商品,另一方面也不能在终端体现七匹狼公司引导而开发的商品。

为此,在品类计划实施的同时,七匹狼有个专门的团队负责到各个经销商的店铺或者专柜,帮助加盟商规划和检查他们的系统。

此外,七匹狼也在逐步实现管理扁平化。去年,公司在贵州、广西设立子公司,进一步加强对当地渠道的管理,并计划于今年设立华东、华南、华北、华中、西南、西北六大管理中心,负责对当地区域的渠道管理。而七匹狼通过上市公司募资资金,在北京、上海、广州、西安等地计划发展的七匹狼男士生活馆,则承载本区域内形象展示、新品发布、服务示范、员工培训等功能。去年在销售核心区域,七匹狼及经销商共开设生活馆22家。通过分区域驻点,与区域内经销商和加盟商拉近距离。

——资料来源:《南方都市报》,2009年8月4日案例分析：

销售环节是制造商难以控制的环节，经销商服务水平的高低对产品的销售来说至关重要。销售服务复杂、繁琐，如果某环节出了问题，就会在一定程度上影响产品在销售者心目中的形象，因此制造商要加强渠道改进和经销商的管理，不断提高市场竞争力。

第三节 分销渠道策略

在营销活动中，企业应根据市场情况科学确定和设计分销渠道，合理选择中间商，并对分销渠道进行管理与控制，适时调整分销渠道，才能充分发挥分销渠道的作用，保证货畅其流。

一、影响分销渠道选择的因素

影响分销渠道选择的因素主要有以下 4 个，参见表 7-1。

表 7-1 影响分销渠道选择的因素

适合较短、较窄的渠道销售	适合较长、较宽的渠道销售
产品单价较高	产品单价较低
产品体大量重	产品体小量轻
产品保质期短、易碎	产品保质期较长
产品技术复杂、售后服务要求高	产品通用性强、服务要求低、标准化
产品流行性强	产品款式不易变化
新产品投入期	产品成长期和成熟期
产品目标市场范围小	产品目标市场范围大
消费者和用户集中	消费者和用户分散
消费者不常购买	消费者购买次数频繁
消费者在意品牌	不在意品牌
企业规模大、资金实力雄厚	企业规模小、资金有限、缺乏实力
营销能力强	营销能力弱
产品组合比较深、比较宽	产品组合比较浅、比较窄
经济衰退	经济繁荣

1. 产品因素

包括产品单价、体积和重量、时尚性和季节性、易腐易毁性、技术性和服务要求、生命周期阶段、用途等。

2. 市场因素

目标市场的类型和大小、潜在顾客的数量分布、集中程度、购买习惯、竞争者状况等。

3. 生产企业本身条件

规模和实力、声誉、经营管理能力和经验、控制渠道的要求和愿望 。

4. 宏观经济形势和国家的有关法律规定

二、分销渠道的设计与确定

1. 确定中间商的类型和数目

企业渠道管理者决定是否使用中间商及使用何种类型的中间商(批发商和零售商),以及每个渠道层次使用多少中间商。

2. 确定中间商的条件和责任

厂家必须区别对待不同渠道成员,给予不同盈利机会。中间商的条件和责任主要有价格政策、地区权利等。

3. 筛选评估中间商

中间商为生产者和消费者带来便利,在商品流通销售方面发挥着重要作用,中间商的销售能力是企业开拓、巩固市场的关键。企业选择中间商时,应该考虑以下因素。

(1)中间商的市场范围。指中间商的市场覆盖面,是选择中间商的关键因素。

(2)中间商的综合实力。指中间商市场营销能力、资金运营能力。包括其适应市场变化的能力、销售商品的创新能力和对顾客购买商品的吸引力,采用先进的商业技术和销售方式能力等。

(3)中间商的信誉和知名度。选择中间商时,应对其资信状况进行认真审查,信誉是中间商的无价之宝。中间商不讲信誉,截留货款投入不合理用途,会造成资金流失,给企业带来巨大损失。

(4)合作共同愿望。在选择中间商时,要分析中间商参与有关商品分销的意愿,以及与其他渠道成员合作态度等。只有选择那些具有较强合作意愿的中间商,才能建立起一个有效的分销渠道,减少摩擦、降低风险。

(5)与公众、政府以及顾客的关系。中间商不仅要和生产者打交道,而且要获得公众、政府的支持和包容,获得顾客的欢迎。因此,良好的公众关系、政府关系、顾客关系是一个中间商生存和发展的重要条件,也是企业选择中间商的一个重要条件。

三、分销渠道的管理与控制

确定中间商之后,要对中间商进行有效的管理,既要采取手段调动中间商的积极性,又要采用绩效标准对其进行评估,降低其风险。

(一)激励中间商

选择中间商以后,生产者就应根据中间商特点,及时了解中间商的需求,采取必要的措施,给予激励,促使他们提高经营水平,完成产品的销售任务。激励措施如下。

1. 品牌和产品激励

生产者向中间商提供品牌价值较高的适销对路的产品,为中间商创造良好的销售基础。

2. 开展促销活动

企业协助中间商开展各种促销活动，如广告宣传、邮寄宣传品等。这些措施能够引起消费者的购买欲望，通常极受中间商的欢迎。

3. 利益管理，合理分配利润

利益是联系中间商与厂家的纽带，中间商要考虑自身的利益，如果无利可图或不满意时中间商就会拒绝合作。客观上，生产企业和中间商之间也存在诸多矛盾。但从根本上来说，生产商和经销商的利益又是一致的，两者都只有通过将商品顺畅地卖给使用者才能获得效益。

企业要管理好中间商，首先就要确保中间商能够赚到钱。让中间商赚到钱不只是取决于企业的产品留给中间商的差价有多大，而更重要的是取决于企业的市场开拓管理能力，为中间商创造良好的销售秩序，为产品营造利于畅销的局面。

同时，生产企业可以充分运用定价策略和技巧，根据中间商进货的数量、信誉、财力、管理水平等方面，对各类中间商视不同情况，分别给予不同的回扣，及时调整价格政策。也可以采取必要的资金支持或使用优惠的付款方式，如售后付款或先付部分货款待产品售出后再全部付清的方式，以解决中间商资金不足的困难。

4. 扶持中间商，提高其经营管理水平

企业可以对中间商经营管理提出意见，及时传递市场信息情报，也可以将企业自身的生产状况和生产计划告知中间商，使他们在营销过程中做到心中有数，合理安排销售，提高经济效益。生产企业可邀请中间商进行座谈，协助中间商开展经营活动，如帮助中间商培训维修人员、指导中间商的店铺装修与布置。提供广告、公关方面的指导与援助以及派人协助开展各种营业推广活动等内容。

5. 与中间商结成长期的伙伴关系

生产企业通过提供好销的产品、优惠的价格、一定量的先期铺货、及时供货等手段，再给予中间商广告、销售技巧培训、特殊补贴、付款优惠、销售区域等支持，使得中间商充分施展才能，建立起长期伙伴关系。

例如，一家生产企业为了与中间商建立长期合作关系，不是直接给中间商30%的销售佣金，而按下列标准支付。

(1)能保持适度的存货，给5%。

(2)能完成生产企业对销售额的要求，给10%。

(3)能周到有效地服务顾客，加给5%。

(4)能及时准确地反馈最终顾客的购买水平，再加给5%。

(5)能正确地管理应收账款，另外再给5%。

这种支付销售佣金的方式比起厂家直接给予中间商30%的销售佣金，更能激发中间商的销售积极性，从而更好地协调生产企业与中间商之间的伙伴关系。

(二)评估与风险控制

企业评估的主要内容是以一定的标准，如销售指标(销售额、销售量等)、平均存货水平、货款回收情况、为顾客提供的服务等监督检查中间商，并衡量其合作态度及发展前景。

中间商与生产企业是独立的法人，有着各自不同的经济利益。因此，有些中间商会为追求一己私利而置厂家利益于不顾,如窜货、低价抛售、拖欠货款等,引起的市场混乱从而给企业带来风险。因此,生产者应定期对渠道成员的工作绩效进行评估。评估的目的在于掌握销售动态,及时发现问题。一方面,对绩效好的中间商给予一定的奖励;另一方面,可对企业现有的分销渠道进行必要的调整,必要时可淘汰一部分中间商,使之更趋合理。

(三)分销渠道的调整策略

随着消费者的变化、市场变化、产品进入生命周期的不同阶段、新的竞争者的出现等,生产者应对分销渠道随时进行必要的调整,对分销渠道进行改进和提升。生产者对分销渠道的调整分为三个层次。

1. 增减渠道成员

当个别中间商经营状况不佳或者影响到整体分销渠道利益时,生产者应及时中止与其的合作关系,寻找能力更强的中间商进行替代。

2. 增减分销渠道

当市场发生变化时,生产者应及时增加或减少某些分销渠道。

3. 变更分销渠道

企业大规模改进甚至完全废弃之前所用的分销渠道而重新组建新的分销系统,这是难度最大、最复杂的渠道调整。

实例 7-4

南航下发优化分销渠道通知:严禁代理供货平台

今日上午开始,南方航空各分、子公司,营业部及相关代理人,陆续收到了发自南航总部的通知,要求销售部联合各销售单位对境内分销渠道结构进行调整和优化。

这一名为《关于优化中国境内分销渠道结构的通知》,与《第一财经日报》此前报道的航空公司拟进行分销政策变革相似,主要包括重新签署销售代理协议,实行新的国内代理费标准和支付方式,以及禁止机票标准产品的供应商销售模式等。

1. 重新签署销售代理协议

销售部将联合各销售单位对现有代理人进行重新遴选,并计划于 7 月 1 日起执行新版销售代理协议。根据新的协议要求,代理人需拥有旅行社、自营销售网站、固定企业客户、呼叫中心等自有销售渠道,方可申请南航授权。

2. 实行新的国内代理费标准和支付方式

按照民航局《关于国内航空旅客运输销售代理手续费有关问题的通知》(民航发〔2016〕6 号)文件的要求,从 7 月 1 日起南航国内客票代理手续费将改为按航段定额支付,原有的国内附加代理费(Z 值)和奖励代理费(国内后返)将暂停使用。定额国内代理手续费的支付标准和支付方式将另行下文通知。

3. 禁止机票标准产品的供应商销售模式

销售部将在新版代理协议中明确规定,从 7 月 1 日起严禁代理人通过 C 端、B 端平台等第三方渠道销售南航机票标准产品(单程、往返程及缺口程等裸机票产品,或以机票为主体,附加保险、代金券等低价值标准化配件的机票套餐)。对于包含南航机票的打包、组合产品，代理人也需经过南航审批后，方可投放至与南航签署商务合作协议的第三方渠道展开销售。

销售部将与符合南航要求的主要机票交易平台签署商务合作协议，只允许南航直营店铺或平台自有的南航授权代理人账号销售南航机票标准产品。包含南航机票的打包或组合产品，允许平台引入经南航审批同意供货的代理人，作为供应商开展销售，但相关打包或组合产品的上线和销售均需经南航审批后方可实施。

4. 加强代理人调查和服务工作

销售部正在研究制订代理人服务激励计划，全面强化同掌握客源的高价值代理人的合作，提高南航市场竞争力，相关事宜将于 7 月 1 日前另行下文通知。

另外，各销售单位应加强对已授权代理人的走访和调查工作，掌握代理人的自有销售渠道，完成境内授权代理销售结构调查表，并于 3 月 30 日前以邮件形式反馈至销售部。

为保证境内分销渠道结构优化工作的顺利实施，实现代理人销售的平稳过渡，现决定自 2016 年 3 月 20 日起至 6 月 30 日，暂停受理新增代理散客销售的授权申请(特殊情况可在申请前同渠道管理处先行沟通)。

可以看出，为建立新的行业标准、缩短分销链条，南航率先出台了“重拳”，而其他航空公司如何跟进还有待观察。东方航空营销总监兼客运营销委总经理董波近日也对《第一财经日报》记者透露，东航也计划跟所有的代理人重新签订新的代理协议，更加明确约定权利义务和相关安排，同时成立销售中心，为代理人建立一套更加强大的服务体系。

“航空公司如果统一定额费用，那么代理费属地化差异将消失，那么 B2B 平台其实就没有存在的必要了。”一位业内分析师对记者预计，“打个比方，以前是国航华北营业部管理北京代理人，能够拿到后返，所以上海的代理人通过平台找华北代理人把票给出了。现在如果都按张数获取佣金，航空公司就可以统一管理，一张票就给固定的佣金，那么大家就没有必要去找属地化的大代理去出票了，B2B 平台就被釜底抽薪了。”

“代理费由‘定额’取代按金额提成的‘前返’和‘后返’，看起来是对中小代理有利，对大代理相对不利。毕竟中小代理原来在前返降为 0 后，后返也是可望不可及，但现在卖一张赚一张。但本质上其实不管怎么改，趋势都不会变，那就是 90% 的票代都将被迫清场，预计未来在国内的主导市场上，基本只有能提供一站式产品的携程等 OTA 和旅行社，以及能提供附加服务的差旅服务公司可以存活，以前以供应商供货模式获利的去哪儿网、阿里旅行、美团等平台，此前的盈利模式也可能发生改变。”民航业内人士林智杰对记者分析。

来源：《第一财经日报》(上海)，2016 年 3 月 23 日

案例分析：

企业的分销渠道是在适应当地市场机会和条件的过程中逐步形成的，好的分销渠道能给企业带来一种持续竞争优势，使企业事半功倍。在渠道运用过程中，企业要结合产品、市场、企业等方面的因素，根据分销目标与市场情况，对其渠道适时进行合理评估与调整。

可以看出，为建立新的行业标准、缩短分销链条，南航率先出台了“重拳”。

实例 7-5

宝洁和沃尔玛:对手变盟友

一份战略联盟协议让沃尔玛和宝洁化干戈为玉帛,成为供应链中的合作伙伴,从而结束了二者长期敌对的局面。

宝洁是消费型产品的全球领导者,零售巨擘沃尔玛是它最大的客户之一。在20世纪80年代中期,这两家巨型企业之间的关系变得剑拔弩张。宝洁的促销力度很大,给零售商很大的折扣优惠。沃尔玛趁机以超出常规的购买量大量吃进并囤积宝洁的产品。

这就给宝洁造成了很多麻烦,它生产太多,伤害了现金流。为了提高现金流,宝洁于是提供更多的推广优惠,而沃尔玛的反应是买得更多,于是这两家公司之间的恶性循环就这样持续下去。

凯梅尼(Jennifer M. Kemeny)和亚诺威茨(Joel Yanowitz)在《反省》(Reflections)一书中对此的描述是:“两家公司所采取的应对措施都在尽力破坏对方成功的可能性。”

于是,宝洁下决心要化敌为友,向沃尔玛抛出了成立战略联盟的橄榄枝。

“第一个难题是如何组建一支由双方的管理人员所组成的运作团队。”凯梅尼和亚诺威茨说,“他们举行了数天的研讨会,通过运用系统思维工具,在共同的商业活动将会给双方带来的结果方面达成了共识。来自宝洁和沃尔玛的管理者们发现,彼此的举措原来可以是合理的,而不是自利的行为。”

充分理解对方的需要之后,这两家公司在双赢战略的基础上开始合作,而宝洁也无须再向沃尔玛提供折扣。“这个战略实施非常成功,于是被推而广之——宝洁甚至几乎停止了所有的降价推广活动,为此它几乎得罪了整个零售业。但是这样做的结果却是,宝洁的盈利大幅攀升。”

为了使合作可以运转,这两家公司把软件系统连接到一起,很多信息都实现了共享。据报道,现在,当沃尔玛的分销中心里宝洁的产品存货量低时,它们的整合信息系统会自动提醒宝洁要补货了。

该系统还允许宝洁通过人造卫星和网络技术远程监控沃尔玛每个分店的宝洁产品专区的销售情况,而网络会把这些信息实时反映给宝洁的工厂。宝洁的产品无论何时在收银台扫描,这些工厂都可以知道。这些实时信息使宝洁能够更准确地安排生产、运输,以及为沃尔玛制订产品推广计划。节省下来的库存费用就使得宝洁可以向沃尔玛提供更加低价的产品,这样沃尔玛就能继续它的“每日低价”策略了。

案例分析:

现今的中国流通领域,制造商和连锁零售企业在合作中存在着激烈的对抗。从表象上来看,主要是源于在产品价格和营销政策上的分歧,但实际上却是源于对渠道控制权的争夺,以及由此而带来的对产品资源、营销资源和人力资源的抢夺和攫取。连锁零售企业以压低进价、迟付货款以及收取进场费、节日促销费等方式企图尽量占有厂家资源,并将成本转嫁给制造商。而制造商为了避免失去主动权,不得不继续保持原有的效率不高的自有渠道,以最大限度地维持对产品价格和货物走向的控制,以期对连锁零售企业进行战略制衡。这样你来我往,双方的成本自然居高不下,赢利能力和成长性均受到严重制约。

而"宝洁—沃尔玛模式"告诉我们,要改变这一现状,制造商和零售商必须摒弃"冷战思维",应在建立充分信任关系的基础上,把对渠道资源的抢夺和攫取转移到对供应链的再造和价值的增值上来。

思考与训练

一、训练题

1. 案例分析一

李先生原来是一家当地有名的服装厂的设计师,因为与老板意见不合而离职。李先生认为自己有很强的新潮服装的设计能力,因为过去他设计的多套新款服装销路都不错,便决定自己做老板,拿出多年积蓄开设一家服装厂,并打算在销售渠道方面大胆创新,推出服装邮购销售方式。但如何来组织商品销售,他还是一个外行。构思的可行性如何,他心中没底。为此,他来征询你的意见。

(1)李先生的服装厂是否适合采用邮购销售方式?

(2)如可以,李先生应当抓好哪些环节来保障商品销售顺畅?

2. 案例分析二

因经销商不得力造成销售业绩不理想,A 企业的新领导人 H 想到了更换经销商的方法。当 H 的这个想法刚想尝试时,便遭到了出乎意料的阻力。遭到的阻力有以下几项:①来自企业内部的障碍。一方面是企业元老对原有经销商的长期感情培养造成的人情障碍;另一方面是企业相关人员担心长期与经销商达成的利益分配被触动,造成利益损失。②来自被更换经销商的障碍。由于面临企业的遗弃,经销商心理很不平衡,他们会在所能触及的范围内,处处给企业设置障碍,最典型的手段有两种,即囤积货品,扰乱市场秩序,毁坏品牌形象,以大宗欠款来给企业施压。③来自整个渠道的障碍。经销商进行大面积的负面传播,动摇原有渠道的军心,同时向地区同行和终端客户散布谣言,为企业重新寻找经销商设置障碍。

假如你是企业经理,根据资料为该企业制订出顺利实现经销商更换的可行性方案。

二、模拟训练

企业产品销售渠道的认知实训

1. 训练目标

通过实训熟悉分销渠道的相关知识,把握分销渠道策略。

2. 训练内容

将学生分为若干组,每组选择一家本地中小企业,了解他们产品的销售渠道、销售渠道运用和管理策略。

3. 训练操作

(1)学生每 5 人为一组,每组确定一名负责人。

(2)由老师和学生共同商定每组认知的企业(最好选择不同类型、不同产品种类的企业)。

(3)老师讲述每组的认知任务,有效地指导学生开展工作,每组学生列出详细工作计划。

(4)每组要将认知活动的相关内容做详细记录。

(5)每组根据了解的产品销售渠道的认知实训资料,撰写认知实训报告。

4. 成果要求

(1)每个小组提供一份《××企业产品销售渠道运用和管理情况的报告》,包括渠道结构图、渠道选择考虑的因素、渠道运用实际效果、渠道管理等内容。

(2)就各组撰写的《××企业产品销售渠道运用和管理情况的报告》在班级交流,老师点评。

(3)学生实训的成绩由该小组完成的认知实训情况、资料收集情况、小组报告和交流的成绩综合评定。

第八章 促销

学习目标

1. 理解并熟悉各种促销手段的含义及特征。
2. 掌握促销策略的运用技能。
3. 熟练运用促销知识，提升促销能力。

第一节　促销组合

在激烈的市场竞争中，企业须树立市场营销战略观念，只有善于运用多种市场促销组合手段，才能立于不败之地。

一、促销及其方式

促销顾名思义就是促进产品销售。它是指企业以扩大销售为目的，通过人员和非人员的方式，将产品的信息传递给顾客，引发刺激创造其需求欲望并产生购买行为的活动。促销的核心是沟通，是商家对潜在消费者进行信息传递。促销的方式包括人员推销（直接促销）和非人员推销（间接促销）两种，其中非人员推销（间接促销）主要包括广告、公共关系和营业推广等形式。

二、促销组合

1. 促销组合的概念

人员推销、广告、公共关系和营业推广是企业促销组合的四种主要方式，每种促销方式具有各自的特点：非人员推销能够快速吸引顾客的注意力，属于信息单向传播，受众压力小，但不利于相互沟通；人员推销能够直接了解客户的需求，针对性较强，有利于和顾客建立长期关系，但是人员推销成本相对较高。

由于各种促销方式有其相应的适用性，所以，企业往往将几种促销方式组合使用。促销组合就是指企业根据产品特点，结合营销目标，综合选择运用促销方式，从而取得最佳的经济效益。

2. 影响促销组合决策的因素

(1)产品类型。产品类型不同,促销策略就有所差异。一般来说,消费品通常以广告为主,然后是营业推广、人员推销和公共关系;工业品通常以人员推销为主,然后是营业推广、广告和公共关系。

(2)市场类型。市场不同,客户需求就不同,促销组合也不同。一般来说,市场规模小,应以人员推销和营业推广为主;市场规模大,差异性小则宜以广告和公共关系为主。

(3)促销目标。根据促销目标,选择相应的促销工具。如果为了提高企业美誉度,树立企业形象,促销重点就要建立广泛的公共关系;如果为了推出新产品,就要采用广告及人员推销,让顾客了解产品性能;如果为了占领市场份额,则可以选择营业推广等。

(4)产品生命周期。产品处于生命周期的不同阶段,促销组合也大不相同。一般投入期,需要鼓励消费者尝试新产品,可以通过广告广为宣传,同时进行营业推广及人员推销;进入产品成长期,可以继续运用广告和公共关系扩大产品知名度;到了产品成熟期,为了竞争,可以采用广告同时使用营业推广;在产品衰退期,可以营业推广为主,促进产品销售。

(5)企业的促销策略。企业的促销策略总体来讲,主要有两种:一种是“推动”策略,另一种是“拉引”策略 。

所谓推动策略,简单来讲,就是企业通过各种促销手段,将生产产品最终推销给消费者的一种营销策略,是一种主动的营销方式。其一般的推动过程主要有三个环节:首先由生产商推销给批发商,然后由批发商转而推销给零售商,最后再由零售商转向消费者推销产品的一种链式系统;也有生产商直接通过缩简销售渠道,缩短销售流程,通过提供物美价廉的产品直接推销给消费者的模式,譬如小米系列产品,避开市场实体店,通过网络促销抢购的模式,不断推出产品外观、性能、价格都优于同类产品的新产品,现价限量抢购,引发抢购热潮,爆发出产品供不应求效应,更加吸引众多的忠诚客户和潜在客户购买欲望。

所谓拉引策略,是企业首先通过树立良好的企业品牌效应,使消费者产生对企业所生产产品质量、品牌的信任,加之对产品功能、适用性及售后服务的需求,并体现出企业产品对同类产品的优越性,进而激发购买的欲望和忠诚度,零售商看准市场需求,及时适应市场转而主动向批发商申请购买,批发商又转而向生产商订货的这样一种链式系统,它是一种通过品牌效应由被动变主动的一种营销方式。譬如近年某品牌产品的推出,引爆目前大多数移动终端产品市场,尤其以手机、电脑等产品为主流,通过其卓越的产品性能和外观质量,赢得了上至企业精英、商务人士,下至工薪阶层、平民百姓等大批粉丝的追捧,激发了零售商向批发商、批发商向生产商购买的激情,进而刺激生产商的大批生产和盈利水平的不断攀升。

作为企业,往往应根据市场需求,把拉引或推动策略结合起来灵活运用,主动适应市场。

三、促销预算的确定

1. 销售百分比法

该法是企业根据估算的销售额的百分比来安排其促销费用。

2. 目标任务法

根据推广目标估算营销人员完成项目与任务所需要的费用总和。

3. 量入为出法

该法是根据本企业的财务能力确定促销预算。

4. 竞争对等法

指参照行业竞争对手的平均促销费用来安排自己的促销预算。

实例 8-1

蒙牛非奥运攻略 VS 伊利奥运攻略

2005 年 11 月 16 日，伊利抢先一步成为北京奥运会的独家乳品赞助商之后，我们就发现蒙牛变了：由原来亮剑的风格转为谨慎和内敛。

而一直以风格稳健著称，成为奥运合作伙伴后的伊利，为了全力打造奥运这盘棋，则一改往日保守的作风：在签约奥运之时，伊利又以天价的费用签约奥运冠军刘翔。据悉，当初签约刘翔的可口可乐才花了其价格的 2%。2006 年 11 月 23 日，伊利集团又以 2.04 亿元的高额费用，包揽中央电视台 A 特段所有 6 个时段单元的第一选择权。"伊利已经成为奥运会的赞助商，一定要充分利用好这个机会，绝不能浪费。伊利在未来将会加大与央视合作力度，围绕奥运做宣传。"

面对伊利的猛烈奥运攻势，擅长别出心裁的蒙牛正在酝酿着一场能让蒙牛翻身的战役——蒙牛全民总动员活动。

2006 年德国世界杯期间，当伊利等厂商斥巨资聘请明星代言的时候，蒙牛集团却独辟蹊径，启用了一个全新的全民体育运动广告片：白色牛奶幻化成一个动感小奶人，与大家快乐地踢着足球奔跑。最后，足球变成一滴牛奶，飞溅到牛奶杯中，蒙牛的商标在动感十足的画面中被突出地表现出来。这一广告宣传活动被看作是蒙牛全面启动非奥运体育营销的讯号。事实也是如此，世界杯后，蒙牛便开始主推全民健身这一概念，并成功实现了非奥运赞助企业体育营销的战略突围。因为蒙牛很清楚，要与伊利竞争，只能从非奥运营销的角度入手。

2006 年 6 月 8 日，在与央视体育频道达成战略合作关系并独家冠名《城市之间》栏目后，蒙牛便开始了其酝酿已久的"蒙牛《城市之间》——激情 08 现在出发，全国 80 城市全民健身展示活动"。中国的乳业消费正处在发展期向普及期扩展的当口，关注大众也就是关注更广泛的消费者。2006 年蒙牛通过《城市之间》，在 5 个多月时间里，举行了 320 场城市海选、20 场南北区域复赛以及 10 场全国总决赛。2007 年，蒙牛《城市之间》活动继续加大力度，继续整合资源，扩大活动规模。为此蒙牛做了精心的准备和布局。

活动影响之大，不亚于 2005 年蒙牛举行的超级女生活动。这也就是为什么很多人会认为北京奥运会的独家乳品赞助商是蒙牛的真正原因。

那么，真正赞助商身份的伊利又在做些什么呢？近期，伊利开展了我国迄今为止规模最大、覆盖范围最广、最贴近社区的奥运主题推广活动——伊利健康中国行，全力普及奥运精神、奥运文化；同时开展的还有"伊利奥运健康大使"的评选活动，伊利选拔出来的健康大使中将有10人有机会成为2008年奥运会火炬手,代表伊利参加2008年的火炬接力。

不可否认,伊利的品牌影响力正借势奥运不断提高,但是由于蒙牛的全民健身行动,早一步把握了围绕2008年奥运会这场营销战争的“制空权”,光芒盖住了所有此类营销活动。“蒙牛在进行非奥运营销中也曾遇到奥组委要求不准使用‘08’‘奥运’等字样进行宣传的难题。但只要应对得当,把握好‘度’,非奥运营销甚至可以比奥运营销更出彩。”北京联合太度体育文化发展有限公司总裁朱小明评价道。

2006年是伊利蒙牛展开明星争夺战的开始。这一次,蒙牛又不走寻常路,它用了比往年更大的力气,大搞公益营销。

2006年9月1日至2007年6月30日,蒙牛发起“一斤奶长征”献爱心活动,向全国500所小学的孩子们每人每天捐助一斤牛奶。蒙牛近日在中央电视台高调推出“每天一斤奶,强壮中国人”的公益广告引发了业内的强烈关注。在中央电视台高频播放的这则宣传画面中贫困山区的孩子们欢愉地畅饮牛奶,“每天一斤奶,强壮中国人”使得这则广告具有浓厚的公益色彩。

“只要每天坚持喝蒙牛牛奶,每天健康快乐地学习、生活、锻炼,你们中间,一定会诞生新的世界冠军!”这也使蒙牛非奥运营销该“强壮”的概念落地生根了。并由“跳水王子”奥运冠军肖海亮义务担任“送奶大使”。蒙牛也是在运动员上做文章,但用的不是给他赞助产品,而是借用运动员的精神和健康形象,这也使得2007年蒙牛的主题——“强壮中国人,人人都是运动员,为北京奥运会所有运动员加油!”更加为国人所接受。

——资料来源:《经营者》

案例分析:

在激烈的市场竞争环境中,伊利和蒙牛两家企业抓住奥运有利契机,使出多种促销招数:公益广告、明星代言、独家赞助等,大显身手,扩大知名度,抢占市场份额,获得良好的销售业绩。

第二节 人员推销

人员推销是一种古老的最基本的促销方式,它能够创造独特的顾客价值,在促销组合中有举足轻重的作用。

人员推销又称派员销售、直接推销,就是指企业销售人员直接与目标顾客接触、商洽,向其介绍宣传企业商品和提供服务的销售方法。

人员推销包括三个基本要素:推销人员、推销对象、推销产品。

人员推销可以是面谈,也可以通过电话或者信函邮件等媒介进行沟通宣传。销售人员通过与顾客交流互动,与顾客建立短期或长期的良好关系,促使顾客从心理上接受其销售产品。

一、人员推销的特点

1. 针对性

推销人员可以根据产品特点寻找市场上潜在顾客,锁定目标顾客,针对顾客的性格、习惯、爱好、价值观等,采取不同的方法,来宣传产品信息,引起顾客关注。

2. 说服性

推销人员需要细心观察顾客,耐心介绍商品特点,提升顾客对推销人员的好感,使其接受自己的观点,进一步接受其推销的产品或劳务。说服是推销的核心,也是推销重要的手段。

3. 灵活性

推销人员通过与顾客面对面交流,可以根据用户的具体情况,适应顾客需求,应对变化,恰当运用并能够及时灵活地调整推销策略和方法。

4. 双向性

推销人员通过调查倾听顾客意见与要求,信息可以迅速地在双方之间交换传递,有利于推销人员及时做出正确的决策,有利于厂家反馈市场信息,向顾客提供更好的产品和服务。

二、人员推销的形式

人员推销有三种基本形式。

1. 上门推销

上门推销是最常见的人员推销方式,通常采用一名推销人员对一个顾客推销,也可以一组多名推销人员对一个顾客或用户推销,该方法积极主动、方便顾客,需要注意选择好利于顾客的时间。

2. 柜台推销

柜台推销又称门市推销法。在固定地点设立销售门市,营业人员可以同时面对多名顾客进行推销,该方法定点定时、方便顾客选购,是常见的销售方式。

3. 会议推销

会议推销指企业举办或者参与产品展销会及订货会等各种会议,向参会客户宣传介绍产品,推销产品。这种方法面向客户多,时间集中,销售集中,成交数额大,是企业常用的销售方式。

三、人员推销的流程

销售人员手段繁多,技巧多样,但人员推销也还是有基本流程的。

1. 寻找客户,确定目标

找出潜在顾客,是推销活动的前提和基础。所谓潜在顾客,是指有购买需求及购买能力的客户。

2. 接近目标顾客

在目标顾客确定之后,推销员需要选择最佳的接近顾客的方式和时间,迅速接近顾客。接近顾客必须要考虑以下三点:一是选择对方在空闲时间;二是推销员要注重礼仪,留下好印象;三是充分准备产品知识、顾客知识和竞争者的知识。

3. 推销洽谈

推销介绍是推销过程的中心。产品演示是极其有说服力的一种产品推销方式。通过文字、图片、音效等资料演示，能够重点指出产品的特点以及它们如何优于同类产品，从而有效打动和劝服顾客购买产品。

4. 回答异议

潜在顾客提出疑问时，推销人员必须准确合理解疑答惑，强调或指出产品的优点或是可提供的特别服务，消除顾客的顾虑。

5. 促成交易

打消顾客疑虑之后就及时提供一些优惠条件，促使顾客购买所推销产品。

6. 售后追踪，客户管理

售后追踪服务是人员推销的最后环节，提升顾客对企业和产品的信赖程度。

四、人员推销的策略与技巧

在实际销售过程中，销售人员应该根据产品、环境、对象，灵活运用推销手段，采用合适的推销策略。

1. 推销策略

(1)试探性策略(刺激—反应策略)，即推销人员在不了解客户需求的情况下，事先准备好要说的话或产品宣传单等，对客户进行试探，并仔细观察对方的反应，然后宣传介绍。

(2)针对性策略(配合—成交策略)，是推销人员事先基本了解了客户的需要，能够有针对性地进行宣传，促成交易。

(3)诱导性策略(诱发—满足策略)，这是一种创造性推销，即首先设法诱发客户需要，然后再介绍所售产品恰好能满足这种需要。

2. 推销技巧

推销是属于实践性的活动，销售市场上顾客千差万别，推销人员应该因人而异运用推销技巧。

(1)注意形象。推销人员的形象代表着企业形象，保持良好形象有助于推销工作顺利开展。推销产品先要推销自己，保持良好形象和礼仪，让顾客接受自己。推销人员的仪表风度、言谈举止等，对促成交易至关重要。

(2)把握时机。推销人员在与顾客进行沟通交谈过程中，要仔细观察顾客的反应，及时调整沟通内容和方法，围绕顾客的兴趣，把握推销时机进行有效说服诱导，及时促成交易。

(3)善于辞令。推销的过程就是沟通说服的过程，推销人员要充分运用语气语调等语言技巧，用词谨慎、措辞得当，使得顾客理解并接受你的表达，赢得顾客好感。

(4)善于倾听。在推销过程中，善听比说更重要。倾听能体现推销人员对顾客的尊重，容易拉近双方距离，建立融洽信任的关系；善于倾听还有利于判断顾客的真实意图，把握顾客心理，增强说服可能性。

实例 8-2

善听与善辩

乔伊·吉拉德是美国首屈一指的汽车推销员,他曾在一年内推销出1425辆汽车。然而,这么一位出色的推销员,却有一次难忘的失败教训。

一次,一位顾客来找乔伊商谈购车事宜。乔伊向他推荐一种新型车,一切进展顺利,眼看就要成交,但对方突然决定不买了。

夜已深,乔伊辗转反侧,百思不得其解,这位顾客明明很中意这款新车,为何又突然变卦了呢?他忍不住给对方拨通了电话。

"您好!今天我向您推销那辆新车,眼看您就要签字了,为什么突然走了呢?"

"喂,你知道现在几点钟了?"

"真抱歉,我知道是晚上11点钟了,但我检讨了一整天,实在想不出自己到底错在哪里,因此冒昧地打个电话来请教您。"

"真的?"

"肺腑之言。"

"很好!你现在用心听我说话了吗?"

"非常用心。"

"可是,今天下午你并没有用心听我说话。就在签字之前,我提到我的儿子即将进入密西根大学就读,我还跟你说到他的运动成绩和将来的抱负,我以他为荣,可你根本没有听我说这些话!"

听得出,对方似乎余怒未消,但乔伊对这件事毫无印象,因为当时他确实没有注意听。话筒继续响着:"你宁愿听另一名推销员说笑话,根本不在乎我说什么,我不愿意从一个不尊重我的人手里买东西!"

从这件事,乔伊得到两条教训:第一,倾听顾客说话实在太重要了。因为自己没注意听对方的话,没有对那位顾客有一位值得骄傲的儿子表示高兴的感情,显得对顾客不尊重,所以触怒了顾客,失去了一笔生意。第二,推销商品之前,要把自己推销出去。顾客虽然喜欢你的商品,但是他如果不喜欢你,他也很可能不买你的商品。

——选自黄文的文章,载《市场报》

案例分析:

推销人员整天在外东奔西走,他们的产品大同小异,虽然巧舌如簧,但真正能够赢得顾客的唯一方法,就是尊重顾客,提供更好的服务,倾听顾客的内心想法,就是重要的销售之道。

第三节 广告策略

广告界有句格言"推销产品不做广告,犹如黑夜之中暗送秋波"。广告是企业与消费者进行沟通的重要工具和手段,是促销组合的主体。

一、广告

1. 广告的含义

广告即“广而告之”，是指企业或个人通过媒体，向公众传播企业的产品、服务等信息，是非人员的信息单向沟通。

广告传播面积大、速度快，是传播企业产品信息、树立企业形象、激发消费需求的重要工具，是企业应用广泛的促销方式。

2. 广告的分类

广告有狭义和广义之分。狭义的广告指商业广告，广义的广告包括商业广告和非商业广告。商业广告以盈利为目的，非商业广告不以盈利为目的，以宣传告知为目的，常见的有公益广告、政治广告等。

商业广告根据分类标准不同，有多种类型，根据传播媒介分主要有以下四种。

(1)印刷广告(纸媒)：主要包括报纸、杂志、传单、图书、挂历等纸质媒体广告。

(2)电子广告：主要包括电视、电脑、霓虹灯、广播、电子显示屏幕等广告。

(3)实体广告：主要包括橱窗、赠品、招牌、实物等广告。

(4)其他广告媒体。

3. 商业广告的特点

商业广告构成要素一般有广告主、广告公司、广告媒体和广告受众。它具有以下特点。

(1)快速性。广告信息传递面广，传播速度快。

(2)艺术性。广告宣传应能够引起消费者的兴趣，因此要善于利用音、形、色等多种表现手法，将信息传递给消费者，感染消费者。

(3)盈利性。企业广告是以销售商品、获得利润为最终目标。

(4)信息性。广告需要将产品信息传递给大众，诱导消费者购买。

(5)合法性。

二、广告媒体

企业进行广告宣传时要考虑信息传递的恰当性以及媒体的成本，最终选择合适的广告媒体。

1. 广告媒体的特点

当代社会，广告媒体的种类繁多，目前常用的有报纸、杂志、广播、电视、网络、邮刊、户外、售点广告等，各种媒体各有特点。其中，前四种媒体被称为传统的四大媒体。

(1)报纸。报纸是一种大众化传播工具，报纸广告的优点是市场覆盖范围广泛，读者众多，时效性强、信息传递迅速，费用适中等，缺点是表现形式单一。

(2)杂志。杂志的优点是读者明确，针对性强，印刷精美，可读性强，保存性强；缺点是周期长，发行量有限。

(3)广播。广播是刺激听觉产生效果的广告媒体。其优点是自由简便，迅速及时，传播范围广，费用低廉；缺点是时间固定，表现手段单一。

(4)电视。电视是视、听合一的大众化广告媒体。其优点是表现手法多样,直观,冲击力感染力强,传播范围广。电视广告的主要缺点是制作成本高,播出费用高。

(5)网络。随着 Internet 的发展,网络广告发展迅猛,被人们称为第五广告媒体。网络广告具有得天独厚的优势,它的主要优点是制作成本低,传播速度快,范围广,动态及时,互动性强。网络广告的形式主要有:网幅广告(包含 banner、button、通栏、竖边、巨幅等)、文本链接广告、电子邮件广告、插播式广告(弹出式广告)、富媒体(rich media)等。

2. 广告媒体评价指标

(1)覆盖域。选择广告媒体时,要考虑媒体的覆盖区域与营销目标市场是否相互吻合。

(2)收视(听)率。指某一电视或广播节目收视收听的人数所占比率,通常以百个家庭(人)为基数。

(3)广告印象次数。广告印象指广告信息到达接触受众的一次机会。

广告印象次数=受众规模×广告信息次数

(4)毛感点。也称"毛评点""总视听率"等,它能够反映每则广告的总体效果。

毛感点=广告发布次数×收视(听)率

(5)到达率和有效到达率。到达率指受众接触媒体广告的比例,有效到达率指确实接受到信息的人数比例。

每千人成本=广告费÷广告达到人数×1000

以上这些指标是选择广告媒体的重要参数。

三、广告定位策略

1. 产品定位策略

产品定位策略即挖掘产品自身特点,突出产品的个性来进行宣传定位。比如酸奶市场安慕希突出希腊风味,莫斯利安酸奶突出"长寿",蒙牛纯甄酸奶突出产品的"纯"。

2. 品牌定位策略

品牌定位策略即广告定位宣传品牌,在众多竞争激烈的同类商品中,消费者购物往往选择自己喜爱的品牌,品牌竞争是企业竞争的重要方面。通过品牌宣传,树立企业名牌形象,提高产品市场竞争力。

3. 观念定位策略

观念定位策略即通过市场调查,分析公众心理,融入更多情感因素,赋予产品新的内涵。例如"别卖衣服卖美感",从穿衣遮羞御寒的层次上升到美感的层次,更符合随着时代发展人们的精神需要。红豆衬衣突出亲人之间相思之意。例如"钻石恒久远,一颗永流传",卖的就是钻石代表的永恒精神。

4. 市场定位策略

市场定位策略即进行市场细分,使得产品宣传契合市场需求,不同消费者可以根据需求针对性选择,使得同一个厂家同类产品避免竞争。典型例子如宝洁公司旗下的潘婷、海飞丝、飘柔三个品牌,潘婷强调"营养头发,更健康更亮泽",海飞丝强调"头屑去无踪",飘柔强调"飘逸柔顺",很好地占领了市场。

5. 企业形象定位策略

企业形象定位策略即把定位的重点放在宣传树立企业形象方面,提升企业的知名度和美誉度,增加公众对企业的认可度。

四、广告设计

1. 明确广告目标、确定广告主题

是广告计划的起步环节,广告主题可以多个角度定位(功效、品质、服务、形象等),如“金利来领带,男人的世界”,突出男人形象。

2. 确定广告设计内容

是广告应该对受众传达什么信息,主要有情感诉求、道德诉求和理性诉求等。

3. 确定广告表现手段

广告信息的传递表达方式一种是语言,采用各种修辞手段,如排比、对偶、飞白、感叹、回环、顶真、比喻等;另一种是非语言,如画面、色彩、音响等。音乐、画面、文字是广告表现的三巨头。

4. 确定广告信息发送者

权威的信息发送者通过专业知识、性格魅力、美好形象等可以加强受众对广告的信任度和增强广告说服力。

5. 确定广告预算费用

每个企业对广告费的预算方法不尽相同,常用的有目标完成法、百分率法等。

五、广告效果评估

广告效果包括传播、促销和心理三个层次效果。了解广告对产品的介绍和推销作用以及受众对广告的理解接受程度,包括进行媒体接触效果评估、销售效果评估和心理效果评估。下面是销售效果评估的衡量指标。

1. 广告费用占销率

$$广告费用占销率=(广告费/销售额或销售量)\times 100\%$$

2. 广告费用增销率

$$广告费用增销率=(销售额或销售量增长率/广告费增长率)\times 100\%$$

广告费用占销率越小,广告效果越好,反之则越差;广告费用增销率越大,广告效果越好,反之则越差。

实例 8-3

雨伞——请自由取用

日本大阪新电机日本桥分店,有个独特的广告妙术——每逢暴雨骤至之时,店员们马上把雨伞架放置在商店门口,每个伞架有三十把雨伞,伞架上写着:“亲爱的顾客,请自由取用,并请下次来店时带来,以利其他顾客。”未带雨伞的顾客顿时愁眉舒展,欣然取伞而去。当有人问及,如顾客不将雨伞送回怎么办?经理回答说:“这些雨伞都是廉价的而且伞上都印有新电机的商标。因此,即使顾客不送也没关系,就是当作广告也是值得的。这对商店来说,是惠而不费的美事。"

案例分析:广告是借助一定的媒体将有关商品或劳务的信息传递给消费者的活动。

本例中借雨伞做广告,做得新颖、巧妙、不露声色、不落俗套。说它新颖是因为它与其他广告不同,既便利了顾客又宣传了产品;说它巧妙是因为它间接地让顾客成为商品信息的传播者;说它不露声色是因为消费者为商店做了免费广告而消费者自己却不知道;说它不落俗套是因为它与众不同、一举两得,不跟在别人后面亦步亦趋,而是标新立异、独具匠心。

其成功之处在于:从广告媒体看,这是一种流动广告。这种流动广告不是做在地铁、火车、公共汽车上,而是做在"流动"的行人的雨伞上。因为人在行走,所以必然使商品信息在行人所行之处得以传播。

从广告目标看,其目标是"显露",即借行人手中的雨伞让新电机的商标得以传播,扩大知名度。

从广告策略看,这是一种介绍性广告,即介绍其商标或商品。

从广告效果看,由于该店雨伞可以自由取用,且不用花钱,方便了顾客,社会效果好,商店的美誉度也会很高;再一点是经济效果好,因雨伞是廉价的,即使下次来店时不归还,也破钞不多;并且由于顾客对该店产生了好感,扩大了该店的知名度,所以销售量必然与日俱增。

实例 8-4

金利来的名牌之路

"金利来,男人的世界!"动人的广告词,把名牌金利来领带传播得家喻户晓。然而,金利来的名牌之路却鲜为人知。金利来有限公司董事长曾宪梓先生道出了他艰辛创名牌的道路。

20 年前,曾宪梓和太太以一把尺子、一把剪刀及一台国产蝴蝶牌缝纫机起家,当时他们生活相当窘迫。曾宪梓原本将自己生产的领带取名为"金狮牌",可是其所制作的质量精美的领带销路却非常不好,这使他感到困惑。终于,他在一个亲戚处得到了原因。过年时,他送了几条领带给那位亲戚,不料那位亲戚不仅没有谢意,反而不高兴地说:"我才不用你的领带呢,金狮金狮——什么都输掉了。"原来香港话的"狮"与"输"读音相近,而这位亲戚是个马迷,最忌讳这个"输"字。

这一夜,他躺在床上,翻来覆去睡不着,拍着自己的脑袋喃喃道:"怎么没早想到这一点呢?"他决定改换领带的商标名,苦苦琢磨了大半夜,灵感突发。他决定将"金狮"的英文字母"GOLD LION"用意译和音译结合的办法来产生品牌名。于是"金利来"的商标名诞生了。"金利来"——一个多吉利的名字! 世界上有什么人不喜欢"金""利"来呢?

有了好产品,好牌子,又怎么使它叫得响,使它提高知名度呢? 曾宪梓先生回忆往事,感慨颇深地说:"我得感谢我的一位朋友,当时他在香港无线电视台工作。1971 年,适逢取得世界冠军的中国乒乓球队访问香港,这位朋友力邀我购买电视台转播乒乓球表演赛的赞助权，在比赛中穿插播放金利来领带广告，我听了连连推辞。广告费要3万港元，而当时的3万港元，可以买一套600平方米的房子了，我这个天天为6口之家奔忙的人，如何支付得起这笔费用呢？后来这位朋友从中斡旋，作了通融，答应做完广告后收钱并以分期付款的方式缴齐。多么诱人的机遇呀，我决定冒一次险，不冒点儿险怎么能打出自己的名牌呢？”决心是下了，但这广告怎么做？如何选择朗朗上口又能吸引人的广告词呢？曾宪梓精心推敲出一句精炼动人的广告词：“金利来领带，男人的世界”“方格——热情慷慨；斜纹——勇敢决断；圆点——爱慕关怀；细花——体贴温馨”。果然，出色的广告，使金利来一炮打响。乒乓球表演赛结束后，订单雪片一样飞来，电话也响个不停，金利来出名了！

案例分析：

企业通过与体育联姻，与公益联姻，能够很好地扩大企业知名度，树立企业形象，抢占市场份额，金利来是一个成功的例子。

第四节　公共关系

“公共关系”一词是舶来品，其英文为 Public Relations，又称公众关系。公共关系是促销组合的重要组成部分。

一、公共关系的含义

公共关系是指企业运用多种传播与沟通手段和方法，有计划地调动可以调动的力量，树立企业良好的组织形象，创造有利于企业发展的良好市场营销社会环境的一种传播沟通手段。

企业开展公共关系活动有利于企业实现对于内部及其与社会公众的各种关系进行有效的协调与沟通；有利于企业及时应对危机，消除不良影响，塑造美好形象；有利于创造良好的企业市场营销的环境。良好的公共关系有助于增进公众对企业及其产品的了解，提高企业及产品形象，是树立形象、沟通关系、公共宣传的有效工具，越来越多的企业认识到它的重要性。公共关系与资金、技术和人才被称为现代企业组织经营管理的“四大支柱”。

二、公共关系的特点

1. 长期性

公共关系的目标是塑造良好的组织形象，创造良好的社会关系环境。这是一项长期的活动，需要企业深入调查，周密策划，长期不懈地努力。

2. 互利性

公共关系需要面向大众，通过宣传企业宗旨，让公众认识企业，扩大企业知名度及美誉度，加深人们对企业的了解和信任。成功的公共关系还需要企业不断与大众沟通、协调才能维护好。通过与公众联络感情，满足公众需求，能产生良好的经济价值，达到互惠互利。

3. 目的性

厂商是追求利益的，建立公共关系也有着直接或间接的目的性，公共关系要具有经济价值和社会意义，企业家才愿意建立和维护，因而公共关系选择的客体具有很强的针对性和目的性。

4. 时代性

公共关系以时代为背景，需要适应社会潮流发展，融入社会的大环境之中，满足人们的需求，因而具有鲜明的时代特色。

三、公共关系四步工作法

公共关系顺利进行的过程与模式通常包括调查（research）、策划（planning）、实施（communication）、评估（evaluation）四个步骤，称为“PRCE”模式，又叫公共关系“四步工作法”，具体为：

1. 公共关系调查

通过市场环境调查，搜集相关信息，进行企业形象分析，确定公关的对象和目标。

2. 公共关系策划

根据关键公关目标，制定公关策略和设计公关方案。

常用的公关策略有宣传型、征询型、服务型、交际型与社会型等。

3. 公共关系实施

重点根据公关的目标把公关方案实施的传播沟通活动，包括以下三个阶段。

（1）实施准备阶段：即细化公共关系活动项目，包括实施内容、时间和进度安排，实施工作要求和方法，实施机构的设置，培训实施人员，实施工作预算分配等，使之具体化，具有可操作性。

（2）实施的执行阶段：落实工作计划，控制工作进度，做好协调工作、督查跟踪工作。

（3）实施的结束阶段：做好收尾总结工作，积累经验。

4. 公共关系评估

保障根据调查、反馈的信息评估公关活动的效果，寻找新的问题，确立新的公关目标，调整原有的公关计划。

四、企业 CIS 战略

CIS，是 Corporate Identity System 的缩写，称为企业形象识别系统，即企业形象设计，是企业将其经营理念、行为方式等信息进行系统化、规范化、视觉化，从而塑造良好的企业形象。企业 CIS 战略主要包含三个方面。

（1）企业理念识别——Mind Identity（MI），是企业的灵魂，包括企业精神、企业文化、价值观念等，是系统中最基本、最重要的因素，处于核心地位。

（2）企业行为识别——Behavior Identity（BI），是理念识别的外化，是企业的行为魅力，包括员工的素质表现、企业环境规范等。

（3）企业视觉识别——Visual Identity（VI），包含两方面：语言文字识别和图形识别，如企业名称、企业标志图案、企业标准字体、企业标准色彩等的设计。例如，企业可以将代表其形象的视觉符号（色彩、字体、图案、符号等）印制在企业的建筑物、车辆、制服、业务名片、办公用品、产品包装、文件、招牌等上面。

CIS 通过企业行为识别和企业视觉识别具体、直观地展示组织形象，传达企业理念，使社会公众认同企业，增强企业市场竞争力。

五、公关危机的预防与处理

预防措施：树立强烈的危机意识、建立预防危机的预警系统、建立危机管理机构、制订危机管理计划。

处理措施：分析危机原因，做好与媒体与公众的沟通工作、总结经验教训。

**实例 8-5**

两篇稿件

一位叫基泰丝的美国女记者在日本东京奥达克百货公司购了一台电唱机，作为送给在东京的婆婆的见面礼。售货员彬彬有礼，精心挑选了一台半启封的电唱机。

当基泰丝回到住所开机试用时，却发现电唱机没有装内件，根本无法使用。她怒不可遏，准备第二天一早同这家百货公司交涉，并于当晚赶写了一篇新闻稿，题目是《笑脸背后的真面目》，并发传真到她所供职的美国报社。

不料，次日清晨，一辆汽车开到她的住处，从车上走出的是奥达克百货公司的副经理和拎着大皮箱的职员。他俩一进客厅便俯首鞠躬，表示歉意。基泰丝十分吃惊地问他们是如何找到这儿的。

那位经理打开了记事簿，讲述了大致经过。原来，前一天下午清查商品时，他发现错将一个空心的货样卖给了一位顾客。此事至关重要，他迅速召集全体公关人员商议，费尽周折，从顾客留下的一张美国某报的名片里发现线索，打了 35 次越洋电话，最终总算从美国纽约得到了顾客东京婆婆家的电话号码，找到了顾客所在地。接着，经理亲手将一台完好的电唱机外加唱片一张、蛋糕一盒奉上。

奥达克百货公司所做的这一切深深打动了基泰丝。她马上打越洋电话到美国报社，告知报社又有新的稿件发出，昨天的传真稿件不要再发了。她随后又赶写了一篇新闻稿，题目是《35 次紧急电话》。后来报社考虑到这两篇稿件的视点不同，配上编辑的话，将两篇稿件全部刊发。后来，奥达克百货公司把基泰丝寄给他们的报纸给了日本某报，日本的几家报纸竞相转发。从此，奥达克百货公司的声誉大大提高。一个女记者的两篇稿件无意中替一个百货公司打开了公关的大门。美国公关协会后来把这件事列为世界性公关范例，并写入有关教材。

——选自《读者》

案例分析：

企业在进行公共关系时，要及时、有效，注重细节。本例中，如果百货公司没有及时发现问题，或者发现问题没有及时采取措施，很有可能对自身造成不良影响。但由于公司人员能够及时发现问题并采取针对性的措施，挽回了公司在顾客心目中的形象，使不利事件转化为有利事件，从而为公司做了良好宣传，树立了企业形象，成为一件成功的公关案例。

第五节　营业推广

营业推广又称销售促进，指企业在特定的市场环境下，短期内刺激顾客和中间商需求，激励其积极购买的促销形式。

营业推广的对象包括顾客、经销商或推销人员，是辅助性、短暂性的促销方式。

一、营业推广的特点

1. 刺激性明显

营业推广一般都是通过提供某些优惠条件调动有关人员的积极性，刺激和引诱顾客购买。因而见效快，对某些消费者具有较强的吸引力。

2. 短期性

营业推广往往是企业为了尽快地推销其产品而采取的促销方式，这种做法如果运用不当，容易使顾客对产品产生怀疑，降低产品的身份和地位，有损产品或企业的形象。因此，企业选择营业推广往往是短期性的，非经常性，且需要配合其他促销方式。

3. 辅助性

营业推广是非经常性的，相对于人员推销和广告促销，它只是辅助性和补充性措施。

4. 形式多种多样

例如使用优惠券、赠送样品、户外路演、现场示范、抽奖促销、有奖竞赛、折价优惠、赠送样品、积点优惠、退费优惠、包装促销、会议促销、零售补贴、经销商销售竞赛等。

二、营业推广的方式

企业需要根据产品特点、促销目标、市场竞争环境和预算等因素选择合适的推广方式，以达到期待的效果，其常用的方式有：

（1）赠送样品。指让消费者免费获得某种特定的试用产品，使消费者亲身体会产品的实际利益，迅速接受新产品，成为购买者。例如商场里糕点试吃、饮料试喝、水果试吃、中秋节免费赠送月饼等活动。

（2）退费优惠。购买一定数量商品即可获得一定金额的退费或奖品，例如丹尼斯妇女节买够 80 元返 10 元购物券等。

（3）包装促销。以标准包装为衡量基础，将两种或多种有连带关系的产品包装在一起配套出售，总价略低于单件个别出售的价格之和，给消费者提供更多优惠，使得精于计算的顾客有物超所值之感，从而促其购买。例如蓝月亮洗衣液购买时另赠送小容量包装。

（4）优惠券。定点发送或者邮寄或其他方式让顾客获得优惠券从而促进消费，例如德克士、肯德基经常使用的持券优惠。

（5）会员制。采用会员制使消费者享受各种优惠，巩固消费群体，吸引回头客。许多超市商场采取这种方式吸引顾客。

(6)以旧换新。将旧产品折价,冲抵一定数量的现金,用来换购该品牌的新产品,例如郑州梦舒雅女裤"衣旧换新"活动。

(7)发放刊物和邮寄宣传品。

(8)现场展销。

(9)分期付款。

此外,生产商对经销本产品的经销商可以进行人员培训、派人指导及协助经营,还可以免费向中间商提供柜台或橱窗陈列需要的样品,并给予一定的推广资助,用以刺激经销商进行营业推广的积极性;还发起销售本企业产品的竞赛,对优胜经销商和推销人员给予某种荣誉称号及物质奖励,激发工作热情、提高商品经营效率。

三、营业推广的控制

1. 确定营业推广方式

企业营业推广方式多样,每种方式的推广效果、推广范围和推广成本也不一样。确定恰当的营业推广方式很重要。

2. 确定营业推广时间

营业推广时机的把握,能使促销起到事半功倍的效果。例如,许多企业选择节假日来进行推广活动,往往此时,消费者有空闲时间,可以释放大量需求,容易达到良好促销效果。企业也可以根据产品的淡旺季销售周期选择合适的推广时机。

3. 把握营业推广节奏

要确立推广的持续时间及工作进度。时间过短,顾客来不及释放消费需求;时间过长,容易有变相降价之感,影响产品形象。总之,应当掌握营业推广工作进度和节奏,把握最佳的市场机会,取得效益最大化。

4. 调集推广部门工作

营业推广活动需要调集各部门的参与配合,统一行动听指挥。例如样品派送后零售店的铺货一定要及时跟上。

5. 监督营业推广过程

在营业推广活动中,要做好监督和跟踪调查工作,发现问题,及时调整,以适应不断变化的市场情况。

6. 确定营业推广预算

营业推广的预算可以参照上期费用同时结合目前情况的变化来决定当期预算,或者预先估算营业推广各个项目的费用,然后相加得到总预算;还可以根据总促销费用确定其所占比例等。

7. 评估营业推广效果

通常企业可以将营业推广前期和进行中期及营业推广后期的销售额加以对比,以此评价推广效果。

实例 8-6

提前预售、拉长战线、轮番店庆

最近，郑州各大商场迫不及待地吹响周年庆的号角，这毕竟是事关全年营业额的重要档期，更是决战网购“双 11”的良机，众商家能不铆足了劲儿冲刺吗？

1. 让折扣来得更早更猛烈些

电商“双 11”之火爆，必然会对传统零售造成冲击。相比往年，今年迎战“双 11”，实体商家不再止于静观其变，而是要借势“反攻”，并让折扣来得更早、更猛烈些。

从折扣力度上看，绝对赶超黄金周、年中庆之类的促销。500 元返 500 元礼券，1000 元返 1000 元礼券，连化妆品、珠宝、名表等品类也有不同程度的售返活动。与此同时，还配有大型特卖，直接实现明折明扣。

从活动日期上看，商场拼命将店庆时间赶在“双 11”之前，正道花园百货、大商新玛特郑州总店、丹尼斯百货花园店……最近，传统百货轮番进行周年庆，真是每个周末都是店庆的节奏啊。

2. 拉长战线，轮番轰炸

今年店庆档还有两大特点：一是提前预售力度大、范围广；二是店庆时间延长。

其实，早在店庆仅此一天的时代，就衍生出了提前预售。只不过，今年力度特别大，而且涉及的品类更丰富。有销售人员透露，以前预售一般仅限于单个专柜，而今年不只是可以跨专柜，甚至可以跨品类跨楼层，说白了都是为了促进销售。

再说延长店庆时间，以丹尼斯百货为例，从花园店到人民店再到七天地和大卫城，自 11 月 5 日起，一直庆到月底，每逢周末都有丹尼斯百货的 18 周年庆，可以说 11 月俨然成了丹尼斯的“店庆月”。对此，VIP 会员是赞声一片。大家普遍表示，以前赶上店庆总是一种匆匆忙忙购物的感觉，缺乏体验感，今年终于可以好好享受丹尼斯店庆了。

3. 实体店上演“火拼”

网上有团购，毕竟拼单是真的能享受更低的折扣。其实，实体店里也照样能拼，而且拼的花样更多，享受的折扣自然也就更多。

就拿前一段时间某品牌洞洞鞋的一档促销活动来说吧，部分鞋款买两双可享 6.5 折。于是，在各大商场的专柜都能看到自由拼单的消费者。碰巧遇到个不懂得变通又只想买一双鞋子的顾客，营业员还会温馨提示：“只要您不介意，我们可以帮您和其他顾客拼单。”

再举个例子，某商场店庆，500 元返 500 元礼券。在返券处常常能看到需要拼单的顾客自行寻找“合作伙伴”，据有经验的消费者介绍：“以前为了凑券，总会买一些无关紧要的东西。现在这么一拼，大家谁也不吃亏，还能避免浪费，挺好的。分分钟就能找到‘合伙人’，我们管这叫‘火拼’，火速拼单呗。”

对此，商场相关负责人表示，如果是顾客之间的自由拼单，商场是不会干涉的，毕竟店庆活动都是为了更好地让利于消费者。

来源：《郑州晚报》，2015 年 11 月 6 日

案例分析

企业促销抓住店庆、国庆及各种节假日的时机，让利于销售，连环促销，大造促销声势，刺激消费需求，让消费者感到需要抓住消费的好时机，释放消费需求，使买卖双方达到双赢，从而使企业赚的盆满钵满。

思考与训练

一、思考题

1. 影响促销组合的因素有哪些？
2. 人员推销的步骤和特点是什么？
3. 公共关系四步法的内容是什么？
4. 广告定位策略主要有哪些？
5. 企业形象战略的内容有哪些？

二、训练题

（一）营销策划技能训练

春兰酒店初具规模，其所处的位置很理想，在商业区，靠近多家宾馆、酒店，装修舒适。目前已营业了 6 个月。该酒店的午餐生意很兴隆，希望扩大晚餐的营业规模，但酒店老板付不起昂贵的广告费，只能拿出 10000 元。

请同学们结合本地的实际情况，了解几家类似酒店的营销状况，为该酒店做一个营销策划方案来扩大新业务。

（二）模拟人员推销训练

1. 训练目标

培养自信、敢于挑战的心理素质，加深对人员推销方式的感性认知，培养上门推销产品的能力。

2. 训练内容

以模拟公司营销部为单位进行实训，每四位同学为一组。每个学生都参与上门推销业务，运用推销洽淡的技巧与目标客户打交道（商品由老师和同学们协商确定）。

3. 训练操作

（1）学生每组确定一名负责人，共同分析研究本组推销产品特点及简单的生产工艺，做好推销计划，计划中列出产品性能、与竞争对手相比的优势、推销过程中的注意事项等。

（2）两组进行对抗模拟推销。每组中两个同学为推销人员，两个人为客户，对方组也进行同样分工，然后进行推销模拟实验。

（3）要注意突破心理障碍，善于应对各种情景。

（4）善于把推销技巧应用贯彻于实训全过程。

（5）做好对推销过程的总结，积累经验，吸取教训，提高推销技术。

4. 成果要求

（1）每个小组提供一份《××企业××产品推销计划书》，分别就推销和准备购买提出质疑两个方面进行说明。

（2）老师根据每组同学现场模拟推销的表现、推销技巧应用情况和推销计划书撰写情况评定成绩。

(三)柜台销售与服务顶岗训练

1. 训练目标

培养强化自我突破、敢于挑战的心理素质,加深对商场柜台销售与服务的感性认识,提高在商场销售与服务各环节的应变能力。

2. 训练内容

到实训基地企业顶岗实习。每位学生参与商场一个卖区或某一商品柜组的工作,为该种商品或该品牌商品设计销售卖点,并在实际销售中观察效果。柜台销售与服务时间不得少于一周。

3. 训练操作

(1)严格执行商场规定的作息时间。

(2)参与体验,着装和仪表必须符合商场卖区的规定和要求。

(3)事先要认真搜索相关的产品资料和信息,写好销售提纲,内容包括销售商品种类和品牌、该商品在市场中的地位、该商品的特点、目标顾客的年龄、经济收入、销售卖点、销售柜台展示等。

(4)须态度认真,按一名合格的销售人员标准要求自己。

4. 成果要求

(1)顶岗前每人交一份商品销售提纲。

(2)顶岗实习结束后,每人交一份柜台销售与服务实训总结。

(3)根据销售业绩、销售与服务中的表现、完成提纲与总结情况,评定学生个人顶岗成绩。

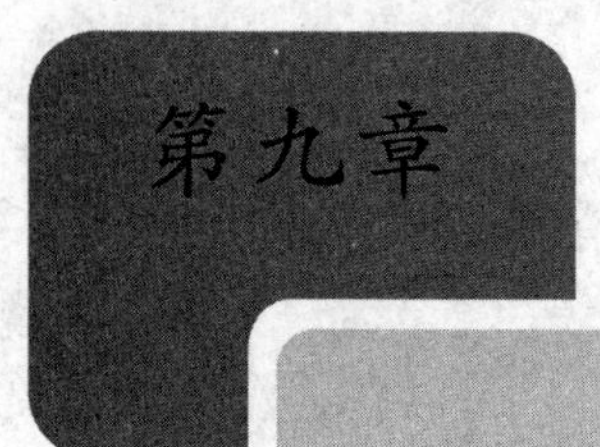

第九章 客户管理

学习目标

1. 通过本章的学习，正确了解客户管理和客户管理分析的内容，熟悉客户管理投诉，了解应收账款处理方法。

2. 通过对客户管理的学习，能够使学生在了解客户管理内容的基础上，树立客户管理的观念，培养学生独立进行客户管理分析和处理客户投诉的能力。

第一节 客户管理概述

客户管理也称客户关系管理，在继因特网之后，再一次成为全世界企业共同关注的热门话题，特别是在电子商务走向低迷，企业竞争力与赢利受到极大的挑战的今天，“客户关系”成为了企业生存面临的最基本的管理问题。

客户就像货币资金、存货、成品等为企业带来直接利润的资源一样，在企业中处于重要的地位，同样也是企业的重要资源。客户管理的重点在于赢得客户。成功的客户管理将产生竞争优势并提高客户忠诚度，从而最终提高公司的利润率。客户管理就是对客户的业务往来关系进行管理，并对客户的档案资料进行分析和处理，从而与客户保持长久的业务关系。客户管理是现代营销管理的重要组成部分。

一、客户的分类

客户管理的对象无疑就是你的客户。这里我们要搞清楚的是客户到底包括哪些，以及如何分类。客户可以按不同的方法来分类，主要有以下几种分类方式。

(1)按时间来分，可分为老客户、新客户和潜在客户。

(2)按交易数量和市场地位来分，可分为主力客户、一般客户和零散客户。

(3)按客户对企业的价值来分，可分为高价值客户和低价值客户。

(4)按客户的性质来分，可分为政府机构、企业、个人等。

(5)按交易过程来分，可分为曾经有过交易业务的客户、正在进行交易的客户和即将进行交易的客户。

按照不同的方式划分出的不同类型的客户，其需求特点、需求方式、需求量等方面均不同，对其管理也要采取“因人而异”的办法。只有服务好你的“衣食父母”，你才能得到好的业绩。

二、客户管理的内容

很多企业都声称客户至上，但是却没有做到真正去了解客户的需求，特别是对自己提供的产品和服务能为客户创造何种价值更是心中无数。这样的营销很难引起客户的共鸣与认同，更难以建立起良好的客户关系。只有与客户进行良好的沟通，推动客户的发展，才能实现企业的繁荣。

客户管理的内容包括：客户调查管理、客户开发管理、客户信息管理、客户服务管理、客户促销管理。

1. 客户调查管理

客户调查是企业实施市场策略的重要方法之一。通过对目标客户的人口特征、生活态度、生活方式、消费历史等进行分析，迅速了解客户需求，及时掌握客户信息，把握市场动态，调整、修正产品与服务的营销策略，满足不同客户的需求，促进产品及服务的销售。

2. 客户开发管理

在竞争激烈的市场中，企业成败的关键在于能否通过有效的方法获取客户资源。现今社会，客户越来越明白如何满足自己的需要并维护自己的利益，所以客户是很难轻易获得与保持的。因此，加强客户开发管理是关系到企业生存和发展的重大事件。客户开发的前提是确定目标市场，研究目标顾客，从而制订客户开发市场营销策略。所以，营销人员的首要任务就是开发准客户，通过多种方法寻找准客户并对准客户进行资格鉴定，从而使企业的营销活动有明确的目标与方向，最终把潜在客户变为现实客户。

3. 客户信息管理

客户信息管理是企业客户管理的重要内容和基础，它包括客户信息的搜集、处理和保存。建立完善的客户信息管理系统，对于企业扩大市场占有率、提高营销效率以及与客户建立长期稳定的业务联系，都具有重要意义。运用客户信息，对客户进行细分，可以帮助企业有效地进行客户关系管理。

4. 客户服务管理

客户服务管理是在合适的时间、合适的场合，以合适的价格、合适的方式向合适的客户提供合适的产品和服务，使客户的需求得到满足、价值得到提升的一个活动过程。它是以了解与创造客户需求、实现客户满意为目的，企业成员全过程参与的一种经营行为和管理方式。它包括营销服务、部门服务和产品服务等在内的几乎所有的服务内容。客户服务管理的核心理念是企业全部的经营活动都要从满足客户的需要出发，以提供满足客户需要的产品或服务作为企业的义务，以客户满意作为企业经营的目的。客户服务质量取决于企业创造客户价值的能力，即认识市场、了解客户现有与潜在需求的能力，并将此导入企业的经营理念和经营过程中。优质的客户服务管理能最大限度地使客户满意，使企业在市场竞争中赢得优势，获得利益。

5. 客户促销管理

促销是营销人员将有关产品信息通过各种方式传递给客户，提供产品情报、增加消费需求、突出产品特点，促进其了解、信赖并使用产品及服务，以达到稳定市场销售，扩大市场份额，增加产品价值，发展新客户，培养、强化客户忠诚度的目的。促销的实质是营销人员与客户之间进行有效的信息沟通，这种信息沟通可以通过广告、人员推销、销售促进和公共关系四种方法来实现。而促销管理是通过科学的促销分析方法进行全面的策划，选择合理的促销方式和适当的时机，对这种信息沟通进行计划与控制，以使信息传播得更加准确与快捷。

实例 9-1

在英国有一家小餐馆，该餐馆有个很奇特的做法：经常光顾的顾客，只要愿意，便可报上自己的个人信息，在客户登记簿上注册，开一个户头。顾客每次到这里用餐后，都如实在其户头上记下用餐金额。每年的 1 月 1 日，餐馆便按客户登记簿上的记载，算出每位顾客从上年 1 月 1 日以来，一年内在餐馆的消费总额。然后，再按餐馆纯利 10% 的比例，算出每位顾客所得的利润，分发给顾客。因此，餐馆经常满员。

三、客户管理的原则

在进行客户管理的过程中，还需把握以下四个原则。

1. 动态管理

客户管理档案建立后如果置之不顾，就会失去它的意义。因为客户的情况是不断发生着变化的，所以客户的资料也要不断地加以调整完善，剔除过时的或已经变化了的资料，及时补充新的资料，对客户的发展变化进行跟踪，使客户管理保持动态性。

2. 突出重点

客户的资料很多，我们要透过这些资料找出重点客户。重点客户不仅要包括现有客户，而且还应包括潜在客户或未来客户。这样做也是在为企业选择新客户、开拓新市场提供资料，从而为企业进一步发展创造良机。

3. 灵活运用

客户资料的收集管理，目的是能够在销售过程中加以运用。所以，在建立客户资料卡或客户管理卡后，不能束之高阁，应该以灵活的方式，及时全面地提供给销售人员以及其他有关人员，使他们能进行更详细的分析，从而提高客户管理的效率。

4. 专人负责

由于许多客户资料是不允许流出企业的，只能供内部使用，所以，客户管理应确定具体的规定和办法，由专人负责管理，从而规范客户情报资料的利用和借阅手续。

四、如何建立客户档案

常会听见一些推销员抱怨：公司经常要集中开会总结，总喜欢发一些表格要求我们填，还不如多留点时间让我们去拜访客户！

虽然这些抱怨是可以理解的，但是我们很清楚它并不是有价值的抱怨。因为推销员是直接与客户接触的公司的员工，公司要做好客户管理，就必须从销售人员手中得到第一手的资料,这样才能更好地进行客户统筹管理。

进行客户管理,就必须建立客户档案资料,实行“建档管理”。“建档管理”是将客户的各项资料加以记录、保存,并分析、整理、应用,借以巩固厂商关系,从而提升销售业绩的管理方法。其中,最常用的工具是客户资料卡。

1. 客户资料卡用途及优点

(1)可以区别现有客户与潜在客户。

(2)便于寄发广告信函。

(3)可以安排收款、付款的顺序与计划。

(4)了解每个客户的销售状况,并了解其交易习惯。

(5)当推销员请假或辞职时,接替者可以为该客户继续服务。

(6)在订立时间计划时,利用客户资料卡可以制定高效率的具体访问计划。

(7)可以彻底了解客户的状况及交易结果,进而取得他的合作。

(8)可以为今后与该客户交往的本企业人员提供有价值的资料。

(9)根据客户资料卡,对信用度低的客户缩小交易额,对信用度高的客户增大交易额,便于制定具体的销售政策。

2. 有效利用客户资料卡

企业应关注客户资料的建档管理,并注意监督推销员利用客户资料卡。下面是一些企业利用客户资料卡增进业绩的一些方法。

(1)每周至少检查每位推销员的客户资料卡一次。

(2)提醒推销员在访问客户前按规定参考资料卡的内容。

(3)要求推销员出去访问时,只携带当天访问的客户的资料卡。

(4)要求推销员访问回来时交回客户资料卡。

(5)在每月或每季末时,主管应分析客户交易卡,作为调整推销员销售路线的参考。

(6)应参考客户资料卡的实际业绩,拟订“年度区域销售计划”。

(7)将填写客户交易卡视为评估推销员绩效的一个重要项目。

(8)主管领导更应提醒自己要常与推销员讨论前一天(或数天前)客户的交易成果。

(9)检阅销售、收款是否平衡,有无逾期未收货款。

3. 如何收集客户的详细信息

推销员对于自己的客户要留心观察,随时记录客户的个人资料。收集客户信息的主要方法有以下几种。

(1)认真细心记录客户购买时留下的信息。要有意识地对客户进行仔细观察,包括客户挑选商品时的表情、购买时间、次数等。客户走后,要对这些信息进行分析,找出客户的购买喜好、消费等方面带有规律性的情况。

(2)主动询问客户。对于比较热情、开朗的客户,推销员可以采取主动询问对方的方式,例如可以询问他们最近有什么打算,有什么需求,对自己的产品有什么意见等。在询问时要表现出对客户的关怀和尊重。主动询问时一定要注意对象,态度要真诚,不能引起客户的反感。

(3)与客户聊天交流。在客户购买产品的时候,可以针对客户的年龄和性别等,抛出一个话题,引起客户的兴趣,然后顺势和客户聊家常。从而让客户感到自然、亲切、友好,在不经意间透露自己的各方面情况。

(4)让客户自己动手填写卡片。设计一些有关客户个人资料的卡片,在客户愿意的前提下,让客户自己填写。一定要对客户说清楚,填写卡片的目的是为了更好地为他开展个性化的服务,争取客户的理解和支持。

一个积极进取的推销员在收集客户信息时,还必须通过各种方法和途径了解以下问题。

1)客户的需求和期待是什么?这些需求和期待对客户来说最重要的是什么?

2)这些需求和期待公司能满足多少?竞争对手能满足多少?

3)自己如何才能做到不只是单纯地满足客户需要,而是真正地满足客户所追求的价值?

思考:“中国人重感情,所以,销售要注重人与人的沟通。”你认为这句话有道理吗?沟通对于收集客户资料有什么作用?

4.如何评估客户的价值

收集了客户信息之后,就必须对其进行分析,这是客户关系管理的核心部分。对客户进行信息分析,包括寻找其共同点和进行差异化分析。这样可以帮助推销员找到合适的客户和关键客户,从而使自己的推销策略更有针对性。

五、如何获得客户的忠诚

当我们都认同“客户至上”时,“以客户为中心”就成为企业的经营之道。北京实创科技发展有限公司在此方面投入大量的资金,引入最新技术,培养一批专业人才,借助计算机网络,实现以客户为中心的电子商务模式,为客户提供科学、规范、合理、高效的服务。他们从客户心理出发为客户提供个性化服务:对客户资料实行保密式管理,为客户建立私人健康档案,提供私人医生建议;联合生活消费场所,让客户享受到方便优惠的服务;针对不同兴趣爱好的客户开展多种联谊活动,丰富客户群体的文化生活。其客户服务的宗旨就是——以客户为中心,真诚服务。

北京实创科技发展有限公司由于采用了个性化的客户服务,使公司获得了大批的客户。如何获得客户的忠诚呢?可从以下几个方面出发。

1.树立以客户为中心的观念

推销员如果想真正做到以客户为中心,就必须首先从思想上认识到客户的重要性,这也是赢得客户忠诚的基础和前提。调查表明,向现有客户销售的概率是50%,而向一个新客户销售产品的概率仅有15%,而且企业要花费相当于现有客户6倍之多的成本去赢得一个新客户。

2.了解客户对自己销售产品的满意程度

在客户每次购买产品后,都会对推销员销售的产品、推销员的服务形成自己的观点和看法。客户如果对本次购买满意,那么推销员将会有机会再次与客户做成交易;但如果客户不满意,推销员应该思考自己应该做些什么才能让客户从不满意转为满意。如果能竭尽全力解决问题并让客户满意,那么推销员就留住了客户和未来的机会。

对于客户给予的合作,我们一定要心怀感激,并对客户表达出你的谢意。很多人不会轻易赞美别人,但几乎每个人都喜欢别人称赞自己,所以,要学会赞美客户。

3. 与客户建立伙伴关系

我们与客户合作一定要追求双赢。伙伴关系基于相互依赖和相互满意，其中一方得到了满意的服务，另一方则得到了利润，双方从中都可以受益。

现今社会，客户通过报纸、网络等各种便捷的渠道可以获得更多、更详细的产品和服务信息，这些信息使得客户比以前更加聪明、强大，更加不能容忍被动的推销。由于客户更愿意和与他们关系好的人交往，他们希望与企业的关系超过简单的买卖关系，因此，推销员需要快速地和每一个客户建立一定的关系，从而为客户提供个性化的服务，使客户在购买过程中获得产品以外的良好心理体验。

推销员如果能和客户的联系持续下去，最终双方一定会建立一种相互受益的伙伴关系，即双赢。

实例 9-2

历经 10 年，长城公司由一个仅有十几个员工的小型民营企业，发展到现在年产值过亿元，拥有厂房面积 100000 多平方米和 600 多名员工，并与国内众多知名企业保持长期良好合作关系的公司，这本身就是一个奇迹。为此有记者专门采访了创造这个奇迹的长城公司总经理刘兴国。以下是记者与刘经理（以下简称刘）的部分访谈。

记者：现在长城公司的业务做得越来越大了，现在的客户构成是怎么样的？

刘：我们主要是拥有一些长期合作的客户，业务比较稳定。有的客户和我们已经合作 10 年了，可以说从公司成立以来就和我们一直合作。

记者：您是靠什么与这些客户保持这么稳定、长期的合作呢？

刘：靠的是服务和诚信。从设备上来看我们也算是高科技，但是产品仍然是传统产品，要想发展就必须做好服务。长城公司的生产能力是毋庸置疑的，但是没有良好的服务和让客户放心的诚信，企业是很难持续发展的。有些单位 10 年来一直和我们保持良好的合作关系，主要就是看上我们公司的服务质量和诚信。现在，长城公司已经不是依靠价格来赢得市场的小企业了，我们希望我们的合作对象是知名的大企业。我们都知道知名的大企业要与你合作，并不是看你的价格有多低，而是看你的公司实力有多强、服务有多好。总之，我认为一个企业要想做强做大，除了生产能力要跟上以外，就必须在服务和诚信上下功夫。

记者：你们今后业务的发展目标是什么？

刘：我们要把合作对象指向知名的大企业。企业想做大就要使整体素质和能力上档次。我们新引进了世界最先进的美国印刷设备。我们还准备迁入新的生产基地，使用面积达到 3 万多平方米，预计新工厂投产后，年产值可达 6 亿元。另外公司已于 2001 年通过了 ISO9001：2000 认证。在整个生产工序流程及各项管理工作中，已经建立起了完善的质量保证体系，使产品质量和服务质量有了更严格的标准和可靠的保证。因为只有这样才能拥有与大企业平等对话的权利。你看看我们的写字楼，这是两年前刚装修的，加上办公家具总共花了 200 多万元。当初我要装修这个写字楼的时候，一些员工就劝我不要花这些“冤枉钱”。结果我们的写字楼一建好，一家日本公司就来考察，这个写字楼还是给我们挣得了不少印象分的。那家日本公司在考察长城公司的时候，就连消防措施这样的事都严格把关。他们认为合作是双向的,只有找到好的合作伙伴,才能实现共赢。我也很赞同这样的经营观点。

4. 重视客户的意见,妥善处理好客户的抱怨

在倾听了客户的意见,并对他们的满意度进行调查之后,就应该及时地处理好客户的抱怨,这也是赢得客户信任和忠诚的极有效的方法。因为在网络时代,只要轻敲几下键盘,一个不高兴的客户可以迅速影响上千个你的潜在客户。所以推销员必须要在事态变坏之前采取行动,要给客户提供抱怨的渠道,并认真对待客户的抱怨。客户的抱怨并不麻烦,推销员绝不能因此感到不安,应该把它作为自身发展的新机会,这也是赢得客户的重要机遇。有句话讲得好:"商道即人道。"其实这句话就是告诉我们该如何对待客户。

5. 积极帮助客户解决问题

客户在其自身的业务经营中,可能会遇到很多问题,如果不涉及企业的商业秘密,推销员应该尽可能地帮助客户。如果不能直接帮助他们,也可以向他们推荐别人或其他公司,这样容易得到客户的好感。

我们甚至还可以为客户多做些销售之外的事情。例如,你有客户要找工商局的某领导,却找不到好的机会。如果你认识又有机会,你一定要为他引荐。例如他们需要某些资料又找不到时,你就要想办法帮他弄到。甚至,他们生活中碰到的一些困难,只要是你知道又能做到的,就一定要帮助他们。这样,你与客户就不仅仅是合作关系了,而更多的是朋友关系。一旦有机会,他们一定会先想到你。

6. 为客户提供新的构思

推销员应随时对客户保持有意接触,并留心发现他们的需求。与零售商打交道的推销员有很多机会向他们提供服务,因为经常要拜访各种各样的零售商,推销员了解很多零售商经营方面的情况,所提供的信息能极大地促进零售商的经营,为他们带来新的思想。例如推销员可以向零售商提出新的产品定价、灵活的营业时间、服务方式等建议,帮助零售商改变经营效果。

成功的推销员背后一定有一群满意的客户。推销员要把每一个客户当作一个永恒的宝藏,而不是一次交易的对象,所以必须了解每一个客户的喜好与习惯,并适时提供建议。举个最简单的例子,某个家庭第一代洗衣机购买的是"海尔"洗衣机。如果要真正做到让客户的三代洗衣机都用"海尔",对客户的精细服务就是必不可少的。惠普的推销员在利用客户资料卡向客户推销新产品方面的做法值得我们好好学习。他们会在数据库中直接找出潜在的客户,然后致电他们:

"您好,我是惠普公司的推销员。我们公司现在对我们的老客户有一些很好的促销活动,您有兴趣了解一下吗?"

"好啊。"

"在我们的记录中,您是3年以前采购的,使用得还好吗?"

"质量不错,没出过什么问题。"

"谢谢您的夸奖。这台计算机是3年前的配置,现在我们为老客户推出一款特价的配置,如果您在2周内购买,您将另外得到一台惠普彩色打印机。"

"我考虑一下吧。"

“好啊,我先将这款计算机的配置发到您的电子邮箱里,您的邮箱没有变吧？好的,等我的邮件,再见。”

在几周后,这位客户买了惠普公司的计算机。估计计算机已经安装使用后,这位推销员又致电这位客户。

“我在资料库查到计算机已经到货了,您用得还好吗?”

“总体还不错,但是好像启动有点慢。”

“我记录一下,您还有其他问题吗？我会尽快帮您解决的。”

在过了 3 天后,这位推销员再次打电话给这位客户:“关于您使用中遇到的问题,启动慢应该按照下面的步骤解决,……,这样解决还行吗?”

“不错,谢谢你。”

“没关系,这是应该的。另外,您的职业是工程师,您如果有朋友想买计算机,麻烦您通知一下我,好吗？按照我们的促销原则,您将得到免费的内存升级。您方便给我提供一下您同事的电话吗?”

看完这段对话,我们已感觉到了惠普公司的推销员以客户为中心的服务态度和技巧。推销员就应该这样为老客户服务,才能最终得到客户的忠诚。

7. 用心为客户提供个性化的服务

推销员应该用心为客户提供个性化的服务,以个人魅力吸引客户。例如,推销员可以用网络或手机经常与客户联系,让客户从你的言语中感知你的知识和智慧,从而信任你并购买你的产品,或选购时会主动征求你的意见。

思考:怎样才可以利用老客户达到再销售的目的?

六、如何进行大客户的管理

大客户,也称重点客户、关键客户,是市场上卖方认为具有战略意义的客户。当前,“大客户管理”对我们已不再是个陌生的名词了,越来越多的企业开始谈论大客户管理,并且开始尝试大客户管理。大客户管理是卖方采用的一种方法,目的是通过持续地为客户量身定做产品或服务,满足客户的特定需要,从而培养出忠诚的大客户。

大客户其实就好比精品店、饭店的 VIP 客人一样,是企业收益的主要来源。针对这群金字塔顶端的客户,企业不仅要花心思经营,而且还要制定针对大客户的方法和策略。

假如你是某名牌精品店的 VIP 客户,每年生日都能享受到独特的生日特惠商品,新品上市时第一个收到通知,商家甚至知道你家里每个人的穿衣风格,你可能就会心甘情愿地继续在这家店里一掷千金。相反,我虽为 VIP 客户,在过生日时连一张问候卡也没有,新品上市时还得跟着一堆人挤着看新货,商家还不考虑你的需要,尽推荐一些不适合你的商品,你也许马上就决定转移消费。下面让我们来看一下两个通信公司曾经对大客户的一些做法。

中国移动公司按照 ABC 分类法(在客户管理中,就是把公司全部客户按购买金额的多少,划分为 A、B、C 三类。A 类为大客户,购买金额大,客户数量少;C 类为小客户,购买金额少,客户数量多;B 类为一般客户,介于 A、C 类之间。管理的重点是抓好 A 类客户,照顾 B 类客户),对个人客户中占总数 10%,其通信费合计占运营商通话费总收入 38% 的高端客户群,实施优先、优质服务。中国联通公司分别给连续 6 个月通信费大于 300

元、500 元、800 元的 CDMA 或 GSM 客户颁发三星、四星、五星级服务通行卡，星级会员享受所有与其会籍相匹配的通信优惠，同时还可以享受到其他如全国范围内的预订房等许多通信外的优惠服务。

识别大客户，并以个性化服务提高其满意度和忠诚度，是把握这部分客户的最佳办法。谁能够拥有一批稳定的大客户队伍，同时能够在客户服务、管理等方面强于竞争对手，谁就能够最后赢得市场竞争的优势。

1. 大客户管理工作的复杂性

合并、收购使客户集中程度不断增加，少数客户的销售额占了公司销售额的大部分；另外，随着产品变得越来越复杂，买方组织里会有更多的部门参与采购决策。在设计大客户管理方案时，推销员可能要面对许多潜在问题，这些问题一般包括：如何挑选大客户，如何对他们进行管理，大客户管理部门应在组织中处于什么样的地位。

2. 大客户的选择标准和管理办法

公司选择大客户的标准通常有以下几个：客户的采购数量（特别是对公司利润高的产品的采购数量）、采购的集中性、对服务水准的要求、客户对价格的敏感度以及客户是否希望与公司建立长期的伙伴关系等。

是否建立大客户管理，要视企业的规模而定。对于规模小的企业，客户数量较少，大客户更少，不必建立大客户管理部；如果企业的大客户有 20 个以上，那么建立大客户管理部就很有必要了。建立大客户管理部，并从以下几个方面做好对大客户的工作，是抓好大客户的有效手段。

（1）优先向大客户供货。大客户的销售量大，优先满足大客户对产品的要求，是大客户管理部的首要任务。尤其是在销售上存在淡旺季的产品，大客户管理部要随时了解大客户的销售与库存情况，及时与大客户就市场发展趋势、合理的库存量及客户在销售旺季的需货量进行商讨。在销售旺季到来之前，协调好生产及运输等部门，保证大客户的货源需求。避免因货源断档导致客户不满的情况。

（2）充分调动大客户中的一切与销售相关的因素，包括最基层的营业员与推销员，提高大客户的销售能力。许多推销员往往认为，只要处理好与客户中、上层的关系，就意味着处理好了与客户的关系，产品销售就畅通无阻了。客户的中、上层主管掌握着产品的进货与否、货款的支付等大权，处理好与他们的关系固然重要，但产品是否能够销售到最终消费者的手中，却与基层工作人员如营业员、推销员、仓库保管员等有着更直接的关系，特别是对一些技术性较强、使用复杂的大件的商品。

（3）向大客户及时提供新产品。大客户在对一个产品有了良好的销售业绩之后，在他所在的地区对该产品的销售也就有了较强的商业影响力。新产品在大客户之间进行试销，对于收集客户及消费者对新品的意见和建议，具有较强的代表性和良好的时效性。但大客户管理部应该提前做好与大客户的前期协调与准备工作，以保证新产品的试销能够在大客户之间顺利进行。

（4）充分关注大客户的一切公关及促销活动、商业动态等，并及时给予支援或协助。大客户作为企业市场营销的重要环节，其一举一动都应给予密切关注。利用一切机会加强与客户之间的感情交流，如参加大客户的开业庆典等。

（5）安排企业高层主管对大客户的拜访工作。一个有着良好营销业绩的公司的营销主管每年大约有三分之一的时间是在拜访客户中度过的。而大客户正是他们拜访的主要对象,大客户管理部的一个重要任务就是为营销主管提供准确的信息,协助安排日程,以使营销主管有目的、有计划地拜访大客户。

(6)根据大客户的不同情况,与每个大客户一起设计促销方案。每个客户因区域、经营策略等的不同,所呈现出的经营环境也就不同。大客户管理部应该协调推销员及相关部门与客户共同设计促销方案,使客户感到他被高度重视,他是你们营销渠道的重要分子。

(7)经常征求大客户对推销员的意见,及时修正推销员的言行,保证渠道的畅通。推销员是企业的代表,推销员形象的好坏,是决定企业与客户关系的一个至关重要的因素。大客户管理部对负责处理与大客户之间业务的推销员的工作,不仅要协助,而且要监督和考核。对于工作不利的人员要上报上级主管,以便及时安排合适人选。

(8)对大客户制定适当的奖励政策。生产企业对客户采取适当的激励措施,如各种折扣、销售竞赛、返利等,可以有效地刺激客户的销售积极性和主动性,对大客户的作用尤其明显。

(9)保证与大客户之间信息传递的及时、准确。大客户的销售状况事实上是企业市场营销工作的"晴雨表"。大客户管理很重要的一项工作就是将销售状况及时、准确地统计、汇总、分析,上报上级主管部门,以便针对市场变化及时调整生产和销售计划。

(10)组织每年一度的大客户与企业之间的座谈或联谊会。每年组织一次企业高层主管与大客户之间的座谈或联谊会,听取大客户对企业的生产、服务、营销、产品开发等方面的意见和建议,对未来市场的预测,对企业的下一步发展计划进行研讨等。这样的会议,不仅对企业的决策非常有利,而且可以加深与大客户之间的感情,增强大客户对企业的忠诚度。

第二节　客户管理分析

进行客户管理,不仅只是对客户资料进行收集,而且还要对客户进行多方面的分析。

一、客户分析的内容

1. 商业行为分析

商业行为分析通过对客户的资金分布情况、流量情况、历史记录等方面的数据来分析客户的综合利用状况。主要包括:

(1)产品分布情况。分析客户在不同地区、不同时段所购买的不同类型的产品数量,可以获取当前营销系统的状态、各个地区的市场状况以及客户的运转情况。

(2)消费者保持力分析。通过分析详细的交易数据,细分那些企业希望保持的客户,并将这些客户名单发布到各个分支机构以确保这些客户能够享受到最好的服务和优惠。细分标准可以是单位时间交易次数、交易金额、结账周期等指标。

(3)消费者损失率分析。通过分析详细的交易数据来判断客户是否准备结束商业关系,或正在转向另外一个竞争者。其目的在于对那些已经被识别结束了交易的客户进行评价,寻找他们结束交易的原因。

(4)升级或交叉销售分析。对那些即将结束交易周期或有良好贷款信用的客户,或者有其他需求的客户进行分类,便于企业识别不同的目标对象。

2. 客户特征分析

(1)客户行为习惯分析。根据客户购买记录识别客户的价值,主要用于根据价值来对客户进行分类。

(2)客户产品意见分析。根据不同的客户对各种产品所提出的各种意见,以及当各种新产品或服务推出时的不同态度来确定客户对新事物的接受程度。

3. 客户忠诚分析

客户忠诚是基于对企业的信任度、来往频率、服务效果、满意程度以及继续接受同一企业服务可能性的综合评估值,可根据具体的指标进行量化。保持老客户要比寻求新客户更加经济,保持与客户之间的不断沟通、长期联系、维持和增强消费者的感情纽带,是企业间新的竞争手段。而且巩固这种客户忠诚度的竞争具有隐蔽性,竞争者看不到任何策略变化。

4. 客户注意力分析

(1)客户意见分析。根据客户所提出的意见类型、意见产品、日期、发生和解决问题的时间、销售代表和区域等指标来识别与分析一定时期内的客户意见,指出哪些问题能够成功解决,而哪些问题不能解决,并分析其原因。

(2)客户咨询分析。根据客户咨询产品、服务和受理咨询的部门以及发生和解决咨询的时间来分析一定时期内的客户咨询活动,并跟踪这些建议的执行情况。

(3)客户接触评价。根据企业部门、产品、时间区段来评价一定时期内各个部门主动接触客户的数量,并了解客户是否在每个星期都受到多个组织单位的多种信息。

(4)客户满意度分析与评价。根据产品、区域来识别一定时期内感到满意的20%的客户和感到不满意的20%的客户,并描述这些客户的特征。

5. 客户营销分析

为了对潜在的趋势和销售数据模型有比较清楚的理解,需要对整个营销过程有一个全面的观察。

6. 客户收益率分析

对每一个客户的成本和收益进行分析,可以判断出哪些客户是为企业带来利润的。

二、交易开始与中止的分析处理

1. 交易开始

公司应制订详细的业务员客户访问计划。业务员如访问某一客户五次以上而无实效,则应从访问计划表中删除该客户。

在交易开始时,应先填制客户交易卡。客户交易卡由公司统一印制,一式两份,有关事项交由客户填写。客户交易卡的主要项目包括:客户名称、总部所在地、交易对象所在地、通信地址及电话、开业时间、资本额、职工人数、管理者人数、设备、经营者年龄、信用限度申请额、基本约定、回收条件等。

业务员向业务经理提交交易卡,得到认可后,向主管经理提交报批手续,然后才能与新客户进行交易。

无论是新客户还是老客户，都可依据信用调查结果，设定不同的附加条件。如交换合同书、提供个人担保、提供连带担保或提供抵押担保。

2. 交易中止

在交易过程中，如果发现客户存在问题和异常之处，如客户的票据或支票被拒付或延期支付时，业务员一方面做应急处理，暂时停止供货，尽一切可能收回货款，将损失降至最低点；另一方面，应及时报告上级，根据上司的批示，通知客户中止双方交易。

三、确定客户组合

在客户管理中有一条非常重要的原则，那就是 80∶20 原则。80∶20 原则告诉我们：企业 80% 的利润来自于 20% 的客户；企业 80% 的麻烦来自于 20% 的客户；企业付出的 80% 的时间只带来 20% 的优质服务。因此，通过 80∶20 原则对客户进行分析，可以发现其中的某些客户给企业带来的影响，以便找出不同类型的客户：给公司带来大部分利润的客户；只买某些商品或享受某种服务的客户；需要最多服务或最少量服务的客户。得到这些信息后，就会发现最费时间（而且又花费很高）的服务，是为很小一部分客户提供的服务；最大宗的买卖及最大的利润来自相对很小的一部分客户。当知道某些客户比其他客户给企业带来的影响更大时，企业就可以做出正确的决策：如何使用有限的资源来进行更加有效的、更有针对性的服务。

因此，企业要按照不同的方式划分出不同类型的客户。划分客户意味着你将为不同的客户提供不同的服务。在划分客户类型的基础上，企业所选择的客户类型构成了企业的客户组合。在确定自己的客户组合时，有三种策略可供企业选择。

1. 集中策略

这一策略要求企业对市场上所有的客户不加区别地对待，把构成市场的客户群当作一个整体来看待。这一策略的假设基础是：所有的客户都能创造相等的价值。企业之所以按所有客户都创造相等的价值的假设来管理客户组合，是因为鉴别不同客户的创造力会花费很大成本；或者按不同客户的创造力来行动会耗费很高的成本。

要想取得集中策略的优势，企业必须具备一定的条件：低生产成本或较好地获取、发展、维护客户关系的技术。在这种客户组合中，买者和卖者的关系经常是可替代的，并且以宽泛的同质性和自我选择为基础。因此，这种策略适合于所谓的大市场客户，也适合于狭窄的市场上的客户关系，如重型机车市场。

2. 区分策略

在区分策略中，企业把精力集中于能带来更大总体收益的特殊区域或者某种类型的客户身上，但这样做，将比集中策略需要更充分的客户信息，并且会因为分散化而带来一部分利益的损失。此外，由于将自己的命运放在了一小部分团体身上，致使企业的风险增大。企业也可以选择对一个市场内的几个团体提供服务，但是，能成功做到这一点依赖于企业具有产出这样一种产品的能力，该产品既能吸引其他团体，同时又不减少或破坏对企业最好顾客的吸引力。例如，美国的一家保险公司，通过瞄准军官及其需要的方式建立了特殊的有价值的客户组合，效果很好。

3. 个性化策略

当企业所面对的客户在关系价值、偏好或者需求上存在很大差异时，企业可以以单个客户为基准管理其关系组合。这比其他管理策略需要更深入地掌握客户信息,而且由于依赖于客户的数量和价值改变的特性,还需要更成熟的联系技术。

当前随着信息技术的改进以及客户模型的完善,使得企业能够在个人层面上对大量的客户进行管理。

四、提高客户服务

客户服务的目标是通过客户关怀,为客户提供满意的产品和服务,满足客户的个性化需求,在与客户的良好互动关系中培养客户忠诚度。

客户服务的方式多种多样,内容也很丰富,依照不同的划分标准可以对客户服务进行不同的分类。在这里主要按照时间顺序,把客户服务划分为售前服务、售中服务和售后服务。

1. 售前服务

售前服务是指在销售商品之前为客户所提供的服务。主要是充分研究分析客户的心理,用各种服务方式激发客户的购买欲望。售前服务是企业销售任务的重要环节,主要内容包括:

(1)进行市场调研活动,了解客户的需要,并据此组织生产和经营活动,以最大限度地满足客户的需求。

(2)进行广告宣传。将产品的质量、性能、用途等以广告宣传的形式通过媒体传达给客户,向客户介绍并说明产品的特点,激发客户的兴趣,引起客户的关注。

(3)以多种形式为客户提供有关商品的信息咨询。如提供样品或产品说明书,使客户充分了解产品的功能及其使用方法等,以此来赢得客户的信赖,从而促成购买行为的产生。

(4)接受电话订货,或提供邮购服务。

(5)开设技术培训班,帮助客户掌握有关的技术资料和方法,增强客户的购买信心。

(6)精心布置销售场所,为客户提供良好、舒适的购物环境。

(7)为方便客户,提供有关的配套加工服务。

(8)合理安排营业时间。

2. 售中服务

售中服务是指在销售过程中所提供的服务。主要内容包括:

(1)销售人员以良好的态度招待客户,使客户心情舒畅。

(2)热情周到地为客户介绍商品的性能、质量、用途、保养知识等,帮助客户充分了解商品的特点。

(3)为客户在同类商品之间做比较,使客户明白各自的优点和缺点,以便进行选择。

(4)耐心地解答客户提出的疑难问题。

(5)为客户做现场的操作示范、表演或请客户当场试用,亲身感受商品的特点。

(6)针对不同客户的特殊要求,为其推荐商品,做好客户的参谋。

(7)为了美观或便于携带,替客户包装商品。

(8)为客户代办各种购买手续、合同和托运等,使客户高兴而来,满意而归。

3. 售后服务

售后服务是指在商品出售以后所提供的服务。售后服务既是一种促销的手段，又是扩大企业影响、树立企业形象的良好方法，必须予以足够的重视。售后服务的主要内容包括：

(1)提供设备的安装、调试服务。

(2)保证设备的正常运行。

(3)提供送货上门服务，解决客户在技术上遇到的难题。

(4)在商品的操作方法比较难以掌握的情况下，为客户提供专门的培训。

(5)及时提供零件和备用件，保证货源充足。

(6)建立维修网络并提供巡回检修服务。

(7)建立客户指导制度，跟踪商品的使用和维修情况。

(8)实行"三包"服务制，即包修、包换和包退。

第三节　处理客户投诉

所谓客户投诉，是指顾客因对企业产品质量或服务上的不满意，而提出的书面或口头上的异议、抗议、索赔和要求解决问题等行为。

处理客户投诉是客户管理的重要内容。出现客户投诉并不可怕，而且可以说它是不可避免的，问题的关键在于，如何正确地看待和处理客户的投诉。一个企业要面对各式各样的客户，每日运作着庞大复杂的销售业务，能做到每一项业务都使客户满意是很难的。所以，我们要加强与客户的联系，倾听他们的不满，不断纠正企业在销售过程中出现的失误和错误，补救和挽回给客户带来的损害，维护企业声誉，提高产品形象，不断巩固老客户，吸引新客户。

据专家统计：客户对公司或产品不满意时，只有4%的客户会投诉，96%的客户会离开，其中91%的客户会永远离开。每一位不满意的客户会把他的不愉快的经历告诉8～10个身边的亲人或朋友。因为大多数人不想去这样"折腾"自己，不想与人争吵，不想为了一些可说可不说的事去浪费时间。当客户向你投诉时，不要把它看成是问题，而应把它当作天赐良机。当那些客户抽出宝贵的时间，带着他们的抱怨与你接触的同时，也是免费向你提供了应当如何改进业务的信息。他们会确切地告诉你如何来满足他们现在和将来的需求。倾听他们的抱怨，询问更多的信息，必要时甚至祈求他们的宝贵意见，直到你确信真正找到了客户想要的东西，然后再把他们真正想要的东西提供给他们。

一、客户投诉的内容

因为销售的各个环节都有可能出现问题，所以，投诉也可能包括多个方面，主要可以归纳为如下几点。

1. 质量投诉

主要包括产品在质量上有缺陷，产品规格不符，产品有故障等。

2. 买卖合同投诉

主要包括产品数量、等级、规格、交货地点、结算方式、交易条件等，与原买卖合同的规定不符。

3. 货物运输投诉

主要包括货物在运输途中发生损坏、丢失或变质，因包装或装卸不当造成的损失等。

4. 服务质量投诉

主要包括对企业各类人员的服务质量、服务态度、服务方式、服务技巧等提出的不满和抱怨。

二、处理客户投诉的原则

1. 有章可循

要有专门的制度和人员来管理客户投诉问题。另外要做好各种预防工作，使客户投诉防患于未然。为此需要经常不断地提高全体员工的素质和业务能力，树立全心全意为客户服务的思想，加强企业内外部的信息交流。

2. 及时处理

对于客户投诉，各部门应通力合作，迅速做出反应，力争在最短的时间里全面解决问题，给客户一个圆满的结果。否则，拖延或推卸责任，只会进一步激怒投诉者，使事情更加复杂化。

3. 分清责任

不仅要分清造成客户投诉的责任部门和责任人，而且需要明确被投诉的各部门、各类人员的具体责任与权限，以及客户投诉如果得不到及时圆满解决的责任。

4. 留档分析

对每一起客户投诉及其处理都要做出详细的记录，包括投诉内容、处理过程、处理结果、客户满意程度等。通过记录，汲取教训，总结经验，为以后更好地处理好客户投诉提供参考。

三、客户投诉处理流程

一般说来，客户投诉处理流程包括以下几个步骤。

1. 记录投诉内容

利用客户投诉记录表详细地记录客户投诉的全部内容，如投诉人、投诉时间、投诉对象、投诉要求等。

2. 判定投诉是否成立

了解客户投诉的内容后，要判定客户投诉的理由是否充分，投诉要求是否合理。如果投诉不能成立，即可以以婉转的方式答复客户，取得客户的谅解，消除误会。

3. 确定投诉处理责任部门

根据客户投诉的内容，确定相关的具体受理单位和受理负责人。如属运输问题，交储运部处理；属质量问题，则交质量管理部处理。

4. 责任部门分析投诉原因

要查明客户投诉的具体原因及具体造成客户投诉的责任人。

5. 提出处理方案

根据实际情况，参照客户的投诉要求，提出解决投诉的具体方案，如退货、换货、维修、折价、赔偿等。

6. 提交主管领导批示

对于客户投诉问题，领导应予以高度重视，主管领导应对投诉的处理方案一一过目，及时做出批示，并根据实际情况，采取一切可能的措施，挽回已经出现的损失。

7. 实施处理方案

处罚直接责任者，通知客户，并尽快地收集客户的反馈意见。对直接责任者和部门主管要按照有关规定进行处罚，依照投诉所造成的损失大小，扣罚责任人一定比例的绩效工资或奖金；同时，对不及时处理问题造成延误的责任人也要追究其责任。

8. 总结评价

对投诉处理过程进行总结与综合评价，汲取经验教训，提出改进对策，不断完善企业的经营管理和业务运作流程，以提高客户服务质量和服务水平，降低投诉率。

以下是某公司客户投诉管理制度中客户投诉管理流程。对一般意义的客户投诉，本制度规定投诉管理的主要步骤如下。

(1)记录客户投诉内容。

(2)判定投诉性质。首先确定客户投诉的类别，然后判定客户投诉的理由是否充分，投诉的要求是否合理。

(3)确定投诉处理责任。按照客户投诉内容分类，确定具体的受理部门和受理负责人。

(4)调查原因。查明出现客户投诉的具体原因和具体责任者。

(5)提出解决办法。

(6)通知客户。投诉解决办法经企业主管经理同意后，迅速地通知客户，并尽快地反馈客户反应。

(7)责任处罚。依照投诉所造成的损失大小，扣除责任者一定比例的绩效工资或奖金。

(8)提出改善对策。

另外，在投诉处理过程中，还包括投诉管理表格的设计、填制、整理和保存，企业公关活动的展开，以及与索赔相关的技术性和法律性问题的处理等方面。

四、客户投诉处理技巧

1. 虚心接受客户投诉，耐心倾听对方诉说

客户只有在利益受到损害时才会投诉，作为客服人员要专心倾听，并对客户表示理解，做好纪要。待客户叙述完后，复述其主要内容并征询客户意见，对于较小的投诉，自己能解决的应马上答复客户；对于当时无法解答的，要做出时间承诺。在处理过程中无论进展如何，到承诺的时间一定要给客户答复，直至问题解决。

2. 设身处地，换位思考

当接到客户投诉时，首先要有换位思考的意识。如果是本方的失误，首先要代表公司表示道歉，并站在客户的立场上为其设计解决方案。对问题的解决，也许有三到四套解决方案，可将自己认为最佳的一套方案提供给客户，如果客户提出异议，可再换另一套，待客户确认后再实施。当问题解决后，至少还要有一到二次征求客户对该问题的处理意见，争取下一次的合作机会。

例如，某货运公司的A、B两名销售人员分别有一票FOB条款的货物，均配载在D轮从青岛前往纽约的航次上。开船后第二天，D轮在釜山港与另一艘船相撞，造成部分货物损失。接到船东的通知后，两位销售人员的解决方法分别如下：

A销售员：马上向客户催收运杂费，收到费用后才告诉客户有关船损一事。（错）

B销售员：马上通知客户事故情况并询问该票货物是否已投保，积极协调承运人查询货物是否受损并及时向客户反馈，待问题解决后才向客户收费。（对）

五、客户索赔的处理

当客户提出投诉并要求索赔时，公司内部必须细心应对，避免事态扩大或损害企业形象。索赔事件若处理得当，不仅可以消除企业危机，甚至可得到客户长期的支持。处理方式如下。

（1）应对客户时，应切记以诚恳、亲切的态度处理。

（2）如果显然是本公司的问题，应首先迅速向客户致歉，并尽快处理；如果原因不能确定，应迅速追查原因（应对本公司之产品具备信心），不可在调查阶段轻易与客户妥协。

（3）对投诉的处理，以不影响一般消费者对本公司的印象为标准，由客户中心或公关部致函道歉，并以完好的产品予以调换；如果已经没有同样产品，应给予金钱补偿。若赔偿调查需要耗费较长时日，应向客户详细说明，取得谅解。同时，在处理上应注意加强追踪。

（4）责任不在本公司时，应由承办人员召集各有关人员，包括客户及各厂商共同开会以查明责任所在，并确定是否赔偿以及赔偿之额度。

（5）当赔偿事件发生时，应迅速将有关情况与相关部门联络，并以最快的行动来加以处理，以防同一事件再次发生。

（6）发生客户索赔事件时，对客户应给予补偿。如果是供货商的问题，应尽快索取补偿。

第四节　应收账款管理

应收账款管理是指在赊销业务中，从授信方（销售商）将货物或服务提供给受信方（购买商），债权成立开始，到款项实际收回或作为坏账处理结束，授信企业采用系统的方法和科学的手段，对应收账款回收全过程所进行的管理。其目的是保证足额、及时收回应收账款，降低和避免信用风险。应收账款管理是信用管理的重要组成部分，它属于企业后期信用管理范畴。

广义的应收账款管理分为两个阶段：第一个阶段是从债权开始成立到应收账款到期

日这段时间的管理,即拖欠前的账款管理;第二个阶段是应收账款到期日后的账款管理,即拖欠后的账款管理。信用管理机构为了对这两个阶段的管理加以区别,往往将账款被拖欠前的管理称为应收账款管理(即狭义的应收账款管理),而将逾期后的账款管理叫作商账追收。

一、应收账款的作用

企业持有应收账款意味着一部分资金被客户占用,而且持有应收账款也需要成本,既然如此,之所以企业还愿意持有应收账款,是由应收账款的功能决定的。应收账款主要有以下几方面的作用。

1. 扩大销售

随着市场经济的发展,企业面临的经营环境越来越复杂。改革开放以来,新中国成立后延续了几十年的短缺经济基本结束,买方市场开始形成。中国不仅大部分消费品供过于求,而且一些投资产品甚至基础产品也供过于求。企业之间为争夺市场而展开了激烈的竞争。为了扩大销售、增加利润,企业一般采取持有应收账款的政策,先将产品赊销给客户,到一定时间后收回货款,即便买方目前资金紧张、资金周转困难,也能按时购买产品,无疑可以扩大销售。

2. 开拓新市场

企业为了开拓新市场、扩大市场占有率,一般会采取较优惠的信用条件进行销售,通过持有应收账款的形式,实际上是向顾客提供了两项交易:向顾客销售产品以及在一个有限的时期内向顾客提供资金。由于企业提供了商业信用,故在销售中实际上给了购货方一笔无息贷款,很显然会起到吸引客户、开拓市场的作用。

3. 减少库存

企业持有产成品存货,要追加管理费、仓储费和保险费等支出;相反,企业持有应收账款,则不需要上述支出。因此,当企业产成品存货较多时,一般都可采用较为优惠的信用条件进行赊销,把存货转化为应收账款,减少产成品存货,节约相关的开支。

二、应收账款管理的现状

目前,许多企业在应收账款的管理上存在着以下主要倾向。

(1)在赊销货物前对客户的信用状况调查不够,导致应收账款不断增加。客户的信用状况调查,先是要了解客户过去的信用状况,即通过当面采访、询问、观看等方式获取客户的信用资料;其次,是要评估客户目前和将来的信用状况,通过一定的评估方法了解客户的财务情况和偿还能力,根据这种信息再决定是否对其采用赊销政策。但目前,许多企业在对客户的信用状况还没有充分调查了解清楚,为了扩大市场份额,提高竞争能力,增加销售收入,就一味地增加赊销额,致使许多赊销款项无法及时收回,企业的应收账款规模也就越来越大,从而增加企业经营的风险。

(2)对应收账款的账龄没有及时分析,导致企业风险增大。账龄反映的是应收账款的持有时间,它不仅是估算应收账款总体风险和时间价值损失的主要依据之一,也是计提坏账准备的现实基础。一般而言,收欠的难点和重点是逾期款项,特别是陈年老账,拖欠越久，收回的难度越大，变现的可能性越小，预期的价值也就越低。企业的财务管理部门应利用账龄分析表来检测应收账款的发展趋势，避免长期应收账款的存在，减少企业风险。但目前，许多企业的应收账款的账龄没有及时分析，大量陈账、呆账常年挂账，造成企业资金周转困难；同时对挂账时间很长的应收账款也没有采取相应措施，以至于在发生债务人破产或死亡，收款凭证资料丢失或损失，或当事人离职等情况时，使应收账款成为坏账，这样在增加企业管理成本的同时也直接减少了企业的经济效益。

(3)催收应收账款的方法和程序不当，导致应收账款的催收费用大量增加。催收费用是指欠款单位因各种原因没有及时偿还所欠款项时，债权人为了收回应收账款所耗的各种费用，它包括人工成本和其他各项成本。企业在进行赊销前虽然对用户进行了信用调查和信用评估，但还是会有一部分应收账款由于种种原因不能及时收回，这就要求企业制定合理的催收方法和程序。一般说来，企业催收应收账款应从催收费用最小的方法开始，即首先从电话联系开始，到信函通知、电告催收、派员工面谈直至诉诸法律等，而有些企业在催收应收账款时，没有坚持效益优先的原则，催收方法不当造成催收费用大量增加，因而也增加了企业的管理费用。

三、应收账款管理的措施及对策

1. 加强应收账款的日常管理

(1)设置应收账款明细分类账。企业为加强对应收账款的管理，在总分类账的基础上，又按信用客户的名称设置明细分类账，来详细地、有序地记载与各信用客户的往来情况。

会计的作用在于提供与决策相关的信息，应收账款明细分类账在应收账款的管理上正是充当了这一角色。但是，决策的正确与否，还将取决于信息的相关性、可靠性、及时性和完整性等特征。所以，对于应收账款明细分类账的设置与登记通常应注意以下几点。

1)全部赊销业务都应正确、及时、详细地录入有关客户的明细分类账，随时反映每个客户的赊欠情况，根据需要还可设置销货特种日记账以反映赊销情况。

2)赊销业务的全过程应分工执掌，如登记明细账、填制赊欠客户的赊欠账单、向赊欠客户交送或邮寄账单和处理客户收入的现金等，都应分派专人负责。

3)明细账应定期同总账核对。

对于影响应收账款收回金额的因素通常有：销售折扣中的现金折扣、销货退回与折让、销货运费归谁负担及坏账因素。这四方面的资料都应在应收账款明细账与销货日记账中得到详细的记录。对于这些情况的掌握，不光对维护应收账款的完整性有利，而且还利于企业对生产经营的控制，提高产品质量，改善企业的生存环境。例如第二个因素，我们通过大量的退货与折让的信息可了解到企业的产品质量如何，客户的消费偏好如何，客户对企业的产品质量、包装、外观及功能有什么喜好等。

(2)设置专门的赊销和征信部门。应收账款收回数额的多寡及时间的长短取决于客户的信用。坏账将造成损失，收账期过长将削弱应收账款的流动性。所以，企业应设置赊销和征信部门，专门对客户的信用状况进行调查，并向对企业进行信用评级的征信机构取得信息，以便确定要求赊购客户的信用状况及付款能力。企业的赊销和征信部门在应收账款管理中的职能是：

1)对客户的信用状况进行评级。

2)批准赊销的对象及规模,未经批准,企业的其他部门及人员一般无权同意赊销。

3)负责赊销账款的及时催收,加速资金周转。一般对账款的催收期限不能间隔太长,因为在法律上太长的期限可能暗示债权的放弃。

赊销和征信部门对客户信用状况的评级,其信息来源除了向对企业进行信用评级的征信机构取得外,另一个重要的来源应该是明细账和销货日记。对于这两本账簿进行分析的一个重要方法就是采用账龄分析法,因为应收账款账户余额随着年龄的增加,最终收款的前景就越暗淡,这也是销货折扣被广泛采纳的重要原因。将应收账款各客户的余额按账龄的长短进行分类的分析表我们称之为账龄表,我们除了可以利用账龄表来估计可能发生的坏账比例外,账龄表还有另一个优点,那就是它能使经理人员对各个客户的信用做出特殊的判断。

(3)实行严格的坏账核销制度。应收账款因赊销而存在,所以,应收账款从产生的那一天起就冒着可能收不回来的风险,即发生坏账的风险,可以说坏账是赊销的必然结果。对于整个赊销而言,我们可以将个别坏账理解为赊销费用,为了缩小企业的损失,根据配比原则,发生的坏账应同收益进行配比,从收益中扣除,从而列示企业的实有资产,同时不虚夸所有者权益及收益,这也是谨慎性原则的要求。

企业对坏账的处理有直接核销法和备抵法两种,比较而言,备抵法更符合配比原则与谨慎性原则,因而受到青睐。备抵法又分为赊销百分比法、应收账款余额百分比法和账龄分析法,三者各有优缺点,对这些方法,不同的人有不同的偏好。而实行严格的坏账核销制度,不应以方法的不同而区分,它主要包括以下三个方面的内容。

1)准确地判断是否为坏账,坏账的核销至少应经两人之手。准确地判断坏账及其多寡并不是一件容易的事情,而两人以上的经手为防止舞弊提供可能。如某位销售员对已收回的应收账款装入自己的口袋而向上级申报为坏账。

2)在应收账款明细账中应清晰地记载坏账的核销,对已核销的坏账仍要进行专门的管理,只要债务人不是死亡或破产,只要还有一线希望,就不能放弃,同时还为以后的核对及审查留下信息。

3)对已核销的坏账又重新收回要进行严格的会计处理,先做重现应收账款的会计分录,后做收款的会计处理。这样做有利于管理人员掌握信息。

2. 实行严格的内审和内部控制制度

应收账款收回数额及期限是否如实关系到企业流动资金的状况、企业生产的决策、信用客户的形象和内部控制对贪污及挪用企业款项的抵制等。因此,为维护资金的安全运行,对应收账款应实行严格的内审和内部控制制度,其内容包括:

(1)可靠的人事和明确的责任。要想进行成功的控制,最重要的一个因素就是人的因素。不合格和不诚实的员工会削弱一个系统的作用。雇用、训练、激励和管理员工是一项基础工作。必须视个人的能力、兴趣、经验和可靠程度的不同,分别授予他们不同的权力和责任。责任意味着将任何一项行为都尽可能地追溯到底,这样,其结果就同个人联系在一起了。将责任固定下来,还可对雇员产生心理影响,促使他们不得不小心行事和注重效率。

(2)责任分离与岗位替换。分离责任不仅有助于保证精确地编制数据,还限制了需要两人或多人合伙才能舞弊的机会，这是一个异常重要而又经常被人忽视的要素。岗位的替换可以带来两个好处：第一，它保证至少有两名雇员做同一样的工作，这样，当其中一人因故不能出勤时，另一人能及时补上；第二，采用轮换制度可以预防舞弊行为的发生，因为当替补人员接替工作时可以很容易地发现前任的不轨行为。

(3)坏账核销凭证完备，要有完整的程序。坏账的核销要有依据，对于永久性坏账的核销要有客观的媒体报道，例如债务人的死亡或破产。对于估计的长期无法收回的坏账，核销后应专门登记，并仍然要派专人负责进行催收，定期核对，避免贪污行为的发生。

(4)对赊销的权限进行监督。赊销及征信部门有权决定赊销的对象及数量，但决定必须建立在对信用资料分析的基础之上，而且，其权力属于全部门，个人的权力不能凌驾于集体之上。

3. 合理地使用销售折扣

商业信用的采用产生了应收账款，应收账款是企业拥有的，经过一定期间才能收回的债权。作为一项流动资产，它具有或有的特性。因此，在销售的时候我们会毫不犹豫地选择现销。然而，在前面的阐述中我们也谈到了企业也将不得不接受赊销，所以，为鼓励客户及时付款或者是尽可能早地付款，我们选择了销售折扣这一手段。

销售折扣的确会减少应收账款的风险，但是，在使用中我们还应注意使用的对象(客户)、使用的方式和提供折扣的范围，否则，销售折扣就不能达到我们所希望的结果。例如，现金折扣一般不用于普通客户，而商业折扣尽量不用于赊销方式。

4. 充分利用应收账款进行融资

应收账款的持有一般不会增值，若考虑货币的时间价值，它的持有还可能会造成损失。因此，充分利用应收账款，使其增值，为企业带来效益，将是一件重要而有意义的事情。

应收账款可以通过抵借或让售获得资金，用于生产的再循环。通常应收账款的让售对客户的信用级别要求很高，这种款项发生坏账的可能性很小。而应收账款的抵借，则会形成企业的或有负债。尽管如此，这两种方法都可使企业提前获得资金用于周转而获得效益，但是，利用这两种方式进行融资时，一定要注意效益大于成本的原则，即提前使用资金增加的收益应大于提前使用这笔资金的成本，否则，这两种方法都是不能使用的。

5. 准确地使用法律武器

企业的经济活动受法律的约束，同时，法律也会保护企业合法的经济活动，所以，维护应收账款的完整，我们不能离开法律这一有效的武器。首先，应规范销售合同。销售部门应会同财务部门、生产部门和法律部门共同制定销售合同，完善合同的内容，明确各方的责任和义务，尤其是违约条款的相关规定等，以避免日后纠纷。对于信用级别较低的客户，可以采用有担保销售和不赊销。其次，定期对账催账后要取得具有法律效力的书面文件，避免口头承诺。最后，对于陷入债务危机的客户，如其没有发展潜力，应及时启动债权人申请破产程序，以减少损失；如其有发展潜力，应合理有效地利用债务重组等方式，以挽救自己的损失。

思考与训练

一、思考题

1. 简述客户管理的内容。

2. 客户管理分析的内容有哪些？

3. 如何处理好客户投诉？

4. 如何进行应收账款的管理？

二、实训题

1. 案例分析

IBM 的客户管理原则

世界上最大的计算机制造厂商 IBM（国际商业机器公司）曾做过这样的广告：“IBM 就是最佳服务的象征。”这家生产并销售计算机的企业把提供世界上最好的服务作为经营的宗旨。为了实现这一目标，公司专门挑选一批优秀的业务人员担任为期三年的主管助理。在这三年之中，他们唯一的任务就是，对任何顾客的抱怨和疑难，必须在 24 小时内给予解决。有一次，美国佐治亚特兰大市一家公司使用的 IBM 计算机出了毛病，在几小时之内，IBM 公司即派出六位专家检修，其中四位来自欧洲，一位来自拉丁美洲，还有一位来自加拿大。为了确保公司与顾客的密切关系，该公司每月调查征询顾客对员工服务质量的满意程度，定期进行员工服务质量的检查，以此作为员工报酬奖励的评定标准之一。

请分析：

（1）IBM 的做法体现了处理客户投诉的哪一项原则？

（2）试列出处理客户投诉流程的几个步骤。

2. 模拟训练

训练项目：分析客户管理的目标。

训练目的：实际认知客户满意对企业经营的作用，树立为客户服务的理念。

训练方案：

（1）人员：5 ~7 人组成小组，以小组为单位进行训练。

（2）方式：仔细阅读下列资料，结合本章内容，分析客户满意和忠诚对企业经营的意义，并以小组为单位提交一份 500 字的分析报告，并在班内展示。

50 美元到底交了没有？

渥道夫是一家超市的收银员，有一天他与一位中年妇女发生了争执。中年妇女说：“小伙子，我已给了你 50 美元。”渥道夫说：“尊敬的女士，我并没有收到您给我的 50 美元呀！”中年妇女有点儿生气了。渥道夫及时说：“我们超市有自动监视器，我们一起去看现场录像吧？谁是谁非就很清楚啦。”中年妇女跟着他去了。录像表明：当中年妇女把 50 美元放到桌子上时，前面一位顾客顺手牵羊给拿走了。而这一情况，中年妇女、渥道夫及保安人员都没有注意到。渥道夫说：“我们很同情您的遭遇。但是按照法律规定，钱交到收银员手上时，我们才承担责任。现在，请您付款吧。”中年妇女说话声音有点颤抖了：“你们管理有缺陷，让我受到了屈辱，我不会再到你们这个让我倒霉的超市买东西了！”说完，拂袖而去。超市总经理吉拉德在当天就获悉这一事件，当即做出辞退渥道夫的决定。渥道夫很委屈。吉拉德拉他谈话："我知道你不好受。我想请你回答几个问题。第一，那位妇女做出此举是故意的吗？她是不是个无赖？"渥道夫说："不是。"吉拉德说："第二，她被我们超市人员当作一个无赖请到保安监视室里看录像，是不是让她的自尊心受到了伤害？还有，她内心不快，会不会向她的家人、亲朋诉说。别人听到后，会不会对我们超市产生反感？"渥道夫说："是。"吉拉德说："那位夫人会不会再来我们超市买商品？像我们这样的超市在本市很多，凡是知情者会不会来此购买商品？"渥道夫："不会。""问题就出在这里"，吉拉德递给渥道夫一个计算器，说："据专家预测，每位顾客的身后大约有 250 名亲戚朋友，而这些人又有同样多的亲友。商家若得罪一名顾客，将会失去十几名、百名甚至更多的潜在顾客，若善待每一位顾客，则会产生同样大的正效应。假设一个人每周到商店里买 20 美元的商品，那么，你气走一名顾客，这个商店在一年内会有多大的损失呢？"渥道夫很快就算出了答案，说："将失去几万甚至百万的生意。""我明白了您为什么要辞退我，我会拥护您的决定。可是我有一个疑问，就是遇到这样的事件，我应当怎样处理？"渥道夫又问道。接着，渥道夫与吉拉德进行了一次深入的交谈，领悟到了其中的真理：让每一个顾客满意地离开商店。后来他干起了旅馆事业，就是坚守着这一秘诀，10 年后，他也拥有了上亿元的个人资产。

参考文献

[1] 范云峰. 市场营销实战[M]. 北京:中国经济出版社,2002.
[2] 李先国. 市场营销学[M]. 北京:中国财政经济出版社,2005.
[3] 贺慈浩,贺嫵敏. 市场营销学[M]. 北京:科学出版社,2000.
[4] 韩德昌. 市场营销基础[M]. 2 版. 北京:中国财政经济出版社,2005.
[5] 常桦. 影响企业家一生的 300 个管理故事[M]. 北京:中国纺织出版社,2004.
[6] 史有春. 消费者行为[M]. 2 版. 北京:中国财政经济出版社,2005.
[7] 杜明汉. 市场营销知识[M]. 2 版. 北京:中国财政经济出版社,2006.
[8] 郑文昭,王新玲. 营销策划实务[M]. 北京:清华大学出版社,2011.
[9] 杨春富. 营销渠道管理[M]. 南京:东南大学出版社,2006.
[10] 吕一林,冯蛟. 现代市场营销学[M]. 5 版. 北京:清华大学出版社,2012.
[11] 胡秀花. 公共关系理论与实务[M]. 成都:西南财经大学出版社,2009.
[12] 李红梅. 现代推销实务[M]. 2 版. 北京:电子工业出版社,2006.
[13] 李素萍,安予苏. 市场营销学[M]. 郑州:郑州大学出版社,2008.